Fabio Lanz · Ein kaltes Herz

FABIO LANZ

EIN KALTES HERZ

SARAH CONTIS ERSTER FALL

KRIMINALROMAN

KEIN & ABER

Alle in diesem Buch geschilderten Handlungen und Personen sind frei erfunden. Ähnlichkeiten mit lebenden oder verstorbenen Personen sind nicht beabsichtigt.

Cover: Gareth Knott, LEKKA Studio, thisislekka.com
Satz: Dörlemann Satz, Lemförde
Druck und Bindung: CPI books GmbH, Leck
ISBN 978-3-0369-5852-1
Auch als eBook erhältlich

www.keinundaber.ch

Alle Stunden verwunden, die letzte tötet.

1

Zürich. Eine Stadt zum Verlieben. Im Sommer, wenn der See in Sonne schwamm und die Menschen für Wochen entspannt, ja lässig wurden. Oder im Winter, wenn die Kälte zwischen den Häusern lag, während es drinnen warm, gemütlich war. Überhaupt zum Verlieben – zu jeder Jahreszeit –, weil die weite Welt hier freundlich zusammentraf und Ordnung herrschte. Kein Wunder, dachte Sarah, dass man in Zürich leben und arbeiten wollte, in diesem Eden der Rechtschaffenheit, der sicheren Verhältnisse. Manchmal schien alles regelrecht künstlich hergerichtet: ein Puppenhaus mit Puppenmöbeln und Puppenleuten.

Zürich, Stadt des Argwohns? Auch das. Einer ihrer letzten Fälle hatte Kriminalpolizistin Sarah Conti von den Gassen des Bahnhofviertels bis auf die Höhen des Zürichbergs gebracht. Sie hatte das Elend gesehen, das Miserable. Sie hatte auch Stolz gesehen, Kälte und Indifferenz. Allmählich kam eins zum anderen, bis sich die Linien kreuzten und niemand mehr wusste, was nun schlimmer war: die Verzweiflung in den Hinterzimmern des Barbetriebs oder der Wahnsinn in den Villen mit Aussicht auf die Berge.

Sarah hatte den Beruf nicht aus einem ersten Impuls heraus gewählt. Eigentlich hatte sie Pianistin werden wollen. Konzertpianistin. Mozart, Schubert, Chopin. Große Gesten, Auftritte. Applaus. Jetzt war es umgekehrt. Sie musste das Unscheinbare zusammentragen, das Puzzle zusammenstellen. Dann, hoffentlich, die Lösung, die Überführung, das Finale. Nichts von Applaus. Niemals Publikum. Und Gerechtigkeit nur dann und wann, denn das Recht war das eine, doch Gerechtigkeit das andere. Allerdings, was hieß das schon, Gerechtigkeit?

»Kommst du heute Abend noch schwimmen?«

Nein, das war leider nicht drin. »Ich will ein wenig üben, später noch lesen.«

»Wie langweilig«, sagte Fred am anderen Ende der Leitung, enttäuscht über Sarahs Reaktion.

»Ach, komm. Ganz im Gegenteil.« Sarah blickte aus dem Fenster ihres Büros und sah, wie im Haus schräg gegenüber dem Kommissariat zwei Männer heftig diskutierten, während sie mit den Armen in der Luft ruderten.

»Also gut, nicht langweilig. Aber verschlossen. Einsam und abgekapselt.« Fred konnte ein leises Lachen nicht unterdrücken.

Sarah verstand ihn. Sie verstand alle, die der Meinung waren, dass sie zu sehr nach innen lebte. Dass sie gegen die verbreitete Spaßkultur eine gewisse Disziplin erhob. Dass sie Dinge tun wollte, die man schwerlich teilen konnte – wer wollte ihr schon zuhören, wenn sie sich einmal mehr durch Chopins erste Etüde in C-Dur kämpfte?

»Du bist eine Masochistin. Und eine Sadistin dazu«, sagte Fred. »Zuerst quälst du dich selbst, dann deine Nachbarn und Chopin. Aber vor allem quälst du mich.«

Sarah musste lachen. »Allein schwimmt es sich besser«, sagte sie, und gleich darauf: »Und überhaupt, ich bin in einer melancholischen Phase. Chopin, du verstehst.«

Natürlich verstand Fred, denn er war ein echter Freund mit viel Empathie, was Sarah einerseits schätzte, andererseits etwas dröge fand. Die beiden kannten sich seit mehr als zehn Jahren, und manchmal hatten sie auch eine Art Beziehung, die allerdings selten mehr als zwei, drei Wochen anhielt, worauf sowohl Fred wie Sarah fanden, dass das Singledasein beträchtliche Vorteile mit sich brachte. Ein einziges Mal hatte Fred versucht, diese Beziehung zu festigen, es hatte nicht funktioniert, er war abgeblitzt.

»Früher warst du mutiger. Die abenteuerlustige Sarah. Weißt du noch? Du und ich, nur wir zwei, quer durch Marokko? Oder in Schottland? Mit viel Whisky und langen Nächten?« Fred war in Fahrt gekommen.

»Früher war früher. Aber wenn du meinst, dass ich eine fade Tante geworden bin, wirst du dich noch wundern.« Sie lachte und verabschiedete sich.

Sarah war vierzig. Ein gutes Alter: Dummheiten hinter sich, zumindest die meisten. Die Kriminalpolizistin war auch alt genug, um zu erkennen, wie Menschen logen, wie sie sich in Pose warfen. Ging es solchen Menschen an den Kragen, bewiesen sie nicht selten eine instinktive Artistik. Dies konnte Sarah als Pianistin beurteilen. Das Leben war kein Spiel, aber die Menschen lernten immer besser, sich zu verstellen.

Nach ersten Kindheitsjahren im Tessin, an die sich Sarah kaum erinnern konnte, folgte das Aufwachsen in Zürich. Kindergarten, Grundschule, Gymnasium in Zürich Hottingen, Studium in Musik und Jura, dann sogar Promotion. Die Eltern waren stolz auf das »Fräulein Doktor«, wie sie gesagt hatten, obwohl dieser Titel längst abgeschafft war. Frau Doktor Sarah Conti, bitte sehr. Es war, dachte Sarah immer öfter, ein Glück, dass sie nicht bis zum Letzten versucht hatte, Pianistin zu werden.

Stattdessen war sie Polizistin geworden, hatte sich bis zur Ermittlungsabteilung Gewaltkriminalität hochgearbeitet. Schon als Kind hatte sie sich oft Gedanken über Gut und Böse, über Recht und Unrecht gemacht. Und schließlich erkannte sie, dass die Gesellschaft eine fragile Angelegenheit war, deren Ordnung wesentlich davon abhing, ob und wie man sich auf die Durchsetzung des Rechts verlassen konnte. Bei der Polizei fand sie später Gefallen an komplizierten Fällen, an düsteren oder merkwürdigen Verbrechen.

Seit zehn Jahren stand Sarah im Dienst der Zürcher Kantonspolizei. Während eines Praktikums in einer großen Anwaltskanzlei, wo sie sich wenig zu Hause gefühlt hatte, war sie auf eine Stellenanzeige gestoßen. Die Kriminalabteilung der Kantonspolizei hatte eine Fachkraft für besondere Fälle gesucht. Sarah war eingestellt worden und hatte sich mit Wirtschaftskriminalität befasst. Dort war sie als Kollegin von rascher Auffassungsgabe und hoher Effizienz aufgefallen. Eines Tages hatte ihr der Leiter der Kriminalpolizei, Erwin Sonderegger, einen Job in seiner Abteilung angeboten. Sarah hatte nicht lange überlegen müssen.

Zuerst hatten die Kollegen gelächelt, Männerwitze kursierten. Aber Sonderegger hatte ihr Talent schnell erkannt, zum einen rasch und mit Stil zum Kern der Dinge vorzudringen, zum anderen ihre Begabung, hinter die Fassade der Leute zu sehen, sowohl die Opfer als auch die Täter in ihrer ganzen Tiefe zu erfassen. So war aus der Novizin Stufe um Stufe eine herausragende Ermittlerin geworden.

»Du bist zu klug für unseren Job«, hatte ihr Sonderegger gesagt, kurz bevor er in Pension gegangen war. »Du denkst zu viel. Dabei ist alles viel einfacher. Täter, Opfer, Fahndung, Erfolg.« Sarah hatte widersprochen. »Motive können komplex sein, sie lassen den Menschen erkennen.« Sie wusste, dass sie recht hatte. Aber sie wusste auch, dass Polizeiarbeit wenig Spielraum für psychologische Erkundungen bot. Effizienz war angesagt.

Sarah war hungrig. Sie holte den Regenmantel, lief das Treppenhaus hinunter. Draußen war es schon dunkel. Sie hatte nichts gegen den Herbst, im Gegenteil, der Sommer war ihr häufig zu grell, zu heiß. Vom See her kamen starke Böen, die in die Platanen fuhren, sodass es knackte und knirschte. Das sterbende Tageslicht ließ die Wolken noch schwerer hervortreten. Recht so, dachte Sarah, es lebe das Drama. Horvath war von einem Ast erschlagen worden, als er auf den Champs-Élysées spazierte.

»Ah, Frau Conti. Guten Abend.« Der Feinkosthändler begrüßte sie, als ob er sie erwartet hätte. Er war Mitte fünfzig, beleibt und hatte eine Glatze, die unter der Deckenleuchte wie eine Milchglaslampe glänzte.

»Guten Abend, Don Pasquale«, erwiderte sie, eine Spur verschmitzt.

»Ich bin doch keine Oper, Madame!«

Pasquale schnitt vom Parmaschinken ab, füllte einen Becher mit Oliven, gab ein Stück Pecorino hinzu und ein Nussbrot. Das übliche Ritual.

»Ich bin sicher Ihre langweiligste Kundin, immer dasselbe, wenn ich in Eile bin.«

»Sie sind immer in Eile«, sagte Pasquale, lachte und reichte ihr die Plastiktüte. »Schönen Abend, Frau Conti«, fügte er an, worauf er sich wieder nach hinten verzog. Das Geschäft war klein, die Auswahl exzellent.

Das war ihre Zürcher Lebenswelt. Hottingen, das Seefeld-Quartier, die Seepromenade, alles anständig, sogar gediegen. Früher war es im Seefeld ärmlich gewesen. Reiche Herren hatten das leichte Gewerbe besucht, während ihre Gattinnen bei Sprüngli am Paradeplatz die Torten lobten. Jetzt war es schick, im Seefeld zu wohnen, die Häuser waren elegant und renoviert.

Sarah wohnte an der Dufourstrasse, zum See waren es kaum fünf Minuten. Die Wohnung war geräumig, vier Zimmer, gut isoliert. Isolation war ihr wichtig, wer wollte schon jede falsche Note einer Freizeitpianistin mithören? Die übrigen Bewohner des Hauses verhielten sich diskret – ein älteres Ehepaar, zwei jüngere Männer, die kurz vor der Heirat standen, ein Banker, der sich selten zeigte, und die farbigste Figur von allen, Gretchen Schulze, die schon vor Jahren aus Bayern zugezogen war und mit ihrem Hund Rico ein starkes Duo bildete.

Sarah traf die zur Freundin gewordene Nachbarin im Flur an, kaum hatte sie die Tür geöffnet.

»Du bist heute Abend früh dran«, sagte Gretchen.

»Ja, ich habe um fünf Uhr Schluss gemacht. Heute war

nicht viel los, Papierkram, weder Leichen noch Mörder.« Sarah lächelte.

Gemeinsam stiegen sie die Treppe hinauf. Als Gretchen ihre Wohnungstür öffnete, stürzte ihr Hund Rico auf die beiden Frauen zu und begrüßte sie mit stürmischem Gebell.

Konnten Tiere böse sein? Das fragte sich Sarah hie und da. Sie kam immer wieder zu demselben Schluss: Bei Tieren war das Böse eine Projektion.

Sarah verabschiedete sich von Gretchen und Rico, versprach, am Wochenende auf einen Hundespaziergang mitzukommen. In ihrer Wohnung stellte sie die Lebensmittel auf den Küchentisch und öffnete eine Flasche Weißwein. Das hatte sie sich verdient. Wieso war es eigentlich in der arbeitsamen Gesellschaft so, dass alles, was nicht mit Verdienst zusammenhing, irgendwie verdächtig blieb? Sie legte eine Schallplatte auf den Plattenteller, so viel Nostalgie durfte sein. Sie liebte den alten Apparat, den sie von ihrer Mutter übernommen hatte. Bald erfüllte Musik von Miles Davis das Wohnzimmer.

Sarah freute sich auf diesen Abend ohne Gesellschaft und Ablenkungen. Sie war und blieb eine Einzelgängerin. Gesellschaft hatte sie auf dem Kommissariat und in der Gerichtsmedizin genug. Freundinnen waren ihr wichtiger als feste Partner. Hatte man die richtigen gefunden, ging es weder um Eifersucht und Wettbewerb noch um Begehren.

Schon als Kind konnte Sarah während Stunden mit sich allein spielen, indem sie ganze Welten um sich herum erfand. Alleinsein war weder Strafe noch Schande. Es war eine Chance. Nähe hingegen war ein Minenfeld. Beziehungen blieben auch dann fragil, wenn es die Menschen gut meinten. So schwankte Sarah immer wieder zwischen Misstrauen und Zuversicht, während sie nach außen die kühle, elegante Ermittlerin gab. Über die überschaubare Reihe ihrer Liebhaber konnte sich Sarah nicht beklagen. Aber Männer zeigten am Morgen danach häufig andere Seiten. Nur, warum sollte Sarah sich an diese gewöhnen müssen?

Sie legte Händel auf. Die Arien klangen durch die Wohnung, als wäre Orpheus noch immer auf der Suche nach Eurydike. Sarah trank ein Glas Wein, legte sich aufs Sofa und begann zu lesen.

Erst als sie zu Bett ging, realisierte sie, dass sie nicht geübt hatte. Selbst schuld, dachte sie, und umso besser für Chopin. Ihr Klavier funktionierte auch mit Kopfhörern. Akustische Ökologie. Und es hatte eine Aufnahme- und Speicherfunktion. Wenn Sarah wollte – doch sie wollte selten –, konnte sie ihre Produktionen der vorherigen Tage abspielen. Einerseits praktisch, andererseits nicht selten frustrierend. Es kam ganz auf die Laune an.

Wäre Sarah Konzertpianistin geworden, hätte sie sich selbst niemals genügt. Sie hätte immer wieder nach innen gehorcht, das Resultat mit dem Ideal und die Performance mit der ursprünglichen Absicht verglichen, was ihr die Freude bald ausgetrieben hätte.

»Du warst schon immer zu selbstkritisch«, hatte ihr der Vater bei seinem letzten Besuch in Zürich gesagt, wobei er die Tochter an der Hand gefasst und so geseufzt hatte, wie nur er das konnte, ohne pathetisch zu wirken.

Ihre Mutter war vor ein paar Jahren gestorben, plötzliches Herzversagen. Es war Sarah unheimlich vorgekommen, wie die Mutter einfach dagelegen hatte. Zugegeben, eine schöne Leiche, ansehnlich. Aber nicht mehr lange, und die Seele, wenn es sie denn gab, war weg, weit weg. Der Vater war verzweifelt gewesen. Er hatte eine Kerze angezündet, der Mutter übers Haar gestrichen, gebetet: »Vater unser ...« Sarah blieb skeptisch: Es war nicht ausgeschlossen, dass es einen Gott gab. Aber dieser Allmächtige ließ zu, dass die Welt fortwährend Böses aus sich schuf. Seither lebte der Vater allein, er war in sein Heimatdorf im Tessin zurückgekehrt, kümmerte sich um den Haushalt, las Romane, hörte Musik, ging mit Freunden wandern und schien im Ganzen nicht unzufrieden. Er hatte seine Frau geliebt. Er und seine Frau, Claire, hatten ihre Tochter Sarah, ihr einziges Kind, geliebt.

Langsam glitt Sarah in den Schlaf. Sie liebte dieses Gefühl: Wie die Gedanken verschwammen. Wie sie eins wurde mit der Welt, wie der Ring des Vergessens sich ausbreitete – sie musste plötzlich lachen, weil sie sich vorstellte, wie in einem Kriminalroman in zwei bis drei Stunden ihr Telefon summen würde. Ihr Kollege, der dicke Carl Vormüller, würde ihr sagen: »Schnell! Aus dem Bett. Wir haben einen Toten entdeckt. Vermutlich Mord. Los, komm!«

Drei Stunden später summte das Smartphone. Es war nicht Carl, sondern Lisa, die Assistentin: »Frau Conti, Lisa hier.« Sie schien aufgeregt.

»Ah, Lisa. Was ist denn?« Sarah versuchte, aus dem Schlaf aufzutauchen

»Frau Conti, kommen Sie schnell. Am See ist etwas Schreckliches passiert.«

Nun war Sarah vollkommen wach, von Lachen keine Spur. »Was … was ist passiert?«

»Ich weiß es noch nicht. Aber es scheint übel.«

2

Sarah war aufgestanden und hatte sich rasch angekleidet. Jeans, Rollkragenpullover, den Schal gegen die Oktoberfrische, Regenstiefel, darüber den Regenmantel samt Regenhut. Hätte Sarah in dieser Situation kurz innehalten können, um sich zu beobachten, hätte sie sich gesagt: »Wie immer. Wie eine Figur von Alex Katz.«

Lisa hatte Sarah die Koordinaten durchgegeben. Der Tatort lag kaum zehn Minuten von ihrem Haus entfernt. Sarah überquerte die Dufourstrasse, dann die Bellerivestrasse, und schon befand sie sich auf der Seepromenade. Sie lief Richtung Süden, während ihr der Wind entgegenschlug und unter den Mantel fuhr. Der Regen war stärker geworden, schwere Tropfen prasselten auf die Blätter der großen Bäume. Im Sommer spendeten diese Schatten, weshalb sich die Menschen auf ihren Badetüchern gerne unter ihnen ausbreiteten. Im Winter wurden sie zu kahlem Astwerk in den schönsten Formationen. Der Herbst brachte alle Stufen der Laubverfärbung, vom gelblich werdenden Grün bis zum rostigen Rot, dann zum Braun. Ein Lebenszyklus.

Sie sah die Lichter von Weitem, die Autos. Sah, wie die Polizei das rot-weiße Band um das Strauchwerk zog. Sie lief schneller.

Auf einer Böschung des Ufers, zwischen ein paar großen Steinen, lag ein Mann. Der Körper schien seltsam verdreht, die Arme nach außen gespreizt, der Kopf war zur Seite gebogen. Als sie näher kam, bemerkte sie die grauen, nach hinten gekämmten Haare, eine Brille, die sich zur Stirn hin verschoben hatte, eine dunkle Hose und Schuhe mit offenen Schnürsenkel, teure Schuhe.

Seltsam, wie sie stets zuerst das Einzelne wahrnahm. Wie ihr Blick instinktiv auszuschneiden und von außen zu umkreisen schien, was er nicht sehen mochte. Das Schreckliche, was Lisa gemeint hatte, ohne es benennen zu können, war tatsächlich horrend und trat im grellen Licht der Scheinwerfer wie künstlich hervor. Der Oberkörper des Toten lag frei, das Hemd war zur Seite geschoben. Sarah sah die Brust, den Bauch, den Nabel, das graue Brusthaar, das an manchen Stellen dunkelrot vom Blut war.

Und sie sah die tiefe, trichterförmige Wunde, deren Rot glänzte, als wäre nicht Blut geflossen, sondern Farbe aufgepinselt worden. Genau dort, wo sich das Herz befand, gähnte ein dunkles, schwartiges Loch.

Sarah wurde übel. Sie suchte den nächsten Baum, stemmte sich dagegen und kämpfte gegen das Erbrechen.

Friedliches Zürich. Schöne, reiche, sichere Stadt. Wie viele Tote hatte Sarah schon gesehen? Unzählige, doch niemals eine solche Leiche.

»Wer war der Mann?«, fragte sie Lisa.

Die Polizistin zuckte mit den Schultern. Das Sprechen fiel ihr schwer. Mit Leichen hatte sie wenig Erfahrung. Sie schien zu zittern und hatte die Hände tief in die Taschen ihres Anoraks geschoben. Sarah musste sich unwillkürlich fragen, ob Lisa zu jung war für diesen Job.

Von den Autos her kam der Kollege Carl Vormüller gelaufen. Wie immer etwas kurzatmig, doch in dieser Nacht hellwach.

»Wer war das, Carl?«, fragte Sarah nochmals.

»Wir wissen es nicht. Keine Papiere, keine Dokumente, keine Kreditkarten, kein Geld. Nichts.«

»Wer hat ihn gefunden?«

»Eine Polizeistreife. Auf der Dienstrunde. Der Hund hatte Witterung aufgenommen.«

»Gibt es eine Vermisstenmeldung?«, fragte Sarah.

»Bisher nicht.«

Der Chef der Spurensicherung hatte seine Equipe und die Gerätschaften bereit gemacht und sofort in Stellung gebracht. Sarah, Lisa und Carl traten ein paar Schritte zurück. Während sich Carl eine Zigarette ansteckte, flüsterte er Sarah zu: »Wer das getan hat, wusste, was er tat. Hochinszeniert das Ganze, und zugleich irgendwie beiläufig. Denkst du nicht auch?«

»Lass uns bis morgen früh Zeit«, rief ihnen der Forensiker zu. »Dann sollten wir die Fakten mehr oder weniger geklärt haben.«

Die Fakten. So war es immer. Nach dem Fund einer Leiche wurde es erst einmal technisch. Gegenständlich, wie Sarah zu sagen pflegte. Dieser Mann mit dem entblößten Oberkörper hatte vor ein paar Stunden noch gelebt, hatte geatmet und gedacht, vermutlich geschwitzt und gestöhnt. Er hatte Angst gehabt. Jetzt war er für die Kollegen des forensischen Instituts ein Objekt, ein Gegenstand der Spuren und Bedeutungen, die es herauszulesen galt. Es war an Sarah, den Toten als Subjekt zu rekonstruieren und in ein zweites Leben zurückzuholen.

Sarah machte sich auf den Weg nach Hause. Am Tatort gab es für den Moment nichts mehr zu tun. Auch verhinderte die Dunkelheit mitsamt dem stürmischen Wetter, dass man sich ein verlässliches Bild der Szenerie hätte machen können. Alles schien reichlich unwirklich und gespenstisch, die Platanen begannen immer stärker zu rauschen. Sarah hatte einmal einen Erstochenen gesehen, der adrett auf dem Golfplatz über Zumikon lag, als ob er für eine skurrile Werbung posiert hätte. Das hier war anders, auf verstörende Weise anders.

Am nächsten Morgen stand Sarah früh auf. Sie war keine Frühaufsteherin, doch sie hatte sich an den Polizeirhythmus gewöhnen müssen. Im Gegenzug hatte sie gelernt, für ein paar Stunden abzuschalten. In ihrem Büro hatte Sarah eine Liege aufgestellt, wo sie sich am Nachmittag jeweils für eine halbe Stunde hinlegte. Selbst in der größten Hektik leistete sie sich diese Pause.

Draußen wurde es hell. Vom Fenster ihres Wohnzimmers aus sah Sarah den Zürichsee. Einer der vielen Vorteile dieser Wohnung. Der See war ein grauer, getrübter Spiegel, aber man roch bereits das schöne Wetter, der Westwind hatte die Wolken weggedrückt, die umliegenden Häuser standen zum Greifen nah, über dem See erhob sich der Uetliberg, ein Hügel, der sich als Hausberg der Limmatstadt verstand. Dort gab es ein paar Berghänge, die steil nach unten stürzten, nicht ungefährlich.

Ihr Frühstück war wie immer kurz und bescheiden. Ein Becher Joghurt, zwei Scheiben Toast ohne Butter mit etwas Konfitüre – Aprikose oder Erdbeere – garniert, dazu zwei Tassen Schwarztee. Sarah zog sich eine dunkle

Baumwollhose und den navyblauen Rollkragenpullover an, darüber den grauen Blazer, der einen Teil ihrer Uniform ausmachte. Manche Kolleginnen fanden, dass sie zu formell auftrat, aber weshalb sollte sie mit ihrer Garderobe abbilden, was sie als ihren Beruf gewählt hatte: das Eintauchen in das Chaos, in Gewalt, Leidenschaften und Misere?

Sarah querte die Bellerivestrasse, wo sich die Autos seit sieben Uhr morgens zu stauen pflegten, bog von dort zur Uferpromenade ab. Der gewohnte Weg. Nur dass gestern ganz in der Nähe ein Mann ums Leben gekommen war. Die Boote schaukelten über den Wellen, die Radfahrer steuerten zielgewiss unter den Platanen, nichts deutete darauf hin, dass dieser Friede viel zu trügerisch war.

Sarah ging bis zum Ende des Seebeckens, dann der Limmat entlang, bog hinüber zur Uraniastrasse, querte den Schanzengraben und hatte das Kommissariat der Kantonspolizei in insgesamt weniger als einer halben Stunde erreicht. Wenn sie spät dran war, nahm sie die Tram. Zürich war die Stadt der Trams. Aber an diesem Morgen war der Fußweg angesagt. Sarah brauchte Luft, frisches Atmen. Der Mann vom Seeufer, der so brutal zugerichtet worden war, war ihr wie ein Zeichen des absoluten Stillstands vorgekommen.

Als Sarah das Kommissariat betrat, grüßte sie der wachhabende Polizist.

»Guten Morgen, Frau Conti. Einen schönen Tag wünsche ich.« Vasic, dem die graublaue Uniform perfekt saß, war ein Charmeur. Plötzlich stockte er. »Sorry, tut mir leid. Das war für heute nicht passend.«

Sarah lächelte zerstreut. »Macht nichts. Ändern können wir es nicht.«

Schon in der Nacht hatte sich herumgesprochen, was passiert war. Ein Mord war ein Riesenthema, ein solcher Mord ohnehin. Jede Frau und jeder Mann der Zürcher Kantonspolizei wusste längst davon, doch noch gespannter war man im Korps, wie Sarah Conti das Verbrechen anpacken und aufklären würde.

Sie lief die Treppen hoch, schnell und mit festem Schritt, das Fitnessprogramm trug Früchte. Als sie die Räume der Kriminalpolizei erreicht hatte, waren Lisa und Carl wie erwartet zur Stelle. Der sonst so gelassene, ja fast schwerfällige Carl wollte sofort seinen Auftritt. Lisa schien noch immer geschockt. Sie trug blaue Jeans und weiße Tennisschuhe, die im Verhältnis zu ihrem Körper geradezu gigantisch aussahen. Erst vor Kurzem hatte sie zum Kriminaldienst gewechselt, nachdem sie sich als Verkehrspolizistin bewährt und dabei Intelligenz und Ausdauer bewiesen hatte. Und seit sie vor ein paar Monaten zu Sarahs Team gestoßen war, entwickelte sie sich praktisch Tag für Tag weiter. Sie schulte ihre Aufmerksamkeit, machte Notizen, stellte gute Fragen und bewies überhaupt, dass sie in diesem Beruf vorankommen wollte.

Carl legte los: »Der Tote. Wir wissen jetzt, wer er war. Seine Frau hat heute früh gegen fünf Uhr angerufen und ihn als vermisst gemeldet. Ihr Mann sei nicht nach Hause gekommen. Die Frau war besorgt, fast hysterisch, und meldete sich bei der Dienststelle. Damit war die Sache ja klar.«

Die Sache war alles andere als klar. Immerhin, ein Anfang war gemacht. Carl fuhr fort: »Der Tote heißt oder hieß Kaspar Feldmann. Alter 67 Jahre, verheiratet mit

Getrud, geborene Eichler. Von Beruf Rechtsanwalt. Ein Sohn, ebenfalls Anwalt. Wohnhaft in Küsnacht, Silberweg 19. Nicht vorbestraft, alles unauffällig. Seriöses Umfeld, wie es scheint. Als unsere Polizisten vorbeikamen und die Nachricht überbrachten, brach Frau Feldmann zusammen. Sie wird jetzt von einem Notarzt betreut. Verrutschte Sache.«

Carl war ein guter Kriminalpolizist mit klarem Verstand. Dass er auch gut und reichlich aß, wollte und konnte er nicht verbergen, und dass er deshalb noch lange kein Maigret war, wusste er selbst. »Verrutschte Sache.« Typisch, dachte Sarah. Ohne es zu realisieren, hatte sich der Kollege mit seinen Kommentaren ein Markenzeichen geschaffen. Das war als eine Art von emotionaler Abfuhr verständlich. Aber Carls Kommentare hatten nicht selten eine unfreiwillig komische Note. Nachdem in einem Bordell bei Dübendorf ein Mädchen bestialisch ermordet worden war, hatte er zwar alles akkurat zusammengefasst, anschließend aber noch hinzugefügt: »Leichtes Mädchen, schwerer Tod.« Dabei hatte er ein riesiges Sandwich in der Hand gehalten, aus dem der Käse triefte.

»Danke, Carl. Das ging ja schnell«, sagte Sarah.

»Ja, zum Glück, auch wenn sich die Ehefrau natürlich etwas anderes erhofft hat.«

Schon am Tatort war Sarah klar, dass die Identität dieses Toten keine großen Rätsel aufgeben würde. Anders verhielt es sich mit den Umständen: Dass ein älterer Mann mit nacktem Oberkörper tot am Ufer des Sees aufgefunden wurde, lag weitab von jeder Wahrscheinlichkeit. Auch dass dort, wo sein Herz gesessen hatte, ein tiefer, dunkler Krater klaffte, war singulär.

Die meisten Mordfälle wurden innerhalb weniger Tage gelöst, oft war es verstörend einfach. Häufig waren es Männer, die tätig wurden. Mann erschlug Frau aus Eifersucht, aus Wut, aus religiösem Wahn. Mann erschoss Mann aus Rache, aus Geldgier, aus Angst. Doch dieser Fall würde schwierig und kompliziert. Knacknüsse und tiefenpsychologische Analysen krimineller Seelen zählten zu Sarah Contis Spezialitäten.

Bevor sie länger darüber nachdenken konnte, klopfte Ernst Faber, der Rechtsmediziner, an die offen stehende Tür. Faber, der im Dienst ergraut war, galt als einer der besten Forensiker, und dies weit über Zürich hinaus. Er hatte die Angewohnheit, am Tatort mit Krawatte zu erscheinen, und als Sarah ihn einmal mit sanftem Spott darauf angesprochen hatte, erwiderte er bloß, dies sei er den Opfern schuldig.

Der sonst so ruhige Faber wirkte auf einmal ganz aufgeregt. »Du wirst es nicht glauben. Eine solche Dämonie habe ich noch nie gesehen.«

3

Faber berichtete, was er und seine Kollegen herausgefunden hatten. Das Opfer, Kaspar Feldmann, war furchtbar zugerichtet worden. Beide Oberarme waren gebrochen, der Oberkörper wies fast überall schwere Prellungen auf, die Halswirbel waren bis zum Anschlag verdreht, die Kniekehlen eingeschlagen worden.

»Wir haben kaum Leichen gesehen, die übler zugerichtet waren«, sagte Faber.

Er hielt inne, zögerte, als ob er die Worte möglichst präzise wählen wollte, und fuhr dann fort: »Aber das wirklich Verrückte ist: Jemand hat das Brustbein aufgetrennt und einen Krater geschnitten, der das Herz freigelegt hat. Daraufhin hat dieser Jemand das Herz gepackt und mit einem einzigen Griff herausgerissen.«

»Es muss jemand gewesen sein, der sich in Anatomie auskannte, ein Spezialist«, sagte Sarah in fragendem Ton.

»Sieht ganz so aus«, antwortete Faber. »Der Täter musste nicht unbedingt die Kenntnisse eines Chirurgen besitzen. Aber mit den Grundbegriffen von Wikipedia war er noch nicht bedient. Wir werden weiter recherchieren. Das Wichtigste weißt du. Der Tod ist etwa um Mitternacht eingetreten. Die Ursache bleibt vorerst Spekulation.«

Sarah war überrascht. »Spekulation? Ich dachte, das Herz …«

»Nicht unbedingt«, sagte Faber. »Ich denke, dass Feldmann schon vorher tot war. Herzstillstand. Der Stau in den umliegenden Blutgefäßen deutet jedenfalls darauf hin. Manchmal greift der Organismus selbst ein, bevor der Mörder sein Werk vollenden kann.«

Faber schien dem Opfer zu wünschen, dass es nach all dem nicht noch erleben musste, wie ihm jemand bei lebendigem Leib einen Krater ins Brustfleisch schnitt.

»Und die Tatwaffe?«

Faber schaute zur Decke und sprach wie zu sich selbst, was er immer tat, wenn er sich konzentrierte. Er schien die Tat im Geist zu wiederholen. Das war unter Pathologen nicht unüblich, sie versuchten mit Wissenschaft, Intuition und eigener Vorstellungskraft die letzten Momente eines Lebens aufzufangen. Die letzten Phasen eines schlagenden Herzens mitzuhören, die letzten Atemzüge zu spüren.

»Die Tatwaffen. Plural. Erstens, das Herz. Ein herrkömmliches Beil genügt im Prinzip. Natürlich ist Chirurgenbesteck besser. Zweitens, die Verrenkungen. Ein stumpfer, massiger Gegenstand. Ein Holzhammer oder Ähnliches.«

»Spuren fremder DNA?«, fragte Sarah.

»Nichts. Gar nichts«, antwortete Faber. »Jedenfalls bis jetzt.«

Sarah wäre ehrlich überrascht gewesen. Wenn ein Täter so brutal und zielbewusst ans Werk ging, war nicht anzunehmen, dass er eine Visitenkarte in Form seiner DNA am Tatort hinterließ. Die Visitenkarte war in diesem Fall die Inszenierung, die Darstellung dieses Mordes.

»Hast du Neuigkeiten von der Spurensicherung? Wurde er am Fundort ermordet? Dort am Ufer?«

Faber schüttelte den Kopf. Er zögerte und kratzte sich am Kinn.

»Die Kollegen gehen davon aus, dass es sich beim Seeufer nicht um den Tatort handelt.«

»Was meinst du damit?« Sarah war überrascht.

»Man hätte deutlich mehr Blut finden müssen, auf dem Rasen und in seinen Kleidern. Und dazu die Leiche in dieser inszenierten Stellung.«

Faber wies auf die mitgebrachten Fotos, die die ganze Szenerie noch unwirklicher erscheinen ließen. Die Winkel wirkten verzogen, die Farben falsch. Feldmanns Leiche lag so, wie sie Sarah in Erinnerung hatte.

Sarah dankte Faber, der erleichtert schien, die Pflicht des Boten dieser Art von Nachricht hinter sich lassen zu können, und verabschiedete sich. Carl, der aus der Ecke des Zimmers mitgehört hatte, schnäuzte sich die Nase.

»Also, jetzt wissen wir zwar immer noch wenig. Aber das wenige ist massiv«, sagte Sarah.

Carl, der froh war, etwas beitragen zu können, reagierte auf das Signal: »Ein älterer Herr aus feinerer Gesellschaft. Gegen Mitternacht ermordet, aufgefunden in der Böschung des Zürichhorns. Geschlagen und gequetscht. Des eigenen Herzens beraubt. Und warum?«

Die Frage aller Fragen.

Sarah schaute kurz aus dem Fenster. Das schöne Wetter hielt an, was ebenfalls dazu beitrug, dass die Untat, die erst wenige Stunden zurücklag, umso absurder erschien. Die Türme des Grossmünsters reckten sich in den strahlend blauen Himmel. Von hier aus hatte Zwingli die Reformation betrieben. Von hier aus gewann das protestantische Zürich an Ansehen und Erfolg, und der Geist der Strenge und Sparsamkeit kam über die Menschen, die vorher wohl bequemer und vermutlich auch etwas lustiger gelebt hatten.

Immer wieder, wenn Sarah das Grossmünster sah, musste sie an ihren Vater denken, der einmal gesagt hatte, das Wahrzeichen Zürichs komme ihm vor wie der Inbegriff des Protestantismus, wie der Stein gewordene Vorwurf, dass er als Tessiner nicht nur katholisch sei, sondern auch lebenslustig. Sarahs Mutter hingegen war eine glühende Protestantin gewesen. Eine helfende und höfliche Seele, die nie viel Aufsehen um sich selbst gemacht hatte.

Carl riss Sarah aus ihren Gedanken: »Was jetzt?«

Das war, wie immer, gespielt, verfehlte jedoch seine Wirkung nicht. Es gab Rituale der Zusammenarbeit, die sich wiederholten, ohne dass es den Beteiligten bewusst gewesen wäre. Lisa, die abwartend in der Tür stand, schaute Sarah erwartungsvoll an.

»Was jetzt, Chefin?« Carl wiederholte seine Frage mit einem leicht ironischen Unterton.

»Wir gehen ans Werk«, sagte Sarah mit gespielter Feierlichkeit. Die eingespielte Maschinerie setzte sich in Gang. Hierbei wusste Sarah bestens, dass Kompetenz und Technik das eine waren. Das andere waren Improvisation, Gefühl, das genaue Zu- und Hinhören. Wie in der Musik.

Die Medien hatten schon ausführlich berichtet. Sie zogen in die Länge und Breite, was nicht zu verbergen gewesen war: den Mord an einem bekannten Zeitgenossen und Anwalt. Noch hatte niemand von den Umständen erfahren, und das war gut so. Für die Ermittlungen war es wichtig, dass das »Wie« so lange wie möglich im Dunklen lag. Die Presseabteilung der Kantonspolizei war angewiesen worden, die Einzelheiten dieses Gewaltdelikts für sich zu behalten. Doch die Neugier wurde nicht kleiner. Damit wiederum war umzugehen. Eine Frage der Routine. Der Kreislauf war vertraut.

Sarah hatte mit Theo Ochsner, dem zuständigen Staatsanwalt, gesprochen, einem klein gewachsenen Brillenträger um die fünfzig, der öfter einen anständigen Haarschnitt hätte gebrauchen können. Die graue Mähne sollte wohl künstlerisch wirken. Die Rechnung ging nicht auf. Ochsners Frau beklagte sich wiederholt bei Sarah über die äußere Erscheinung des Magistraten, der zur allgemeinen Überraschung immer dann Symptome von Humor zeigte, wenn sie niemand erwartete. So war Ochsner zu einem leicht exotischen Tier im Apparat der Kantonsverwaltung geworden, dessen Unberechenbarkeit längst als feste Größe seines Benehmens bekannt war.

Sarah hatte Ochsner die ersten Resultate bekanntgegeben. Der Staatsanwalt schien sich dabei vor allem für die Herkunft und das Umfeld des Opfers zu interessieren. Feldmann war kein Niemand gewesen, weder als Anwalt und Berater noch in jenen Teilen der Gesellschaft, die etwas darauf gaben, die besseren Kreise zu verkörpern. Ochsner selbst war nie so weit gekommen, weshalb sein Verhältnis zu diesen Kreisen ambivalent blieb. Einerseits blickte er mit neidvoller Bewunderung nach oben. Andererseits war es ihm ganz recht, wenn es dort ab und an rumorte. Und Sarah war die ideale Ermittlerin – höflich, diskret, elegant, aber wenn nötig beinhart.

»Gehen Sie sachte, aber beharrlich vor. Die Leute in Küsnacht verdienen nichts Besseres als andere.«

Als ob Sarah jemals anders gedacht und gehandelt hätte. Sie galt bei Freund und Feind als verständig und gerecht, unabhängig davon, ob jemand ein hohes Tier oder ein kleiner Gewerbler war. Übrigens zeigten die Bescheidenen, wenn sie in die Klemme gerieten, häufig mehr Würde als die hohen Tiere, die nicht selten die Fassung verloren.

Schlag elf Uhr begannen im weiteren Rund der Stadt die Glocken zu läuten. Ein tägliches Ritual, das Sarah längst gleichgültig geworden war, wenn sie es überhaupt noch wahrnahm. Dennoch schloss sie das Fenster und machte sich einen Kaffee. Früher als Kind hatte das Läuten der Glocken für Sarah etwas Mahnendes gehabt, etwas Bohrendes, eine Warnung.

Und ihr Vater hatte ihr erklärt, dass das Zürcher Geläute mit seiner bleiernen Gleichförmigkeit weniger lebendig sei als jenes in den Städtchen und Dörfern des Tessins. Tatsächlich läuteten die Tessiner Glocken mit einer geradezu mutwilligen Unberechenbarkeit, und wenn man meinte, dass es vorbei sei, kam immer noch ein Nachzügler, der den letzten Klangtropfen wie in einer freien Synkope setzte.

Sarah zog den Mantel über, griff sich ihren Hut und ging in Carls Büro. »Auf, es wird Zeit. Wir sollten Frau Feldmann einen Besuch abstatten.«

»Alles klar, ich habe aber meine Zweifel, ob das ganz nach Plan laufen wird. Gestern war sie kaum ansprechbar. Völlig fertig. Aber wir werden ja sehen«, sagte Carl.

Er lenkte den Wagen über Umwege zum See. Offenbar wollte er mögliche Staus auf der Seestrasse vermeiden, die wieder einmal umgebaut wurde. Zürich war Weltmeisterin in Sachen Baustellen. Keine davon kam wirklich voran.

Auf der Höhe des Kunsthauses sah Sarah ein Plakat, das eine Ausstellung zu Picassos Druckgrafik anzeigte. Unbedingt anschauen, dachte sie sich. Über den Zeltweg gelangten sie ins Riesbach-Quartier. Der Verkehr wurde ruhiger, die Autos krochen bei Tempo dreißig, die Gegend strotzte vor Grün. Hohe Bäume warfen breite Schatten, stattliche Villen waren hinter Zäunen zu erahnen.

Von Zollikon war es ein letztes Stück nach Küsnacht, dem alten Dorf der Bauern und Winzer, das sich vom See bis hinauf in die hügeligen Anhöhen des Limbergs erstreckte. Damals, im 18., 19. und selbst im frühen 20. Jahrhundert, hatte dieser Landwein mehr schändlich als ländlich geschmeckt, man nannte ihn Magenzwicker, was Sarah während der Fahrt wieder einfiel. Ausgerechnet zur Unzeit dieses Mordfalls.

Der Silberweg schlängelte sich in Kurven durch den Wiesenrücken. Hier gab es noch weniger Verkehr, und wenn ein Wagen kam, so rollte er langsam, leise und schwer. Als Sarah und Carl die Nummer 19 erreicht hatten, sahen sie das große, eiserne Tor und dahinter eine lange, von Platanen gesäumte Zufahrt. Das Haus lag weiter hinten, die Fassade strahlte weiß, sie sahen ein Eingangsportal mit Säulen und Kapitellen, in einiger Entfernung davon befanden sich ein kleinerer Zugang und daneben eine Platte aus Email, in die in alter, dunkelblauer Schrift *Lieferanten* geprägt stand.

»Reich, aber tot.«

Wieder Carls Tick, wie ein Schluckauf, dachte Sarah, die dem Kollegen einen müden Blick entgegenwarf.

Er klingelte, aus dem Haus war Hundegebell zu hören. Die Tür, die schwer in den Stiften drehte und leise surrte, öffnete sich langsam. Weder Sarah noch Carl waren darauf vorbereitet, zu sehen, was sie jetzt sahen.

4

»Guten Tag. Ich bin Gertrud Feldmann. Ich habe Sie erwartet. Danke, dass Sie so rasch gekommen sind.«

Carl schaute verblüfft zu seiner Chefin. Nach allem, was ihnen berichtet worden war, hätten Sarah und Carl ans Bett einer älteren, verzweifelten Frau geführt werden sollen. Gertrud Feldmann war um die fünfzig, mittelgroß und schlank. Sie trug das Haar, das zwischen Braun und Grau oszillierte, kurz und nach hinten gekämmt, was ihre sportliche Erscheinung verstärkte. Das schwarze Kleid saß perfekt, darüber trug sie eine schwarze Jacke, schwarz waren auch die Strümpfe, schwarz die matt glänzenden Ballerinas. Alles an dieser Frau war stark. Der Auftritt, die Erscheinung, die dunklen, tief in den Höhlen sitzenden Augen, die aufrechte Haltung, das halb freundliche, halb skeptische Lächeln. Gertrud Feldmann war eine alterslos schöne Frau.

»Guten Tag, Frau Feldmann. Ich bin Sarah Conti. All das tut mir sehr leid. Mein herzliches Beileid.«

»Danke. Vielen Dank. Ich habe von Ihnen gehört. Sie seien, so sagte man mir, eine hervorragende Ermittlerin«, sagte Gertrud Feldmann.

Auch Sarah musste lächeln. War das wirklich ein Mordfall? War das nicht eher eine Einführung in Gesellschaftskunde?

Gertrud Feldmann führte Sarah und Carl ins Haus, das sich großzügig in verschiedene Richtungen verzweigte. An den Wänden hingen Gemälde des 18. und 19. Jahrhunderts, an unerwarteter Stelle auch solche moderner Kunst. Sarah glaubte, ein Bild von Pollock zu erkennen, in beleuchteten Vitrinen waren antike Skulpturen aufgestellt. Alles gediegen. Und ein wenig unpersönlich. Sie kamen in einen Salon und setzten sich vor ein großes, breit gezogenes Panoramafenster. Draußen blitzten die Schaumkronen des Sees.

»Es tut uns leid, Sie schon jetzt zu überfallen. Aber die Zeit drängt, die ersten Tage entscheiden über die weiteren Fortschritte unserer Arbeit«, sagte Sarah.

»Natürlich, das wurde mir nach dem ersten Schock rasch klar. Kennt man die Ursache des Todes, die äußeren Umstände?«

Sarah und Carl konnten ihre Verlegenheit nicht verbergen.

»Nun, Sie wissen, dass –«

»Ja, ich weiß. Kaspar wurde brutal ermordet. Gestern Nacht, am Zürichhorn«, sagte Gertrud Feldmann und fügte hinzu: »Ich wurde, nachdem ich ihn vermisst gemeldet hatte, ziemlich rasch von zwei Beamten der Polizei informiert.«

Sie schien zu zögern, dann sagte sie: »Es war wirklich ein Schock.«

»Nichts ist verständlicher«, sagte Carl, der sich bisher zurückgehalten hatte.

Wieder schien Gertrud kurz zu zögern. »Ja, sicher,

nichts ist verständlicher. Aber eigentlich habe ich mein ganzes Leben lang lernen müssen, kühles Blut zu bewahren. Gerade in einem solchen Moment. In einer solchen Situation, die …«

Sie brach ab, als ob sie das Thema wechseln wollte. Dann sagte sie: »Die Polizisten ersparten mir die Einzelheiten. Ich bitte Sie, das ebenfalls zu respektieren. Ich weiß, dass an meinem Mann ein furchtbares Verbrechen begangen wurde. Aber ich möchte ihn mir nicht so vorstellen müssen. Nicht ihn, den ich geliebt habe und den ich so in Erinnerung haben will, wie ich ihn zuletzt gesehen habe.«

Sarah verstand, auch wenn ihr Gertrud Feldmanns Pathos ein wenig einstudiert erschien. Vielleicht hätte sie an ihrer Stelle ähnlich reagiert. Doch sie war nicht an Gertrud Feldmanns Stelle, sondern gewissermaßen am Gegenpol. Musste sich hineinfinden in die Tat, in die Täterschaft, je genauer, je tiefer, desto besser. Was sie nicht verstand: Frau Feldmann hatte zuerst nach den Umständen gefragt, danach aber gebeten, sie ihr keinesfalls zu enthüllen. Das passte nicht zusammen und nicht zu dieser selbstbewusst beherrschten Frau.

»Wann haben Sie Ihren Mann zum letzten Mal gesehen?«

»Gestern Morgen. Wir haben gemeinsam gefrühstückt. Er schien wie immer guter Dinge. Sagte, er habe im Büro eine längere und schwierige Verhandlung, wolle dann mit unserem Sohn lunchen, später einen Geschäftskollegen zum Aperitif treffen und gegen acht zum Abendessen zu Hause sein.«

Nach einer kurzen Pause fügte sie hinzu: »Ja, genauso

war es, ein Tag der Routine. Schön geregelt, wie er es gerne hatte.«

Feldmanns Witwe blieb beherrscht. Zugleich spürte Sarah einen Stich von Anspannung, sie schien ernster, unruhig. Nichts Überraschendes, dachte Sarah, keine große Enthüllung. Auch dieses elegante, etwas kühl anmutende Haus machte einen gepanzerten Eindruck, vermutlich war es auch gut gewappnet gegen Angriffe und hatte bestimmt eine exzellente Alarmanlage. Sarah wusste nicht, ob ihr Gertrud Feldmann sympathisch war.

Als könnte die Witwe ihre Gedanken lesen, sagte diese unvermittelt: »Ich stamme ursprünglich aus Bayern, bin als junge Studentin in die Schweiz gekommen. Ich wollte studieren, mich wenn möglich in Zürich beruflich niederlassen. Mein Vater hatte eine Praxis in München. Ich wollte ebenfalls Ärztin werden. Dazu kam es nicht.«

Sarah schwieg. Wenn die Menschen zu erzählen begannen, ohne dass jemand danach gefragt hatte, wurde es spannend. Immer. Die Menschen schienen die Regie zu übernehmen, fühlten sich stärker, weil sie dabei ihr Gegenüber in der Rolle des Zuhörers definierten. Manchmal stimmte das, häufiger war es jedoch genau umgekehrt: Beim Erzählen verloren die Menschen die Kontrolle. Und plötzlich fiel ein Satz, ein Wort, das der geplanten Linie des Erzählens entwischte. Darauf wartete Sarah.

Doch Gertrud Feldmann machte nicht weiter. Sie hatte diesen Vorhang mit Absicht geöffnet und nun wieder geschlossen.

»Dürften wir das Arbeitszimmer Ihres Mannes sehen?«

Gertrud Feldmann erhob sich. »Natürlich. Das versteht sich doch von selbst.«

War hier ein Ton von Ironie zu hören? Wieder fühlte sich Sarah an eine Lektion in Gesellschaftskunde erinnert. Seltsam, wie die Witwe – Gertrud war trotz ihrer souveränen Erscheinung seit knapp zwölf Stunden Witwe – versuchte, die Fäden in der Hand zu halten. Sie würde nicht zusammenbrechen, so viel war klar.

Sie stiegen eine breite Treppe hinauf, gingen durch einen mit Nussbaumholz getäfelten Korridor und standen im Arbeitszimmer des Ermordeten. Es war groß, besaß gegen Süden einen Erker mit vier Doppelfenstern und war ebenfalls in hellem Holz gehalten.

Der Schreibtisch stand seitwärts zur Front der Fenster, gegenüber befand sich eine Polstergruppe aus braunem Leder, hinter dem Schreibtisch eine Wand mit Büchern, und vor dieser Wand stand ein langer Tisch. Auf dem Tisch stapelten sich Bücher und Zeitschriften, offenbar war Feldmann ein eifriger Leser gewesen, der dabei das Rauchen nicht verlernt hatte. Sarah sah eine Reihe von teuer wirkenden Pfeifen, einen Humidor für die Zigarren und auf dem Schreibtisch sowie auf den Beistelltischen diverse Aschenbecher. Der Raum roch nach Tabak, was Sarah, die das Rauchen vor fünf Jahren aufgegeben hatte, schwer erträglich fand. Der Geruch schien sich auch in die langen, in dunkelroten Samt gefassten Vorhänge gelegt zu haben.

Würde das Unerwartete auftauchen, das mit diesem Mord zwangsläufig verknüpft war?

Das Herbstlicht kam in weicher Brechung aus Richtung des Uetlibergs, es passte zu diesem Arbeitszimmer. Feldmann war fast siebzig gewesen, als ihn jemand überfiel und ihm das Herz herausriss. Ein Mann der älteren Generation mit dem Ordnungsdrang dieser reichen, betagteren Herrschaften, die ihre Skelette in der Besenkammer verstauten und zweifelhaftere Geschäfte unter den Teppich kehrten.

Plötzlich bemerkte Sarah eine Reihe von Bildern, teils im Hoch-, teils im Querformat, die sich wie ein Fries über die Wände zogen, merkwürdige Bilder. Sarah hatte ihr Auge für grafische Blätter geschult, hatte sich schon als Studentin für Kunstgeschichte interessiert. Kaspar Feldmann hatte offenbar nicht nur eine Vorliebe für Bücher und Zigarren, sondern auch für Piranesi. Galt seine Faszination dabei Piranesis Motiven? Den Darstellungen, die tief und dunkel in den schwarzen Holzrahmen saßen?

Gertrud Feldmann unterbrach Sarahs Abschweifung: »Mein Mann liebte diese Blätter. Er hat sie vor langer Zeit bei einem Berner Auktionator erworben. Ich fragte ihn immer wieder, was er darin sehe. Er schaute mich nur lächelnd an und sagte: ›Vielleicht ist das nichts für Frauen.‹«

Sarah setzte sich auf die Kante eines Sessels. »Frau Feldmann, erlauben Sie die Frage: Hatte Ihr Mann Feinde? Feinde, die bereit gewesen wären, ihn zu töten? Können Sie sich jemanden aus seinem Umfeld vorstellen, der so etwas getan haben könnte?«

Gertrud Feldmann, die Sarah gegenübersaß, starrte auf den Teppich, zu den Fenstern, dann auf ihre Hände, die sie wie eine Betende ineinander verschränkt hatte.

»Natürlich hatte er Feinde. Oder sagen wir: Gegner. Geschäftsgegner, Anwaltsgegner, politische und gesellschaftliche Gegner. Ja, er selbst hätte manche unter ihnen durchaus als Feinde bezeichnet. Was ihm übrigens nichts ausmachte. Im Gegenteil. Unter seinen Freunden kursierte der Spruch: ›Viel Feind, viel Ehr.‹ Ich fand das albern. Aber Feinde, die ihn umgebracht hätten? Nicht, dass ich wüsste.«

Hatte Gertrud Feldmann etwa das »ich« betont?

»Waren Sie informiert über die Geschäftstätigkeiten Ihres Mannes?«

»Zum Teil. Mit dem juristischen Alltag hatte ich nichts zu tun. Wenn es um größere Projekte der Wirtschaft ging, erzählte er mir dies und das. Das war nicht unbedingt ein Vertrauensbeweis. Ich hätte das meiste ohnehin bald in den Medien lesen können. Manchmal berichtete Kaspar auch von seinen Reisen. Nach Libyen, Ägypten oder Russland.«

»Reiste er oft?«, fragte Sarah.

»Früher ja, seit zehn Jahren weniger. Das Internet macht manches einfacher.« Wieder zögerte sie und fügte hinzu: »Aber nicht alles.« Und nach einer weiteren Pause: »Wenn Sie mich jetzt bitte entschuldigen würden. Es war viel. Viel zu viel.«

Sie will uns loswerden, dachte Sarah.

»Was macht Ihr Sohn? Stehen Sie in Kontakt?«

»Ab und zu schaut er vorbei. Mehr aus Pflicht als aus Liebe. Wer Kinder hat, kennt das ja. Sie kommen, wenn sie etwas wollen oder brauchen. Sonst ist Funkstille.«

Das Lächeln wirkte aufgesetzt. Sarah bezweifelte, dass Frau Feldmann eine innig verständnisvolle Mutter war. Aus dem Augenwinkel hatte sie gesehen, wie Carl auf seinem Notizblock mitschrieb. Stenografie. Das konnte inzwischen kaum jemand mehr. Carl war stolz, die Kurzschrift beherrschte er, die überdies den Vorteil hatte, dass die Kollegen nur ein Gekritzel aus Strichen und Schlaufen sahen, wo der Schreiber halbe Romane überblickte. Oder jedenfalls wichtige Protokolle. Denn mit Literatur hatte Carl wenig am Hut.

Beim Verlassen des Arbeitszimmers streifte Sarahs Blick eine Konsole. Darauf waren mehrere Reihen von Fotos in Silberrahmen angeordnet. Wie eine Einsatztruppe, wie ein Regiment, das für Feldmann in den Krieg marschierte. Doch der Anführer war tot.

»Ja, darauf war er stolz.«

Gertrud Feldmann hatte Sarahs Neugier bemerkt. »Er nannte sie seine Trophäen. Gewonnen aus den Begegnungen mit großen Zeitgenossen, wie er zu sagen pflegte.«

Nochmals die spöttische, sarkastische Note. Tatsächlich erkannte Sarah einige Berühmtheiten. Einen ehemaligen Ministerpräsidenten des Freistaats Bayern. Einen Radweltmeister. Einen alt gewordenen Fernsehquizmaster. Eine Filmschauspielerin mit Kurven. Einen Kardinal. Und Feldmann daneben, Handschlag, Kusshand, Aug' in Aug', oder Blick hinüber, zum Fotografen, fröhlich, nachdenklich, beschwipst oder bemüht staatsmännisch. Bei manchen Bildern waren die Farben ausgebleicht, als ob sich das Vergessen darübergelegt hätte. Andere leuchteten grell koloriert. Einige Fotos trugen eine Widmung. Für Kaspar Feldmann, in Freundschaft, in Zuneigung, in Verehrung.

Plötzlich erinnerte sich Sarah, dass sie Feldmann vor Kurzem in ähnlichen Posen in einer Illustrierten gesehen hatte. Er hatte bei einem Musikfestival aufgetrumpft. Oder bei einem Wohltätigkeitsball? Umkreist von jungen, attraktiven Frauen, die Fliege seines Smokings saß schief, das Champagnerglas hing müde von der Hand. Und weil im Hintergrund auch Staatsanwalt Ochsner zu sehen gewesen war, sah sie jetzt das Bild glasklar vor sich. Gertrud Feldmann war nicht zu sehen gewesen.

»Eine letzte Frage, Frau Feldmann –«, Sarah wollte den Satz zu Ende bringen, aber Gertrud Feldmann war schneller: »Mein Alibi? Ist es das? Ihr Polizisten kommt doch nie aus eurer Rolle heraus.« Es klang beinahe höhnisch.

»Alibi ist zu viel gesagt. Aber ja, wo waren Sie gestern Abend?«

»Ich war hier, zu Hause, in unserem Heim, und wartete. Ich wartete, Frau Conti. Auf Kaspar! Auf meinen Mann!«

5

»Und? Was hältst du von ihr?«, fragte Sarah Carl.

Die beiden Ermittler waren zurück auf dem Kommissariat und tranken Kaffee. Carl steckte sich ein Stück Schokolade in den Mund. Dann suchte er seine Worte. »Grandiose Selbstbeherrschung. Eiskalt, oder fast. Und ehrlich gesagt, sie schien mir auch irgendwie erleichtert.«

»Ja, erleichtert, andererseits angespannt, nervös«, erwiderte Sarah.

»Wegen uns?«, fragte Carl, während er sich ein zweites Stück Schokolade in den Mund schob.

Sarah überlegte kurz. »Auch wegen uns, aber nicht hauptsächlich. Eher wegen sich selbst. Plötzlich kommt der Tod ins Haus. Plötzlich diese Leere. Und jetzt, wie weiter? Wir müssen mehr in Erfahrung bringen, viel mehr. Das alles ist noch rudimentär. Interessant, aber rudimentär.«

Sarah schien Geschmack an dem neuen Fall zu finden. Als Kind hatte sie alte Holzpuzzles zusammengesetzt, Szenen aus dem Leben auf dem Bauernhof oder auch den Berner Bärengraben mit seinen pelzigen Bewohnern. Die ersten Teile, die sie in der Hand hielt, waren einfache Teile, aber langsam, sehr langsam wuchs daraus etwas heran.

»Morgen sprechen wir mit dem Sohn«, sagte Sarah.

»Und wir lassen uns Feldmanns Spezis vorladen«, ergänzte Carl, während er sich die Schokoladenfinger abwischte.

Beide lachten. Sarah zeigte einen Übermut, der keineswegs dazu passte, dass sie sich erst am Anfang einer wahrscheinlich langen Ermittlung befanden. Doch so war es fast immer, sie musste sich in Stimmung bringen, um das Puzzle zu spielen. Sie rief Lisa in ihr Büro.

»Such uns alles heraus, was du über Kaspar Feldmann und seine Geschäfte im Netz entdeckst. Was er tat, welche Freunde er hatte, welche Feinde ihm gern ans Leder gegangen wären.«

Lisa, die sich von der nächtlichen Szene am See erholt hatte, machte sich Notizen. Dann blickte sie auf und sagte: »Ich habe bereits angefangen.«

So war Lisa, dachte Sarah. Ein stilles Wasser, das immer für Überraschungen gut war. Am Anfang ihrer Arbeit auf dem Kommissariat hatte Lisa mit einem Randalierer zu tun gehabt, der beim Verhör weitertobte. Sie hatte ihn nur kurz, aber fest am Arm gepackt, das Kinn vorgeschoben und gezischt, wenn er nicht sofort aufhöre, erlebe er etwas, das nicht im Drehbuch der Polizei stehe. Danach hatte Totenstille geherrscht. Doch Leichen, und zumal solche, waren etwas anderes.

Lisa berichtete. Feldmann hatte Gertrud auf einem Ball kennengelernt und sich in sie verliebt. Er hatte sie geheiratet, sie hatte einen Sohn zur Welt gebracht, und fortan war sie ihm eine glänzende Gesellschafterin, die all das erfüllte, was sich Feldmann von der Frau an seiner Seite gewünscht hatte: Auftritt, Glanz und Gloria, Oper, Golf und Reiten. In den Gesellschaftsspalten brillierten die beiden als *winning couple*. Die Frau aus Bayern, klug und lebensfreudig, neben dem eingesessenen Zürcher, der gut aussah, den Macho gab, der Frauen anscheinend zuhören konnte. Ein Mann, der nicht nur viel hatte, sondern auch viel verdiente.

»Politisch stand er rechts, ziemlich rechts.«

Lisa ließ sich nicht anmerken, was sie davon hielt. Oft hatte Sarah die Kollegen ermahnt, unter allen Umständen professionell – und das hieß: wertfrei – zu denken. Also blieb Lisa professionell, während Sarah wusste, dass es in ihr gärte.

»Er unterstützte rechte Parteien, in der Schweiz und anderswo. Schien bestens vernetzt mit diversen Oligarchen. War offenbar hart im Geben, hart im Nehmen und als Gegner gefürchtet. Überdies hört man, dass er ein Frauenheld war, einer der übleren Sorte, Anmacher und Anfasser.«

Lisa hatte sich ins Feuer geredet. Eigentlich herrlich, dachte Sarah, dass die junge Frau ein wenig Emotion in die Amtsstuben brachte.

»Passt ja wunderbar.« Sarah kombinierte Lisas Informationen mit den Eindrücken aus Küsnacht. Das Bild gewann an Tiefe.

»Aber das Beste kommt noch.« Lisa kam noch stärker aus der Reserve: »Als Feldmann fünfzig wurde, konvertierte er zum Katholizismus!«

Das war außergewöhnlich. Seit der Reformation war Zürich eine protestantische Stadt, seit Zwingli war der römische Geist ausgetrieben, und alles, was katholisch und barock schmeckte, blieb über lange Zeit verdächtig, ja gefährlich. Später wurde die Stadt toleranter. Aber die alte Zürcher Gesellschaft wäre subito auf Distanz zu einem Konvertiten gegangen. Feldmann musste das Lager bei Nacht und Nebel gewechselt haben. Weshalb?

»Wie hast du das herausbekommen?« Sarah ließ einen bewundernden Unterton mitschwingen.

»Während meinen Recherchen bin ich auf die Website einer Vereinigung gestoßen, die sich *Fratres in spiritu sancto* nennt. Ich habe Fotos von einer Tagung in Neapel gesehen. Männer in langen Roben, mit Hüten, mit goldenen Ketten. Darunter auch Feldmann, samt Legende, *Commendatore dell' Impero*. Ich habe mich durchgeklickt und bin auf den Hinweis gestoßen, dass Dottore Kaspar Feldmann anlässlich seines fünfzigsten Geburtstags in den Schoß der *Una Sancta* eingekehrt sei. Genau so pathetisch und pompös formuliert.«

Dieser Feldmann schien wirklich verschiedene Facetten gehabt zu haben. Nun also auch noch Katholik, Ritter eines Imperiums, welches auch immer das sein mochte, Mitglied einer Bruderschaft im Heiligen Geist. Nicht unbedingt das, was zu Zürich oder zu Feldmanns Lebenswelt gepasst hatte. Aber was hieß das schon. Solange Feldmann nicht damit hausierte und nach außen den kühlen Juristen gab, solange Freunde und Feste davon verschont blieben. Die Zürcher, dachte Sarah, waren Weltmeister im Wegschauen, im Verdrängen, und man musste ihnen den Skandal wirklich unter die Nase reiben, damit sie aufschreckten und zum Rückzug bliesen.

Sie würde Frau Feldmann dazu befragen und Feldmanns Sohn. Zu Carl gewandt sagte sie: »Bitte frag bei Interpol nach, ob der Name Kaspar Feldmann bekannt ist.

Frag auch die italienischen Kollegen, ob ihnen diese *Fratres in spiritu sancto* etwas sagen.«

Am Ende konnte alles völlig harmlos gewesen sein – die Schrulle eines Sinnsuchers, der sich ein gutes Gewissen verschaffen wollte, weil er im Geschäft brutal zur Sache ging.

Ein Video-Call wurde angemeldet. Sarah stellte die Kamera ein und sah Ochsner. Auf dem Bildschirm schien der Kopf des Staatsanwalts gedehnt und verzerrt, seine Augen sprangen ihr wütend entgegen, die Nase hatte sich in eine dicke Knolle verwandelt, sein Teint war gerötet, einzelne Flecken leuchteten violett. Seine Stimme war ruhig, schien seine Erscheinung Lügen zu strafen.

»Etwas Neues?«, fragte er.

Sarah war auf der Hut. Wenn sich Ochsner so förmlich gab, hieß es höllisch aufzupassen.

»Dies und das, kein großer Durchbruch. Die Witwe wirkt gefasst. Das Haus ist keine Gartenlaube. Der Tote rauchte Zigarren.«

Sie versuchte, ihrer Auskunft eine ironische Färbung zu geben. Sie wollte zu diesem Zeitpunkt der Ermittlung ablenken und Ruhe haben. Doch Ochsner hörte nur beiläufig zu, wie der Bildschirm verriet. Seine Augen wanderten in die Höhe, zu unbekannten Zielen.

»Schön und gut. Da ist noch etwas anderes«, sagte er mit gedehnter Stimme. Der Staatsanwalt drehte seinen Monsterkopf zur Seite und sprach nun gegen eine unsichtbare Wand. »Unser Opfer hatte Freunde. Wichtige Freunde, die besorgt sind. Die beunruhigt sind und davon ausgehen, dass wir behutsam vorgehen. Wir stellen nicht gleich die ganze Kanzlei auf den Kopf, kommen nicht mit dem

Überfallkommando. Wir sprechen weder mit den Medien noch mit anderen Abteilungen.«

Am Schluss fügte der Kopf noch ein »Oder?« hinzu, das dem Gesicht eine Mischung aus Frage- und Ausrufzeichen aufsetzte. Feldmanns Freunde taten also so, als wären sie auch Ochsners Freunde – solange sich dieser seinerseits als Freund erwies.

»Nein, das tun wir nicht, wir respektieren die noblen Freunde. Wir kommen niemandem zu nah und gefährden auf keinen Fall die öffentliche Ordnung. Wir wahren das Recht und seinen Staat, und wenn doch etwas schiefgehen sollte, entschuldigen wir uns in aller Form.«

Sarah war selbst überrascht, dass sie plötzlich in diesen Ton verfiel. Bevor sich Ochsner, dessen Gesicht noch eine Spur bunter geworden war, hätte äußern können, fügte sie an: »Keine Angst. Sie können sich auf mich verlassen.«

Der Staatsanwalt schien zufrieden. Bevor er sich abmeldete, setzte Sarah nach: »Darf man wissen, wer die hohen Herren sind, die uns so wertvollen Rat geben?«

Ochsners Kopf wirkte erneut wie eingeklemmt. Seine Stimme wurde dünn, brüchig, verlegen. Zugleich würde es diesem Spießer sondergleichen doch niemals in den Sinn kommen, die Ermittlungen der Polizei zu behindern? Oder doch?

»Sie kennen das doch. Die üblichen Verdächtigen. Zünfter, Golfer, Rotarier. Der Zürichberg, Küsnacht, Zollikon, Herrliberg.«

»Irgendwelche Namen?«, fragte Sarah.

Ochsner wurde ungeduldig. »Wofür werden Sie bezahlt? Recherchieren Sie, Madame.«

Sarah zögerte. Dann ließ sie einen Ballon steigen, von dem sie sich wenig erhoffte: »Feldmann war offenbar Mitglied einer Bruderschaft, die sich *Fratres in spiritu sancto* nennt.« Sie sagte es leichthin, als sei es die normalste Sache der Welt.

Ochsner erstarrte, seine Augen unbewegt. »So. Und jetzt? Sicher bloß Gerede. Damit würde ich keine Sekunde verschwenden. Wünsche einen angenehmen Abend.«

Der Monsterkopf verschwand, der Bildschirm wurde schwarz. Sarah beschloss, den Tag zu beenden. Sie hatte einiges erfahren. Aber das meiste blieb noch undeutlich wie hinter einer Nebelwand.

Sarah hatte Raubmorde und Eifersuchtsdramen schon fast so schnell gelöst, wie sie geschehen waren. Aber dann gab es noch die anderen Morde, Sarah nannte sie die Rätselmorde. Morde, die Zeit brauchten, deren Ermittlung ebenso wachsen und gedeihen musste, wie es die Vorgeschichte getan hatte, bis das Opfer auf dem Rasen lag, mit offener Brust und ohne Herz. Irgendwie gab es eine inhärente Symmetrie zwischen der Art des Mordes, seinen Voraussetzungen und seiner Aufklärung, davon war sie überzeugt.

Es war dunkel geworden, der Wind hatte aufgefrischt, und über den Türmen des Grossmünsters, die unter der künstlichen Beleuchtung fast bedrohlich erschienen, zogen schwere dicke Wolken hinweg, rasch und kräftig von Westen nach Osten wie im Zeitraffer. Das Unheimliche schien mit Händen greifbar.

Sarah entschied sich für den Heimweg. Als sie der Limmat entlang auf der Höhe des Fraumünsters in Richtung Seebecken lief, kreuzte sie Hans Waldmann. Sein

Denkmal stand auf hohem Sockel, der Bürgermeister, Stratege, Krieger und Raufbold saß hoch zu Ross, das Pferd hielt den linken Huf keck in die Höhe, drehte seinen Kopf zum Grossmünster, während Waldmann, helmbewehrt und voll montiert, die Arme in die Seite gestemmt, seinen ganzen Eigensinn zeigte. Dieser Zürcher aus der Zeit des blutigen Mittelalters reckte sich in den Abendhimmel, als wolle er nochmals und endgültig alles an sich reißen, was die Stadt zu bieten hatte. Er hatte sie damals als die seinige betrachtetet, bis die Zürcher vor über fünfhundert Jahren genug bekamen und ihn einen Kopf kürzer machten.

Also doch nicht so harmlos, so lieblich, deine Stadt, ging es Sarah durch den Kopf. Je nach Klima und Wetter auch mal entgrenzt. Irgendwie hatte auch Kaspar Feldmann ein entgrenztes Leben geführt. Sonst wäre er nicht auf diese Art und Weise ermordet worden. Er war zu weit gegangen. Oder die Dinge hatten sich unglücklich kumuliert.

Und weshalb Ochsners Abwehr, als sie die katholische Bruderschaft ins Spiel gebracht hatte? Zum ersten Mal in diesem Fall wurde Sarah eine Spur nervös. Es war möglich, dass es sich diesmal um eine große Sache handelte, die auch für sie gefährlich werden konnte. Wollte sie das schlafende Untier wecken? Als sie die Haustür öffnete, stürzte ihr unter lautem Geheul eine dunkle Kreatur entgegen.

6

»Rico! Ruhe! Zurück!«

Gretchen Schulze lachte und versuchte, ihren Lagotto an die Leine zu nehmen, was diesen umso wilder darauf machte, an Sarah hochzuspringen, während sein Schwanz wie verrückt hin und her wedelte. Auch Sarah musste lachen. Der Hund war ein kluges Tier und von ewiger Neugier getrieben. Sogar wenn er auf dem Boden lag, alle viere von sich gestreckt und den Kopf auf die Vorderläufe gelegt, fanden die Augen keine Ruhe.

»Sarah, du siehst müde aus. Ein Waldspaziergang mit Rico am Wochenende wäre wirklich angesagt.«

Sie hatte recht. Die Psychologin mit eigener Praxis hatte das Herz am rechten Fleck und ein sicheres Auge für die Stimmungen und Zustände ihrer Umgebung und Mitmenschen.

»Hat Rico etwas gefunden?«, fragte Sarah.

Gretchen lachte wieder. »Nicht schlecht, gar nicht schlecht.«

Sie öffnete die Umhängetasche. »Wir sind auch gerade erst nach Hause gekommen. Ich schätze zweihundert Gramm.«

»Sehr gut! Unversehrt?«, fragte Sarah.

»Sieht ganz so aus«, sagte Gretchen.

Rico suchte und fand Trüffeln. Schwarze Trüffeln. Zwischen August und Dezember. Solange der Boden nicht gefroren war. In guten Jahren bis zu zwanzig Kilo, je nach Klima und Wetter, im Zürcher Oberland, im Zürcher Unterland, im Aargau und manchmal sogar am Zürichberg. Dann lud Gretchen Sarah und ein paar andere Freunde am Wochenende jeweils zu sich ein. Es gab frische Tagliolini mit Trüffeln, Trüffelrisotto, Spiegeleier oder Kartoffelpüree mit Trüffeln. Rico lag in der Ecke und bewachte die Vorgänge, bis er schläfrig wurde, sich zur Seite rollte und leise zu schnarchen begann. War das Glück? Jedenfalls eine einfache und umweltfreundliche Ausgabe davon.

Sarah war müde. So müde, dass sie keinerlei Appetit verspürte. Der erste Tag einer Ermittlung bestand vor allem aus Neuigkeiten und Aufregung. Häufig überwog die Aufregung. Man befand sich in einem Labyrinth der Erwartungen, Begegnungen, Hoffnungen.

Da fielen Sarah die Radierungen in Feldmanns Arbeitszimmer wieder ein. Die grafischen Blätter zeigten Räume, Kerker. Die Kerkerräume erstreckten sich in alle Richtungen – nach oben, nach hinten in eine Tiefe, aus der wieder andere Räume wuchsen. Figuren waren auch zu sehen. Winzige Männchen, die standen, liefen oder gestikulierten. An der Größe der Figuren konnte man erahnen, wie riesig die Kerker waren. Wie hatte Feldmann zu seiner Frau gesagt? Nichts für Damen.

Sarah nahm sich vor, mehr über Piranesi in Erfahrung zu bringen. Warum er diese Kerker radiert hatte, was sie beim Betrachter auslösten. Seltsam war jedenfalls: Wenn man sich auf die Räume einließ, hineinstieg, entstand eine Art Schwindelgefühl. Im Zusammenhang mit einem Mordfall erst recht.

Das Smartphone brummte auf dem Schreibtisch, neben dem Chardonnay und dem sauren Hering. Warum auch nicht. Sarah lebte gesund, ging ins Fitnessstudio, war schlank, aber sie war nicht fanatisch, und gerade jetzt brauchte sie, obwohl sie eigentlich keinerlei Hunger verspürte, eine Belohnung.

»Kommst du noch schwimmen?«

Fred gab nicht auf, gab überhaupt selten auf. Einer, der immer dranblieb, manchmal mit Charme, manchmal mit der Beharrlichkeit eines Verwalters, der partout nicht loslassen durfte. Unermüdlich in der Organisation seines Alltags, der wie ein Uhrwerk ablief. Sarah war zu der Ansicht gelangt, dass die Liebe mit einem sportlichen, gut aussehenden, anständigen Gewohnheitstier nicht die Liebe war, die sie suchte. Fred war ein gelegentlicher Liebhaber, mehr aber nicht. Punkt.

»Du mit deinem ewigen Schwimmen, hast du eigentlich noch etwas anderes im Kopf, als durchs Wasser zu strudeln?« Sarah war über ihre angriffslustige Reaktion überrascht. »Sorry, war nicht so gemeint. Am Wochenende gehen wir schwimmen, tut mir auch gut.«

»Bist du erschöpft?« Fred schien ehrlich besorgt.

»Nicht erschöpft. Aber müde. Hundemüde, und diesen Mordfall würde ich nicht mal meinem schlimmsten Kollegen zumuten.«

»Klar, der Fall Feldmann, du bist nicht zu beneiden.«

»Du hast es erraten. Der Fall wird schwierig.«

»Kann ich mir denken. Bei Feldmanns Veranlagung ohnehin.«

Sarah wurde wach. »Wie meinst du das?«

»Ach, man erzählt sich doch manches. Wenn du mit mir schwimmen gehst … nicht jetzt, nicht am Telefon …«

Fred hörte sich an, als ob er besänftigt wäre, versprach, sich rechtzeitig zu melden, und wünschte ihr eine gute Nacht. So korrekt war er und würde es bleiben, vielleicht würde er eines Tages eine Frau fürs Leben finden. Auch wenn es nicht zu Fred passte, dem erfolgreichen Werber, der seine Selbstständigkeit polierte wie einen Fetisch.

Fetisch. Das war das Wort. Wozu der brave Fred doch gut sein konnte. Eine winzige Assoziation, und schon begannen sich die Gedanken zu drehen: Feldmanns Leiche, seine Wunde, der Krater. Er war in einem rituellen Akt getötet worden. Ein herausgerissenes Herz besaß eine andere Symbolkraft als ein Projektil, das durch einen Schädel gedonnert wurde.

Sie öffnete den Laptop, wählte Google und gab zwei Suchwörter ein: »Opfertod« und »Ritual«. Die Suchmaschine war großzügig. Einträge und Links vervielfachten sich rasant. Sarah begann zu lesen. Nach einer Stunde hatte sie die vielen Informationen geordnet.

Wo immer Religion und Glaube eine absolute Rolle einnahmen, hatten Fanatiker leichte Hand, auch die größten Grausamkeiten zu verüben und zu rechtfertigen. War auch Feldmanns Mörder einem Ritual gefolgt?

Sarah ging ins Badezimmer und betrachtete ihr Gesicht im Spiegel. Es gefiel ihr nicht, aber das war nicht wichtig, nicht jetzt, nicht hier. Das blonde Haar fiel wellig statt glatt, die blaugrünen Augen blieben matt, um die Mundpartie zeigten sich Fältchen. Sarah duschte kurz mit kaltem Wasser und trug Nachtcreme auf. Anschließend legte sie eine Schallplatte auf, Klaviermusik von Satie, die vom ersten Takt an ihren leisen, monotonen Rhythmus fand. Genau das Richtige. Sie hörte, wie Rico scharf aufbellte und Gretchen ihm Ruhe befahl. Das Bellen ging weiter. Erst als es verstummte, setzte sich Sarah an den Schreibtisch. Das Haus schlief.

Was sie nun tat, tat sie mit Disziplin seit ihrem zweiten Fall. Es war ein merkwürdiges Ritual, wie sie selbst zugeben musste.

Aus der Schublade holte sie die Kopie einer Fotografie hervor. Diese zeigte die Frontalansicht einer immensen Bergwand, der Eigernordwand. Sarah hielt die Ansicht unter die Lampe, nahm einen Farbstift und setzte tief unten, dort, wo die große Wand aus den Geröllhalden des Fußes emporwuchs, eine 1. Diese umrundete sie mit einem Kreis. Die Zahl lag damit genau auf derjenigen Stelle, an der die Normalroute durch den Eiger ihren Anfang nahm, direkt über dem ersten Pfeiler. Die Partie hatte begonnen.

Sarah öffnete ein neues schwarzes Moleskin-Heft. Auf die erste Seite schrieb sie: *Tagebuch Mordfall Feldmann*. Auf die dritte Seite oben setzte sie eine umkreiste 1. Diese Art von Falltagebuch war ihr Ritual. Es hatte ihr früher geholfen, es sollte ihr heute helfen, und zum Gelingen sollte ebenfalls beitragen, dass niemand, keine Sterbensseele, von Sarahs *journal de crime* wusste. Es ermöglichte ihr, sich auch philosophisch mit dem jeweiligen Fall auseinanderzusetzen: mittels Gedanken, Ideen, Fragen und Folgerungen – den Raum auszuloten, der nach hinten und nach unten und dann hoffentlich auch in die Höhe bis zu seiner Auflösung hin wuchs.

Die Ansicht der Nordwand war das Gelände, das sie dabei geistig durchstieg. Zugegeben, etwas pathetisch. Und vermutlich auch etwas kindisch. Andererseits, dachte Sarah immer wieder, schöpften die Menschen viel zu wenig aus den magischen Begegnungen, Erlebnissen und Ritualen, die sie als Kind erfahren hatten. Ihnen entgingen die Chancen und Möglichkeiten von Kräften und Fantasien, weil sie die Ruhe verloren hatten, über Umwege zu gehen und dabei auch hinzufallen.

Sarahs Vater war ein guter Bergsteiger und Kletterer gewesen, der die Tochter gerne eingeweiht hätte, was die Mutter jedoch entschieden verbot. So erzählte er seiner Tochter, wie berühmte Bergsteiger Gipfel erklommen und dabei obsiegten oder in die Tiefe stürzten. Geschichten, denen Sarah lauschte, neugierig und atemlos,

Die Nordwand war für Sarah eine Karte, der Zeiger zeigte zum Gipfel, und auch wenn die Erklimmung längst nicht mehr so gefährlich war wie zu den Zeiten, als ihr Vater davon träumte, sie an einem hellen Sommertag zu durchsteigen, so war sie noch immer kein Spaziergang. Während die Wanderfreunde über die blühenden Wiesen der Kleinen Scheidegg zogen und Touristen aus Japan oder China mit der Bahn hinauffuhren, reckte sich über ihnen die schwarze Felswand gen Himmel. Wer wollte, konnte in unmittelbarer Nachbarschaft zur freundlichen Mutter Natur das Böse erkennen.

Sarah begann mit den Notizen. Sie schrieb in kleiner, klarer Handschrift unter die eingekreiste 1: *Einstieg. Ein reicher Mann, auf brutale Weise getötet. Tüchtiger Geschäftsmann und Anwalt. Womöglich Tyrann. Die Ehefrau: erstaunlich beherrscht. Schülerin des Tyrannen? Dieser in vielen Geschäften tätig gewesen. Seine Freunde? Noch unbekannt. Wenn ich ihn gekannt hätte: Hätte ich ihn gemocht? Oder hätte ich ihn gehasst?*

7

Als Sarah früh am nächsten Morgen aus unruhigen Träumen erwachte, schien das Smartphone vor Mitteilungen zu explodieren. Offenbar waren auch andere in dieser Nacht tätig gewesen. Das galt sogar für Carl, der grundsätzlich einen tiefen Schlaf hatte.

»Sarah, mir ist aufgefallen, dass wir Feldmanns Frau hätten fragen sollen, ob sie Zeugen für ihr Alibi hat.«

Carl hatte natürlich recht, allerdings war es richtig gewesen, nicht zu insistieren. Nicht beim ersten Mal, nicht nach einem solchen Mord. Und nicht gegenüber einer Frau, die vieles sein mochte, im Moment aber vor allem eine trauernde Witwe. Wobei, war sie das wirklich?

Am interessantesten war eine SMS, die der Rechtsmediziner Faber gegen vier Uhr morgens geschickt hatte: *Bitte ruf mich an, wenn du wach bist.*

Nach zwei Scheiben Toast und zwei Tassen Schwarztee saß Sarah in der Tram und beobachtete, wie draußen der Nebel alle Konturen verwischte. Die Passanten tauchten wie verschwommene Schemen auf und verschwanden nach wenigen Metern wieder. Von den Autos waren nur die Scheinwerfer zu sehen. Radfahrer erkannte man kaum, außer sie trugen bunte Wetterjacken, die pfeilartig durch den grauen Dampf zischten. In der Tram war es feucht, die Leute drängten sich dicht aneinander. Jedes Mal, wenn sich Sarah Tempo wünschte, schien die Tram noch langsamer zu rattern.

Von Lisa ließ sich Sarah einen Schwarztee ins Büro bringen. Die junge Polizistin schien wie verwandelt. Sie schien sich auf dem Gebiet der Recherche und der Suche nach Motiven wohler zu fühlen als am Tatort.

Als Sarah Faber anrief, hob er schon nach dem zweiten Klingeln ab.

»Ich habe etwas entdeckt. Am besten du kommst zu mir ins Institut. Bin in meinem Job weniger mobil als du.«

Solche Scherze gehörten zum Beruf und machten ihn erträglicher. Sarah wollte sich nicht vorstellen, was jemanden dazu bewog, Leichen zu obduzieren. Aber was hatte sie selbst dazu bewogen, Mörder zu jagen? Ihr Ordnungssinn? Oder ihr Bedürfnis, die Ordnung wiederherzustellen? Diese Ordnung war, jedenfalls zum Teil, eine ziemlich fiktive. Eine Leiche kehrte nicht ins Leben zurück. Umgekehrt gab es Fälle, Sarah hatte diese mit Faszination verfolgt, in denen erst ein Mord wieder Ordnung schaffte. War auch Feldmann zu diesem Zweck gestorben?

Faber hatte sie erwartet, hatte seine Zigarette ausgedrückt und roch nach Nikotin und Desinfektionsmittel. Mit der Routine eines Profis, den nichts mehr aus der Ruhe bringen konnte, zog Faber die Lafette mit Feldmanns Leiche aus dem Kühlfach.

»Ich gehe noch immer davon aus, dass er schon tot war, als ihm das Herz entfernt wurde. Wahrscheinlich wurde er zuerst mit einem Messer erstochen. Daneben hat er eine

Reihe von Prellungen quer über den Körper. Höchstwahrscheinlich wurden ihm zuerst die Arme gebrochen, bevor die Täter richtig zur Sache gingen.«

»Hat ihn sein Sohn identifiziert?«, fragte Sarah. Sie hatte Carl beauftragt, Willy Feldmann zu kontaktieren.

»Ja, war in Grenzen erschüttert, schaute kaum hin. Als ob er damit gerechnet hätte.«

Sarah wurde hellhörig. »Womit gerechnet hätte? Was meinst du damit?«

Faber schien auszuweichen. »Ich meine nur. Ein Bauchgefühl. Mir kam er nicht besonders überrascht vor, den Vater in diesen heiligen Hallen vorzufinden.«

Es gab Menschen, die zusammenbrachen und kurz darauf fast vergnügt von dannen zogen. Weil sie sich noch unter den Lebenden befanden? Weil der Schock im Angesicht des Todes etwas Grundsätzliches war, während im Einzelfall keine echte emotionale Bindung zu der verstorbenen Person bestand? Es gab andere, die von Kopf bis Fuß Haltung zeigten, als ginge sie das Ganze überhaupt nichts an, bis sie zu Hause zusammenbrachen – nach Stunden oder erst nach Tagen.

Wie der Tote dalag, das graue Haar nach hinten gekämmt, die Augen geschlossen, weder zu dick noch zu dünn, dachte Sarah, dass Feldmann ein ansehnlicher Mann gewesen war. Faber hatte ein Stück Gaze über das Loch gelegt, in dem das Herz geschlagen hatte – ein Akt von Pietät.

»Und nun, was ist die große Entdeckung?«, fragte Sarah.

»Schau da, unter der rechten Achselhöhle. Klein, aber fein.«

Sie sah einen dunklen Fleck. Faber gab ihr eine Lupe und hielt die Taschenlampe auf die Stelle.

»Zuerst dachte ich, es sei ein Leberfleck. Dann ging ich näher ran.«

Sarah tat dasselbe, ihr Atem ging schneller.

»Ich würde sagen ein Herz?«

»Genau. Ein Herz. Tief in die Haut tätowiert«, sagte Faber.

Sarah starrte auf das Tattoo, es war kleiner als ein Fünfrappenstück. Aber der Tätowierer hatte ganze Arbeit geleistet. Die Umrisse hoben sich scharf ab, die Innenfläche schien mit einem Rautenmuster überzogen. Der Effekt des Musters sorgte dafür, dass das Herz je nach den Einfallswinkeln von Fabers Taschenlampe wie ein metallenes Amulett aufblitzte.

Seltsam. Feldmann hatte sein Herz verloren, jetzt kam ein zweites Herz zum Vorschein. Wenigstens hatte der Mörder dieses verschont. Nein, das war Unsinn, wie hätte jemand dieses winzige Tattoo an verborgener Stelle entdecken können? Es sei denn, jemand hatte Feldmann sehr gut gekannt. Sarah sah Feldmanns Frau vor sich. Die dunklen, in den Höhlen sitzenden Augen, der straffe, sportliche Körper. Diese Frau hätte viel entdeckt.

»Hast du eine Vorstellung davon, wie lange er die Tätowierung schon trägt?«

Faber runzelte die Stirn. »Lange, würde ich sagen, ohne ein Fachmann für Tätowierungen zu sein. Aber so solide gestochen, dass es nichts von seiner Prägnanz verloren hat.«

Sarah dankte Faber. »Ich schulde dir eine Flasche Whisky.«

Auch das war ein Ritual. Hatte Faber an den Leichen ein Detail mit Symbolkraft entdeckt, wie die beiden zu sagen pflegten, eine Eigenheit, die Sarah weiterbringen würde, folgte Belohnung auf dem Fuß. Allerdings war die Beziehung zwischen Faber, der deutlich älter war, und Sarah, die ihn mochte, aber sonst keinerlei Interesse an ihm hatte, mitunter etwas schwierig. War Faber in sie verliebt? Das wäre zu viel gesagt gewesen. Sarah hatte einmal eine Einladung zum Abendessen ausgeschlagen, was Faber mit stoischer Gelassenheit hingenommen hatte.

Als sie Hunger spürte, lief sie hinüber zum großen Kaufhaus, zehn Minuten Eilschritt, ging hinab in die Food Hall und setzte sich an die Bar der japanischen Küche. Sie bestellte das Tagesmenü erhielt es zügig serviert, die Miso-Suppe, den Teller mit Nigiris, dazu den Ingwertee. Dann rasch zurück, erneut zehn Minuten Eilschritt.

»So, Nomadin. Hättest mich mitnehmen können, ich hätte dich eingeladen.« Carl stand im Türrahmen, lachte und streckte sich.

Das mochte in der Theorie sogar stimmen. In der Praxis war es meist so, dass Carl in einer nahe gelegenen Bierhalle Zuflucht suchte, ein Schweinsschnitzel mit Kartoffelsalat und dazu ein Helles bestellte, während er die Zeitung las.

»Beruhige dich. Wir werden noch genügend zusammen auftreten dürfen. Wir spielen den Maulwurf, der sich frisch und munter durch die Erde gräbt, die unter den Häusern der Armen wie der Reichen auf uns wartet. Diesmal ist es die Erde der Reichen«, sagte Sarah.

»Alles Fleisch kommt zu dir, mein Herr.« Carl, der Jahre der Erweckung in der Rolle eines Messdieners verbracht hatte, hatte in seinem Zitatenschatz gewühlt.

»Das kannst du Feldmanns Sohn sagen, wenn du ihn nach seinem Alibi fragst«, sagte Sarah. Sie wurde ernst. »Ich frage mich, was der Mörder mit Feldmanns Handy gemacht hat. Klär bitte ab, ob es die Bundespolizei orten kann. Die Chancen sind klein, aber Versuch ist Versuch. Der nächste Schritt betrifft Feldmanns Mailverkehr. Das wird Schwierigkeiten geben, müssen wir aber ebenfalls versuchen.«

Carl grunzte. »Ein Fall für Ochsner. Ein Fall für unseren Herrn Staatsanwalt, der wie ein Held durchs Feuer schreiten wird.«

Sarah musste das Tempo beschleunigen. Sie hatte erkannt, dass das Milieu dieses Mords wie ein Irrgarten war, der zwar bestens gepflegt schien, doch die Besucher – man musste sagen: die Eindringlinge – ständig ins tote Eck zu führen versuchte. Andererseits bestand Gefahr, dass übertriebener Druck das Gegenteil bewirkte: Das Milieu schaltete erst recht auf stumm.

Was hatte der Fundort selbst ausgesagt? Sarah kam ins Grübeln, sie liebte dieses Grübeln. Als sie bei Nacht und Sturm zum Ufer gerufen worden war, war sie hellwach gewesen und zugleich wie in Trance. Das Setting war ihr gegen den Strich gegangen, wenn sie so sagen durfte, weshalb sie den Fall nun mit aggressiver Neugier anging. Als sie die Leiche gesehen hatte, die Wunde, den verdrehten, gekrümmten Körper, dazu die Polizisten, die hin und her liefen, die Scheinwerfer, die sich durch den Regen kämpften, das Blaulicht der Polizeiwagen und schließlich

Lisa, die nach Fassung rang, da, in diesem gespenstischen Durcheinander, hatte sie noch etwas anderes bemerkt. Konnte sie sich nicht erinnern?

Nach einer Ewigkeit von fünfzehn Minuten glaubte sie, ein weiteres Puzzleteil gefunden zu haben.

8

In den Empfangsräumen der Kanzlei Feldmann & Partner an der oberen Bahnhofstrasse war alles geordnet und gedämpft. Die Empfangsdamen sprachen gedämpft, die Sekretärinnen liefen mit gedämpftem Schritt. Gedämpft und aus der Ferne klangen die Geräusche des Verkehrs.

Sarah sah aus dem Fenster die Spitzen der Pantografen der städtischen Trams. Klein und klar stemmten sich die Glarner Alpen aus dem Horizont. Dort musste in der Nacht Schnee gefallen sein.

Ein Mann kam mit schwerem Schritt daher. Er war Mitte vierzig, beleibt und hatte eine Glatze.

»Ich bin Willy Feldmann. Herzlich willkommen, Frau Conti. Oder muss ich sagen: Frau Ermittlerin?«

Die Stimme passte zum Ambiente wie die Pauke zur Querflöte. Willy Feldmann schien sich nicht darum zu scheren, ob er der Stimmung entsprach. Oder er konnte es sich leisten. Er führte Sarah in sein Büro. Carl, der sich zu Sarahs Verblüffung eine bunte Krawatte umgebunden hatte, folgte ihnen.

»Mein Vater ist tot. Ermordet. Ich nehme es zur Kenntnis. Traurig.«

Nach dieser Eröffnung warf sich Feldmann junior in

seinen Sessel, zündete sich, ohne um Erlaubnis gefragt zu haben, eine Zigarette an und blies den Rauch gegen das Fenster, wo er in Kringeln zur Decke stieg.

»Es tut uns leid, dass Ihr Vater so sterben musste. Furchtbar, finden Sie nicht?« Sarah begann diplomatisch.

Wieder dröhnte Feldmanns Stimme. »Wie gesagt schlimm. Gar nicht schön. Aber wenn ich ehrlich bin …« Und nach einer Sekunde des Zögerns: »Mein Vater war kein Vater zum Anfassen. Und auch für den Rest der Welt kein Kuscheltier. Weder ein Leisetreter noch ein nobel Zurückhaltender. Wenn Sie verstehen, was ich meine.«

Noch verstand Sarah nicht ganz.

»Er war Anwalt. Wie ich. Und viel besser als ich. Fusionen, *mergers*, wie wir sagen, *corporate governance*, globale Deals und so weiter. Das war das eine, was ihn ausmachte. Es war der Fleiß, und es war die Intelligenz. Seine andere Stärke lag in seinem Charisma, in seiner Menschenkunde, in seiner Gabe, andere zu führen und zu verführen.«

»Welche anderen? Und in welche Richtung?«

Willy Feldmann lachte, schwer und mit Vibrato. »Alle Menschen, die meinem Vater nützlich sein konnten. Jede Richtung, die ihm – oder seinen Freunden – gefiel. Und ich kann Ihnen sagen, mein Vater hatte allerhand Freunde, wie er sie nannte. Auch und gerade dann, wenn sie das Gegenteil von Freunden waren. Dann waren sie Freunde fürs Geschäft.«

»Waren Sie an diesen Geschäften beteiligt?«, fragte Carl.

»Sie haben keine Ahnung. Nie und nimmer hätte mich mein Vater an seine Geschäfte gelassen. Und wenn er es in einem Anfall von Umnachtung getan hätte, wäre ich nie darauf eingegangen. Ich bin doch nicht lebensmüde.«

Feldmann junior stemmte den Arm auf sein Pult. »Wissen Sie, meinen Vater wollte man nicht zum Gegner haben. Wenn du mit harten Bandagen kämpfst, schlägst du schnell und stark zu. Du offerierst einen Deal.«

Carl schien noch nicht zufrieden: »Offenbar kann das schiefgehen. Glauben Sie, dass Ihr Vater von Gegnern … von Feinden umgebracht wurde?«

»Davon bin ich überzeugt. Er führte ein gefährliches Leben, nichts für mich. Ich bin kein Feigling, war Major bei den Panzertruppen. Aber immer im Risiko zu leben, dass dir einer ans Leder geht – nein danke.«

Sarah hatte mit halb geschlossenen Augen zugehört. Jetzt beugte sie sich nach vorne. Die Frage war klar, die Antwort in jedem Fall aufschlussreich.

»Herr Feldmann, haben Sie einen Verdacht, *wer* Ihren Vater getötet hat?«

»An Motiven und Männern wäre kaum Mangel gewesen. Aber Quantität ist noch nicht Qualität.«

Sarah blickte ihn fragend an.

»Ich meine, da muss doch einiges zusammengekommen sein. An Hass. An Wut. An Entschlossenheit. Man killt nicht aufs Geratewohl, schon gar nicht so.«

Killen. Sarah merkte sich das Wort.

»Keine Kandidaten, die genauer zu bezeichnen wären?«, fragte sie.

»Ich muss Sie enttäuschen. Werde mir das noch durch den Kopf gehen lassen.«

Eine vage Antwort, gut für alles und nichts, aber so schnell geben wir nicht auf, dachte Sarah.

»Haben Sie schon mal von den *Fratres in spiritu sancto* gehört?«

Feldmann blickte zuerst zu Boden, dann an die Zimmerdecke. Er schien plötzlich verlegen.

»Wie heißt das? *Fratres in* … was?«

Sarah wiederholte den Namen.

»Ja. Kann sein. Kann sein, dass mein Vater mal davon sprach.« Er schien auszuweichen.

»Wussten Sie, dass Ihr Vater mit fünfzig zum Katholizismus konvertierte?«

Feldmann, der sich weit zurückgelehnt hatte, schien ehrlich verblüfft.

»Zum Katholizismus? Sie scherzen. Wir sind Protestanten, uralte Zwinglianer.«

»So war es aber, und so blieb es offenbar.«

Sie schilderte Feldmann kurz, was Lisa in Erfahrung gebracht hatte. Feldmann schien verstört.

»Kennen Sie jemanden, der uns hier weiterhelfen könnte? Einen Bekannten Ihres Vaters, einen seiner treuen Freunde, einen Beichtvater?« Sarahs Sarkasmus war nicht zu überhören, doch Willy Feldmann befand sich inzwischen in anderen Sphären.

»Mir fällt tatsächlich ein Bekannter ein, er nannte ihn seinen Coach, machte sich über ihn lustig. Wie über die meisten Menschen. Sagte, morgen gehe ich auf ein Stündchen zum Pfaffen. Nur für alle Fälle. Man wisse ja nie, wen der liebe Gott am Ende nach oben oder nach unten spediere.«

»Erinnern Sie sich an den Namen?«, fragte Sarah.

Feldmann überlegte. »Ich glaube, er hieß Keller. Ja, Keller, Ambros.«

Das war mehr als etwas. Sarah beugte sich nochmals vor, bestimmter, veränderte den Tonfall: »Herr Feldmann, drei Dinge. Erstens: Wir brauchen Unterlagen, aus denen hervorgeht, wie und mit wem Ihr Vater seine Geschäfte machte. Zweitens: Wir brauchen Zugang zu seinem Computer, zu seinen Mails und allen weiteren Konversationen. Und drittens, wo waren Sie vorgestern, zwischen sechs Uhr abends und Mitternacht?«

Willy Feldmann wirkte wieder entspannt, schien das Setting gar zu genießen. Zum ersten Mal in seinem Leben sprach man mit ihm ganz offiziell über seinen Vater, der, so viel war klar geworden, ein übermächtiger Mensch gewesen war, jetzt aber nicht mehr dazwischenfahren konnte.

»Frage drei. Zu Hause. Mit meiner Frau. Nach dem Essen schauten wir Netflix. Sie ging bald schlafen, ich schaute weiter. Kennen Sie *Homeland*? Nichts für zarte Damen. Aber als Kriminalpolizistin sind Sie ja geeicht.«

»Zur Sache, bitte. Wir sind nicht gekommen, um über Serien zu reden.«

»Danke. Habe ich nicht vergessen. Punkt zwei. Sein Computer. Das ist wohl unumgänglich. Zutritt gewährt.« Willy Feldmann fingerte an der nächsten Zigarette herum. Er fuhr fort: »Punkt eins. Geschäftsunterlagen wohl kaum. Jedenfalls nicht ohne die nötige Verfügung. Weniger wegen meinem Vater und seinen Geschäften als wegen der Kanzlei. Die Verantwortlichkeiten sind markiert, und entsprechend gibt es rote, sogar tiefrote Linien. Aber dass Feldmann & Partner, gegründet 1923, ohne Verfügung ihre Türen öffnet und sagt, bitte sehr, bedienen Sie sich, das kommt nicht infrage. Ganz abgesehen davon, dass es schlecht wäre fürs Geschäft. Stellen Sie sich das doch mal vor, was würden wohl unsere hochgeschätzten Klienten sagen.«

Allmählich begriff Sarah die Eigenart dieses Sohns, der schon äußerlich nicht zu seinem Vater passte. Willy war der leidende Sohn gewesen. Die zweite Geige. Also einer, der deshalb in seinem Beruf überlebt hatte, weil er das erratische Treiben in einer erfolgreichen Zürcher Anwaltsfirma als Außenseiter mitmachte, als Spieler am Rand, der nun plötzlich von der Tangente her ins Zentrum gerückt worden war.

»Sie werden die Weisung zugestellt bekommen. Es wird alles seine Ordnung haben, das ist auch in unserem Interesse«, sagte Sarah. Bleib diplomatisch, sagte sie sich und blickte Willy Feldmann direkt in die Augen. »Hand aufs Herz, Herr Feldmann. Das Verhältnis zu Ihrem Vater war nicht besonders gut.«

Das war riskant und tangierte eine Grenze, weil sie bisher noch keinen triftigen Grund hatte, den Sohn in die Zange zu nehmen.

Feldmann hatte die Zigarettenschachtel gepackt und schien sie zusammenzudrücken.

»Eigentlich hatten wir gar kein Verhältnis. Ich konnte die Begeisterungen des Frauenjägers nicht teilen. Er wiederum dachte, ich sei ein Pantoffelheld. Meine Frau fand ihren Schwiegervater tatsächlich schrecklich. So weit wäre ich nicht gegangen. Geschäftlich konnten wir gut. Er war brillant, der Erfinder, der Spieler, der Provokateur, der wagte und investierte. Mir und unseren anderen Anwälten blieb der Rest. Die Verträge, der ganze aufwendige Papierkram.«

Zum ersten Mal hatte Sarah Sympathie für den Junior.

»Eine andere Frage. Wer erbt? Wer ist begünstigt worden?«

Feldmann zögerte. »Ich weiß es nicht. Genauer: noch nicht. Ich nehme an, dass für uns alle etwas abfällt … die Kurtisanen mitgerechnet. Im Kanton Zürich dauert das allerdings. Manchmal Wochen, manchmal Monate.«

Feldmann war ärgerlich geworden. Oder tat er bloß so?

»War er's?« Carl konnte sich nicht zurückhalten.

Sie liefen zurück ins Kommissariat, die Bahnhofstrasse hinab, die wenig mit ihrem Namen und allfälligen Assoziationen zu tun hatte, sondern mit Luxus um sich warf, als ob die ganze Welt hier Uhren und Prada einkaufen wollte. Selbst der Bahnhof und sein Platz waren von geradezu befremdlicher Sauberkeit.

»Wer weiß?«, erwiderte Sarah gedankenverloren. »Willy Feldmann schneidet Feldmann senior das Herz aus dem Leib? Eher unwahrscheinlich. Sagen wir so: Er wäre, jedenfalls vorhin, ein glänzender Schauspieler gewesen.«

Die beiden waren zum Paradeplatz gekommen, als Carl vorschlug, einen Kaffee zu trinken. Was bot sich eher an als Sprüngli? Carl bahnte sich den Weg über die Treppe zum ersten Stock. Ein Fenstertisch war eben frei geworden. Sarah bestellte einen Cappuccino, Carl einen doppelten Espresso. Von den Fenstern der Konditorei aus gesehen wirkte der Platz nicht besonders groß. Das Bankgebäude im klassizistischen Stil unterstrich die Eleganz des Ortes. Die wenigsten Passanten wussten, dass der Gründer jener Bank, der Eisenbahnpionier und Politiker Alfred Escher, seine erste Geschäftszentrale gleich um die Ecke in den alten Stallungen der hinter dem Paradeplatz versteckten Tiefenhöfe aufgeschlagen hatte. Auch das, dachte Sarah, war Zürich. Auf Schritt und Tritt entdeckte man hinter den Fassaden vergangene Geschichten, hinter der heutigen Repräsentation deren Ursprünge.

»Als du die *Fratres in spiritu sancto* erwähnt hast, wurde er verlegen.« Carl dehnte die Worte.

»Stimmt«, sagte Sarah. »Es hat sein Konzept durchbrochen, unbeteiligt über dem Ganzen zu schweben und von nichts zu wissen. Darauf war er nicht vorbereitet.«

Den beiden war nicht aufgefallen, dass ihnen jemand gefolgt war, seit sie die Büros von Feldmann & Partner verlassen hatten. Eine Person im dunklen Trenchcoat, die Baseballmütze ins Gesicht gezogen, die nun weit entfernt in einer Ecke am andern Ende des Lokals saß. Als Sarah und Carl aufstanden, folgte sie ihnen.

Auf der Treppe sagte Sarah unvermittelt zu Carl: »Ah, noch etwas. Mir ist etwas Entscheidendes am Tatort aufgefallen, woran ich mich erst jetzt wieder erinnert habe.«

9

Sarah konnte die Aufregung nicht verbergen.

»Es war doch so. Nacht, Wind, Sturm. Wenig Sicht. Und die sogenannte *scene of crime*. Stimmts?«

»Stimmt. Na und?«, sagte Carl.

»Na und?«, wiederholte Sarah. »Auf der Höhe des Fundorts war alles dunkel, schwarz wie die Nacht.«

Carl hatte einen Schirm aufgespannt, der Regen fiel von Westen her in Strömen. Er verstand nicht, worauf Sarah hinauswollte.

»Pass auf. Die Lampen brannten nicht. Weder diejenigen am Quai noch die des Hafens. Nicht einmal den Strahl des kleinen Leuchtturms sah man. Alles stockdunkel.«

Carl war ganz Ohr: »Bist du sicher? Wieso bist du so sicher?«

»Weil ich dort wohne, weil diese Gegend mein Vorgarten ist. Und weil ich aus eigener Erfahrung weiß, wie wichtig es ist, dass dort Lampen brennen.«

Tatsächlich hatten sich an der Seepromenade, es war nicht allzu lange her, nächtliche Überfälle auf Frauen gehäuft. Eines Sommerabends war auch Sarah attackiert worden. Sie war mit einer Freundin vom Bellevue in

Richtung Zürichhorn geschlendert, als plötzlich ein Fahrrad mit hoher Geschwindigkeit auf sie zuschoss, worauf der Fahrer den rechten Arm ausstreckte und mit einer Drehung versuchte, ihr die Tasche zu entreißen. Das Manöver missglückte, der Täter verschwand, wie er gekommen war.

»Seltsam. Und was glaubst du, steckte dahinter? Kurzschluss?«

Sarah genoss den Moment. »Das wäre ein Zufall gewesen, der dem Mörder nicht ungelegen kam. Doch wenn wir davon ausgehen, dass einer mit Bedacht, Brutalität und starken Nerven vorgegangen ist, ist solch ein Zufall unwahrscheinlich. Bitte sprich mit den Leuten vom Elektrizitätswerk, auch mit der Hafenverwaltung und natürlich mit der Hafenpolizei.«

Als sie ihr Büro betrat, war es draußen dunkel geworden. Lisa hatte für sie die Schreibtischlampe angedreht, was Sarah mochte, weil der Raum in Schatten versank, während der Strahl der Lampe einen Kreis auf den Schreibtisch warf. Nach wenigen Minuten kam Lisa herein, einen Stapel Unterlagen unter dem Arm, weiterhin bei guter Laune, als ob sie nicht an einem Mordfall mitwirkte, sondern an den Vorbereitungen für eine Party. Sie erzählte von ihren Recherchen in Sachen Interpol und *Fratres in spiritu sancto*. Interpol hatte nie gegen Kaspar Feldmann ermittelt. Es gab zu ihm weder eine Akte noch andere Straftatbestände, die mit ihm in Verbindung gebracht werden konnten. Der Name Kaspar Feldmann war trotzdem gespeichert. Und zwar im Zusammenhang mit den Geschäftstätigkeiten des Ermordeten. Was man vermutete und wofür es auch gewisse Belege gab: Feldmann hatte über eine Reihe von Briefkastenfirmen und Anwaltskollegen in anderen Ländern dahingehend gewirkt, dass gewisse Regimes und berüchtigte Bewegungen finanzielle Unterstützung erhielten.

»Und was hast du über die *Fratres* herausgefunden?«

»Noch nicht viel mehr. Interpol weiß nichts. Aber aus allem, was ich bisher aus dem Netz zusammengetragen habe, scheinen sich die *Fratres* als mildtätige Altruisten zu sehen, die den Armen und Schwachen auf die Beine helfen und sich Zustände wünschen, die auf den Werten des christlichen Glaubens basieren. Die Gegner der *Fratres* – Journalisten, Sektenforscher, links orientierte Politikerinnen – warnen vor ihnen und bezeichnen sie als durchtriebene Gesellen mit Hang zur Gehirnwäsche. Gehirnwäsche an Leuten, die sich dazu eignen, die ›Basis‹ – wie die *Fratres* selbst sagen – zu stärken.«

Eine Art *Opus Dei*, dachte Sarah. Vermutlich noch energischer und durchtriebener, wenn man davon ausgehen konnte, dass Kaspar Feldmann in strategisch wichtiger Position mitgespielt hatte. Aber genügte das, um jemanden umzubringen? Oder hatte Feldmann etwas getan, was den Codex, das Geschäft, die Strategie dieser Brüder im Heiligen Geiste durchbrochen hatte?

»Und da ist noch etwas …« Lisa zögerte und schien auf ein Signal der Chefin zu warten.

»Heraus damit.«

»Offenbar hat sich unser Herr Staatsanwalt Ochsner ebenfalls via Interpol eingeschaltet in Sachen *Fratres*. Er stehe auch mit den italienischen Behörden im Kontakt.«

Lisa trug die Sache vor, als würde sie den Wetterbericht vorlesen. Trotzdem war die Spannung spürbar.

»Das behalten wir vorerst still und leise für uns«, sagte Sarah. Auch ihr war die Irritation anzumerken.

Sarah musste zugeben, dass sich die Fortschritte im Mordfall Feldmann bisher in Grenzen hielten. Es gab noch keine Verdächtigen, abgesehen von den Mitgliedern und Erbberechtigten der Familie. Und weder Frau Feldmann noch der Sohn ließen auf den ersten Blick chirurgische Fertigkeiten vermuten. Andererseits gab es ein paar Hinweise, schemenhaft, fast kokett, wenn man so wollte. Die Tätowierung, die Geschichten rund um die *Fratres*. Die grafischen Blätter Piranesis sowie die seltsame Distanz von Ehefrau und Sohn gegenüber dem Toten.

Sarah beschloss, zur Feier des frühen Abends ihre Freundin Donna Reed zu besuchen. Donna betrieb seit zwanzig Jahren eine Galerie für grafische Kunst und alte Bücher an der Rämistrasse, zwischen Bellevue und Heimplatz, gut gelegen und leicht erreichbar.

»Wer kommt denn hier hereinspaziert?« Donnas Erstaunen war echt. Sie hatte vor einem großen langen Tisch gesessen, vor sich einen Stapel von Blättern, die brüchig wirkten, und war aufgestanden, um die Freundin zu begrüßen.

»Lange nicht gesehen! Was treibst du denn den ganzen Tag?«

»Was wohl?« Sarah lachte. »Das Übliche. Mörder jagen. Der Gerechtigkeit zum Sieg verhelfen. Und wieder von vorn.«

»Und die Männer?«

»Die Männer?«

»Ich meine nur, eine Frau wie du.« Donna hob ihre Augenbrauen und schmunzelte.

»Und was noch? Zehn Kinder? Eine Küche mit Dauerbetrieb?«

So ging es hin und her. Wie zwei Pingpongspielerinnen, dachte Sarah. Donna Reed besaß alterslose Grazie, ohne dass sie sich anstrengen musste. Sie war um die fünfzig, klein, hatte braungraues, in krausen Locken fallendes Haar, ein schmales Gesicht mit einer spitzen Nase und überwachen Augen, die hinter der Brille hervorblitzten.

Vielleicht hatte Donna ja recht. Vielleicht hatte sie, Sarah Conti, zu früh auf Abschottung gestellt, auf Schutzburg und Selbstverteidigung. Sie war immer wieder überrascht, wie sich manche Freundinnen um ihr Privatleben sorgten, um ihr Liebesleben.

Sarah folgte Donna zur Theke, wo ein paar Auktionskataloge auslagen.

»Sag, wann sehen wir uns eigentlich wieder mal in Ruhe, wäre doch schön«, fragte Donna.

Sarah lächelte und nickte. »Du kommst bald zu mir, und ich koche ein Risotto«, sagte sie leichthin.

Es wurde Zeit, die Wissensfrage zu stellen.

10

Sarah sah sich in der Galerie um. Alles aufgeräumt, alles perfekt gehängt, fast nur ältere Kunst. Geladen mit Symbolik oder in feinen Landschaften erstarrt. Sarah bevorzugte die Modernen. Einer der Favoriten war Alex Katz, er strömte Zuversicht aus. Seine Männer und vor allem seine Frauen wirkten optimistisch gestimmt, schienen das Leben zu meistern, waren ebenso lässig wie schwer zu durchschauen. Kaum Hinweise darauf, was in ihnen vorging. Sarah fühlte sich ihnen verwandt.

»Kennst du Piranesi?«, fragte sie Donna.

»Seit wann interessierst du dich für Piranesi?«

»Es geht mir nur um seine Kerker, um seine dunkel verlaufenden Räume.«

»Damit wurde er noch berühmter als mit den *Vedute di Roma*, ja«, sagte Donna.

Sie ging zu einem Schrank aus Stahl und öffnete ihn mit einem Sicherheitsschlüssel. Aus einem der Regale holte sie eine schwarze Mappe und legte sie auf den Tisch. Was Sarah nun zu sehen bekam, schien identisch mit den Radierungen an den Wänden von Feldmanns Arbeitszimmer. Donna lächelte stolz

»Nicht jedermanns Geschmack, aber grandios. Die

Carceri des Cavaliere Piranesi. Auch nicht ganz billig. Und ehrlich gesagt: Ich zweifle, ob dieses finstere Zeug zu dir passt. So viel Ehrlichkeit darf sein.«

»Es geht nicht um mich. Ich wollte von dir ein paar Informationen. Was die Blätter bedeuten, was Piranesi damit bezweckte, was für eine Art Mensch sie sammelt und in ganzen Reihen an die Wand hängt.«

Donna wurde hellhörig. »Ich habe einige Sammler. Und übrigens ließ Dürrenmatt eine größere Reihe der Blätter in seinem Arbeitszimmer aufhängen. Was Piranesi damit sagen wollte, ist selbst unter Kunsthistorikern umstritten. Vielleicht spielte er mit den Formen und den Räumen. Vielleicht hatte er einen Hang zu Strafe und Folter.« Donna wies mit dem Finger auf Gerätschaften, die tatsächlich wie Folterinstrumente aussahen.

»Warum fragst du?«

Sarah erzählte der Freundin in Umrissen von dem Fall. Von Kaspar Feldmann, dem stadtbekannten Geschäftsmann und Anwalt. Von seinem Haus. Die Umstände des Verbrechens verschwieg sie, nicht aber, dass sie einige Blätter der *Carceri* bei Feldmann gesehen hatte.

»Spannend, scheint eine Knacknuss zu sein«, sagte Donna. Sie dachte kurz nach. Dann gab sie Sarah zwei Bücher zum Thema. »Hier. Vielleicht findest du darin das eine oder andere. Ich bin keine Spezialistin, aber das Thema ist interessant.«

Sarah verabschiedete sich. Die Neugier war geweckt. Als sie am Bellevue auf die Tram wartete, summte ihr Telefon. Carl.

»Es ist uns leider nicht gelungen, Feldmanns Handy zu orten. Der Mörder hat es vermutlich solide entsorgt. Aber wir konnten mehr oder weniger rekonstruieren, mit wem Feldmann am Tag des Mordes telefonierte. Außerdem haben wir Zugriff auf seinen Mailaccount. Und was die Überwachungskameras am Zürichhorn betrifft, Fehlanzeige. Es war viel zu dunkel. Ein paar Bewegungen, ein paar Schatten, alles verwischt. Auf einigen Kameras war gar nichts zu sehen, als ob sie ausgeschaltet gewesen wären. Ich habe dir das Wichtigste gemailt.«

In der Wohnung war es kühl. Sarah drehte am Heizkörper und setzte Tee in einer Thermosflasche auf. Sie öffnete einen Becher Hüttenkäse und eine Packung Bündnerfleisch, dazu zwei Scheiben Vollkornbrot. Plötzlich schoss ihr Picassos Radierung *Le repas frugal* durch den Kopf. Sie musste lächeln. So weit hatte sie es gebracht. Früher trotz gewisser Skepsis grundsätzlich lebenslustig, war sie jetzt auf der Pritsche der Disziplin – oder beinahe schon im Kerker?

Was hatte Feldmann mit den *Carceri* am Hut? Wem wollte er damit imponieren, wen wollte er irritieren? Sich selbst, seine Besucher? Sarah blätterte in Donnas Büchern. Piranesi war eine lebendige, offenbar auch jähzornige Figur gewesen. Es wurde vermutet, dass die Kerkerszenen unter dem Einfluss der Einnahme von Laudanum entstanden.

Wie der geschäftstüchtige und skrupellose Feldmann dazu passte, blieb ein Rätsel. Sarah studierte die Unterlagen, während sie in ihrem Hüttenkäse herumstocherte. Carl hatte die Nummern und Namen bewundernswert analytisch aufgeschlüsselt. Die meisten Gespräche, die Feldmann am Tag seines Todes getätigt hatte, hatte er mit seiner Kanzlei geführt. Einmal hatte er die Nummer seines

Sohns gewählt, neben einer anderen Nummer hatte Carl notiert: Garage für Oldtimer. Auch das gehörte zu den Hobbys feiner Herren: ihren alten Porsche zu polieren. Eine weitere Nummer hatte Carl mit drei Ausrufezeichen versehen und dazugeschrieben »Escort«. Auch das war keine Sensation. Wenn Sarah genauer überlegte, war es sogar in Frau Feldmanns Zügen zu lesen gewesen. Betrogen. Und dennoch aufrecht geblieben.

In der Liste fand sich außerdem die Nummer einer Physiotherapeutin. Hatte Kaspar Feldmann Gebrechen zu kurieren? Und schließlich hatte Feldmann zweimal die Nummer von Ambros Keller, seinem Beichtvater, angerufen. Einmal am Vormittag gegen elf Uhr, einmal am Nachmittag gegen sechzehn Uhr. Der Pfaffe, wie ihn Feldmann nach Auskunft seines Sohns zu nennen pflegte, war an diesem Tag der Favorit gewesen. Interessant.

Sarah ging zum Fenster und schaute Richtung See, wo das gegenüberliegende Ufer nur noch als schwarzes Gebilde mit leuchtenden Punkten wahrzunehmen war. Wie passend: Eine Konstellation aus Positionslichtern, die nicht verrieten, was darüber und darunter, daneben und dahinter lag. Das Leben erschien mal prall und konturiert und mal, wie Carl vorhin gesagt hatte, verwischt. Als Sarah zur Straße blickte, glaubte sie, unter der Lampe einen Schatten zu erkennen. Sie öffnete das Fenster und beugte sich hinaus. Der Schatten bewegte sich und verschwand kurz darauf zwischen den geparkten Autos.

In ihrer Polizeikarriere war Sarah erst einmal von einem Stalker belästigt worden. Niemand sollte eigentlich herausfinden können, wo sie wohnte. Doch es war eine Illusion, zu glauben, dass solche Dinge in der kleinen Stadt

Zürich verborgen geblieben wären. Der Stalker, ein Mann um die vierzig, leicht verwahrlost und ohne feste Arbeit, ein ewiger Student, hatte, wie er beim Verhör zugab, in den Zeitungen über sie gelesen. Dort wurde sie ab und an erwähnt, und wenn, dann mit dem Hinweis, dass sie die Intellektuelle in der Abteilung für Gewaltverbrechen sei. Das war übertrieben, aber erzeugte Aufmerksamkeit, was den Medien reichte. Der Stalker war fortan davon besessen, einer Kriminalpolizistin zu folgen, die Hegel kannte. Eine reine Wunschvorstellung ihres Verfolgers. Das Einzige, was Sarah von Hegel kannte, weil es so gut zu ihrer Arbeit passte, war sein poetischer Ausdruck »Die Furie des Verschwindens«.

Als Denkpause setzte sich Sarah ans Klavier. Sie stellte es stumm, strich das Haar zurück, setzte die Kopfhörer auf und begann mit dem Präludium in c-Moll aus dem ersten Band des *Wohltemperierten Klaviers* von Bach. Sie spielte langsam, in der Art von Glenn Gould, doch ohne interpretatorische Absichten. Sie wollte die Finger spüren, die Muskeln, den Anschlag. Bei den ersten Takten der Fuge klingelte es.

Vor der Wohnungstür stand Gretchen Schulze. Sarahs Freude war begrenzt. Rico saß da, in hochgestreckter Position, und schaute so dringlich nach oben, als sei nur von dort Erlösung zu erwarten.

»Herein, ihr beiden, wenn es sein muss«, sagte Sarah.

Rico hatte seinen Drang unterdrückt – statt wie üblich wild durch die Zimmer zu schießen, um sich zuletzt auf Sarahs Couch zu werfen, stolzierte er über den Flur, langsam, im Tigerschritt, dabei den Kopf nach links, nach rechts drehend.

Sarah musste lachen und streichelte den Lagotto: »Du bist köstlich, doch vor allem ein Störenfried.«

Gretchen hatte sich vorgenommen, Sarah abzulenken. Sie erzählte das Neueste von den Nachbarn: Dass Gilles und Frank eine Party geben wollten, um auf ihre Hochzeit einzustimmen, dass Wolfgang und Martha Sulser beschlossen hätten, sich eine Hauskatze anzuschaffen, und dass sie einen Mann gesehen habe, der sich an Sarahs Briefkasten zu schaffen gemacht hatte, doch abgezogen sei, als Rico zu bellen begann.

»Wie sah er aus?«, fragte Sarah.

»Schwer zu sagen. Dunkler Regenmantel, Mütze, gesenkter Kopf.«

Das konnte auf Tausende Männer zutreffen, auch auf die Gestalt von eben.

Nachdem sich Gretchen wieder verabschiedet hatte, sah Sarah einen Teil der von Carl gesichteten E-Mail-Korrespondenz durch. Feldmann pflegte kurz und bündig zu sein, keine Floskeln, keine langen Erklärungen, direkt zur Sache. Die Auswertung der Korrespondenz würde Zeit beanspruchen. Feldmann stand auch mit Partnern oder Kunden aus Italien, Portugal und Griechenland in Kontakt. Es ging um Import- und Export-Lizenzen, um Steuer- und Wohnsitzfragen, um Firmentransfers in die Karibik oder nach Guernsey. Einen Freund unterstützte Feldmann als Scheidungsanwalt. Sehr viel Geld war im Spiel.

Zwei E-Mails aus den letzten drei Wochen sprangen Sarah ins Auge. Im Betreff ging es um Geschäftliches, mal in Madrid, mal in Prag. Die Adressaten waren Schweizer,

Deutsche oder Österreicher. Ans Ende der Mails hatte Feldmann jeweils vier Großbuchstaben gesetzt. *MEHT*.

Sarah schrieb sich die Buchstaben – das Wort? – auf einen Zettel. Im Internet fand sie zwei Auflösungen. *Monterosa Est Himalayan Trail*, ein Reiseprogramm im Himalaya. Und *Modulated Electro-Hyperthermia*, eine Methode zur Behandlung von Krebs.

Hatte Feldmann Krebs gehabt? War er ein Bergsteiger im asiatischen Hochland gewesen? Sarah wollte ohnehin mit Gertrud Feldmann sprechen.

Sie holte die Fotografie der Eigernordwand hervor. Bei der Stelle des Schwierigen Risses, da, wo die Normalroute hinüber zum Hinterstoisser Quergang bog, trug sie die Zahl 2 ein. Sie hatte neue Perspektiven auf das Umfeld Feldmanns bekommen und darauf, was er getrieben hatte. Aber die wahren Herausforderungen standen noch bevor. Nach allem, was schon ans Licht gekommen war, war für das Ermittlungsteam klar, dass dieser Mord etwas höchst Unheimliches an sich hatte. Donna hatte am Nachmittag von einer Knacknuss gesprochen. Eigentlich frivol, dachte Sarah nun.

Sie öffnete das Tagebuch und notierte: *Schwieriger Riss – Feldmann den bisherigen Informationen nach der Typus Mafioso. Zugleich urban, elegant, gewandt, durchtrieben, ein Spieler. Welche Funktion hatte er bei den Fratres? Was verband ihn mit der katholischen Kirche? Sein Sohn sagt indirekt: Mein Vater war ein Zyniker. Zynisch oder gläubig? Was weiß der »Pfaffe«? Hatte Feldmann Beziehungen ins Rotlichtmilieu? Könnte die Aufklärung des Falls mehr Verlierer als Gewinner erzeugen?*

Sarah hielt inne. Wie kam sie dazu, eine solche Frage zu

stellen? Wie kam sie dazu, darüber richten zu wollen, welcher Mord Aufklärung verdiente? Mit all ihrer Erfahrung war es verständlich, dass man auch an Folgen dachte, die über das herkömmliche Verhältnis von Schuld und Sühne hinausgehen könnten. Sonst war man ein Funktionär, ein Vollstrecker.

Das Glas Rotwein, das sie trank, half auch nicht weiter. Sie war keine gute Schläferin, ein Erbe ihres Vaters. Etwas Sanguinisches schlummerte unter der Haut der kühlen, aufgeklärten Sarah Conti.

Kurz nachdem sie eingeschlafen war, begann sie heftig zu träumen. Sie verlor sich in den endlos tiefen Verliesen der *Carceri*. Bat sie einen Menschen um Hilfe, verwandelte sich dieser in einen ungreifbaren Schatten. Zwischen riesigen Nagelbrettern und Eisenpfeilen wand sie sich hindurch und entkam trotzdem nicht.

Als sie aufwachte, war sie schweißgebadet.

11

Die Frage hatte sie im Schlaf verfolgt, und sie war noch immer da, als Sarah die Nachttischlampe anknipste. Wer war Kaspar Feldmann gewesen? Ein intellektueller Typ? Inwieweit hatten sich seine normalen wie abseitigen Tätigkeiten und Laster auch mit einer Portion Geistigkeit verbunden?

Nicht alle Mordopfer rückten im selben Maß ins Zentrum der Ermittlungen – als seien sie nach ihrem Tod nochmals ins Leben getreten. Wenige Opfer, dachte Sarah, hatten sie so sehr beschäftigt wie dieser Feldmann, der schon zu seinen Lebzeiten nicht zu übersehen gewesen war.

Sie ging ins Badezimmer, schaute in den Spiegel und gefiel sich nicht. Das blonde Haar wirkte strähnig, die Ringe unter den Augen waren größer geworden. Dieser Fall hinterließ Spuren.

Wieder unter der Bettdecke sah sie immer noch ihr Spiegelbild vor sich. Was machst du eigentlich in dieser Galeere der Toten und Mörder, dachte sie. Wie bist du zu der geworden, die du jetzt bist? Ja, wer war sie? Der Beruf war das eine. Die Frage nach dem Sinn, gar nach dem Sinn des Lebens, das andere. Als Kind war Sarah so erzogen worden, dass man – dass sie – nicht allzu viel vom Leben zu erwarten hatte. Das Glück lag in Gottes Hand, meinte ihre Mutter, und wenn ihr Vater sanft widersprach, besaß er doch nicht die Macht, Sarah auf seine Seite zu ziehen. Dass Sarah nicht Rechtsanwältin oder Juristin geworden war, sondern Kriminalpolizistin, hatte auch damit zu tun, dass sie als Ermittlerin die Menschen so entdeckte, wie sie waren. Wenn sie nicht mehr ihre Rollen spielten, sondern ihrem wahren Naturell näher waren. Mörder, mitunter auch Mörderinnen, offenbarten etwas von sich selbst, das vorher verborgen gewesen war. Dieses Verborgene war das Faszinosum, das Unerwartete und Geheimnisvolle.

Bisher hatte Sarah die Frage offengelassen, ob sie mit ihrem Fahndungstrieb etwas befriedigte, was ihr sonst wohl verwehrt worden wäre. Die Nähe zu Monstern? Die Intimität mit der Kreatur? Das Streben nach der Wiederherstellung einer Ordnung? Jeder Fall gab Anlass, weiter nach sich selbst zu suchen, tiefer in sich selbst zu forschen.

Endlich schlief Sarah ein und war am nächsten Morgen frischer, als sie erwartet hatte. Manchmal absorbierten schwere Träume so viel negative Energie, dass man danach von dieser befreit war.

Bevor sie frühstückte, rief Sarah Carl an. »Hast du den Pfaffen Ambros Keller erreicht?«, fragte sie den Kollegen.

»Ich bitte dich, es ist noch nicht mal sieben Uhr.« Carl, selbst ein Frühaufsteher, war empört.

»Aber da ich vermutet habe, dass die Pfaffen, wie du sie respektlos nennst, nicht den lieben langen Tag herumtrödeln, bevor sie Gott zu dienen beginnen, habe ich Keller vor zehn Minuten angerufen«, sagte er.

»Unglaublich, du kriegst einen Orden«, sagte Sarah. Ihre Laune hellte sich auf, sie fühlte sich stark. »Und, was hast du erreicht?«

»Er schien nervös, will uns noch vor dem Mittag sehen. Schlägt seine Klause vor, wie er's nennt«, sagte Carl.

»Gut. Ich bin in einer halben Stunde im Kommissariat.«

Sarah beeilte sich, holte das graue Kostüm aus dem Schrank, fand ein Paar flache, wetterfeste Tods. Der leichte Regenmantel, der federleichte Regenhut. Fertig. Sie lief zur Station Fröhlichstrasse, bestieg die Tram Nummer 4, fand einen Sitzplatz und überflog die Pendlerzeitung. Das Wetter hatte noch nicht entschieden, Sarah schon. Verdichtung war gefragt.

»Na, wie steht es mit dem Verdichten?« Ironie war zu hören, als Ochsner Sarah auf dem Korridor begegnete. Sie war überrascht, Ochsner persönlich anzutreffen. Obwohl der Sitz der Staatsanwaltschaft I nur unweit von dem der Kriminalpolizei entfernt lag, meldete sich der Kollege lieber via Video-Call. Der Fall Feldmann schien ihn wirklich zu interessieren.

»Es ist Zeit, dass wir Resultate sehen. Die Medien machen Druck, die Politiker ziehen in den Wahlkampf, die Bürger von Zürich bangen um ihre Sicherheit.«

Ochsner versuchte den leichten Ton. Seine Besorgnis war umso deutlicher zu spüren. Sarah hatte weder ein schlechtes noch ein besonders gutes Verhältnis zum Staatsanwalt. Er hatte den Charme des typischen Bürokraten.

Lustig war immer nur, was *er* lustig fand. Wenigstens war er nicht skandalös dumm, und seine Beziehungen konnten gelegentlich helfen.

»Wir haben ein paar Spuren, noch nichts wirklich Stichhaltiges. Aber ich bin zuversichtlich, das Puzzle wird schon werden«, sagte sie.

Ochsner grunzte. »Wie Sie sagen. Hoffentlich nicht nur Zweckoptimismus. Was ist mit Feldmanns Sohn? Verdächtig?« Er fragte, als ob er froh wäre, wenn Sarah mit einem klaren Nein antworten würde.

»Schwer zu sagen. Willy wirkt laut und gibt sich burschikos. Ein Alibi konnte er angeben«, erwiderte Sarah ausweichend. Es war gut, dachte sie, wenn sie Ochsner nicht zu viel wissen ließ.

Carl kam in ihr Büro und brachte einen Cappuccino.

»Wie nett von dir, womit habe ich das verdient?«, fragte Sarah.

»Stärkung ist angesagt. Um elf sind wir bei Keller angemeldet. Deine Geisteskraft wird gefragt sein.«

Sarah musste lachen. Sie beide bildeten ein spezielles Team, dachte sie, er der verletzliche Riese, sie die robuste Gazelle. Aber dass sie verschieden waren, war gut, und die Gemeinsamkeit ergab sich aus dem Jagdinstinkt, den man ihnen auf den ersten Blick gar nicht anmerkte.

»Wir gehen zu Fuß, Kellers Klause liegt in der Altstadt, gleich hinter dem Grossmünster«, sagte Carl.

Zürichs Innenstadt war kaum größer als Venedig und wie Venedig von vielen Seiten her zu Fuß erreichbar. Und seit die Regierung ein dichtes Netz von Einbahnstraßen und Tempobeschränkungen über die Stadt geworfen hatte, war Fahrradfahren angesagt. Dass Sarah einen alten

Mercedes besaß, ein Cabriolet, das ihr ein Onkel vererbt hatte, verursachte ihr keine Gewissensbisse. Sie fuhr nicht häufig, und wenn, empfand sie die Fahrt wie ein aus der Zeit gefallenes Ritual.

»Was hast du über Ambros Keller in Erfahrung gebracht?«, fragte sie.

Während sie die Limmat kreuzten und Richtung Grossmünster liefen, informierte Carl Sarah über ein Profil, das unspezifisch klang. Ambros Keller gehörte der Societas Jesu an, hatte einen Lehrauftrag an der Universität Fribourg, schrieb Bücher, predigte in Krankenhäusern und Altersheimen und stand bisher noch nie im Fokus der Medien. Ein Stiller im Lande, der sich in der Zwinglistadt unauffällig verhielt.

Herbstwindwetter blies über die Türme des Grossmünsters. Die Kirche Karls des Großen war seit den Tagen Zwinglis zum Bollwerk der Reformation geworden. Daran hatte sich nur geändert, dass selbst dieser schöne, gotische Bau, das Wahrzeichen der Stadt, seine Gläubigen verlor. So viel Predigt für so wenige und vor allem alte Leute, hatte ein Pfarrer einmal geklagt. Vielleicht übertrieben, aber die Tendenz war klar. Nur bei Trauergottesdiensten, wenn Prominente mit Pomp und Würden in den Himmel verabschiedet wurden, strömten die Leute herein und Stimmung kam auf.

Carl lenkte die beiden Richtung Neustadt, dann zur Schlossergasse und schließlich hinauf zur Frankengasse. Je höher sie stiegen, umso ruhiger wurde es. Das Rauschen des Verkehrs blieb zurück. Viele Häuser waren geschmackvoll renoviert. Das Kopfsteinpflaster der Gasse saß perfekt über der Trasse. Hinter einem Fenster spielte jemand Geige. Eine Katze miaute und sprang zwischen zwei Regentonnen hindurch auf einen Mauervorsprung.

Bald standen sie vor der Nummer 18, fanden das Namensschild und drückten die Klingel. Nach etwa fünfzehn Sekunden surrte der Öffner. Der lässt sich Zeit, dachte Sarah. Als sie im Hausgang standen, rief eine Stimme von oben: »Zweiter Stock. Leider ohne Lift.«

Sarah ging vor, Carl folgte langsam auf der engen Wendeltreppe. Ein Haus aus dem Mittelalter, für klein gewachsene Leute, doch schon damals allerbeste Lage, wenn man zum Münster laufen wollte, um Gott zu preisen oder in den Schenken an der Limmat einen zu kippen.

Sarah und Carl hatten Ambros Keller, von dem kein Foto aufzutreiben gewesen war, im inneren Bild erfasst: klein, schmal, mit stechenden Augen, Hakennase, Halbglatze samt schwarz-grauem Haarkranz, bestimmt würde etwas Entrücktes von ihm ausgehen, eine schiefe Haltung, ein Händereiben, das auf Komplexe schließen ließ, wenn es noch schlimmer kam, roch er aus dem Mund, und weil er ja nach Angabe von Willy Feldmann ein Pfaffe war, musste er auch unter der Soutane riechen – ein Pfaffe eben, wie im Buch.

Unter dem Türsturz stand jedoch ein großer, kräftiger Mann. Blonde Haare und kurz getrimmter blonder Bart. Er hatte ein breites Gesicht, blaue, intelligente Augen, und einen Mund mit starken Lippen, die es offenbar gewohnt waren, Fröhlichkeit zu verbreiten. Alter um die vierzig. Sarah wich einen Schritt zurück.

»Kommen Sie, hereinspaziert. Vorsicht, die Tür.«

Keller wies nach hinten und ließ die Gäste in den Vorraum. Von dort ging es in ein Zimmer mit Fensterfront zur Gasse. Büchergestelle säumten die Wände, davor stand ein Sofa aus Leder mit zwei Sesseln, ein Ofen in der Ecke verbreitete Wärme. »Sie scheinen überrascht? Haben Sie etwas anderes erwartet?« Keller tat amüsiert.

Auch das noch, dachte Sarah. Es grenzte an Keckheit – als hätte das Mitglied der Societas Jesu dank seinen Verbindungen zu Gott, dem Herrn, die Fähigkeit besessen, Gedanken zu lesen, um sie gleich mit einer Retourkutsche gegen den Urheber zu wenden. Carl sprang in die Lücke, bestritt, dass irgendetwas erwartet worden sei, versuchte, Terrain zu gewinnen.

»Pater, wir ermitteln im Mordfall Feldmann. Wir haben Hinweise, dass Sie mit dem Opfer in Verbindung standen und es gut kannten«, begann Sarah.

»Den Pater dürfen Sie streichen, Keller genügt. Wer heute noch mit Titeln höflich wird, nährt den Verdacht, dass er – oder sie – es ironisch meint.« Keller lächelte wie ein Lehrer.

Wieder hatte er gepunktet, ohne jede Anstrengung. Sarah spürte, wie ihr das Gespräch entglitt, spürte Unwillen in sich hochkommen. »Wie Sie wünschen, Herr Keller. Wie standen Sie zu Kaspar Feldmann? Woher kannten Sie ihn? Wie war Ihre Beziehung zu ihm?«

Keller hatte sich auf das Sofa gesetzt und die Beine übereinandergeschlagen. Carl und Sarah saßen nach vorne gebeugt auf den Sesseln. Es brauchte keinen Fachmann für Körpersprache, um zu begreifen, dass der eine sicher und entspannt dasaß, ja thronte, während die anderen immer noch überlegten, wie sie ihre Stärke ausspielen sollten.

»Drei Fragen, Frau Conti. Drei Fragen, die drei längere Antworten erfordern. Lassen Sie mich zunächst festhalten: Ich war Kaspar Feldmanns Beichtvater. Das kann ich Ihnen nicht verheimlichen und will ich auch nicht. Aber es bedeutet auch, dass ich immer und für alle Ewigkeit unter dem Gelübde der Schweigepflicht stehe.« Keller zögerte, dann fuhr er fort: »Der Menschen Welt ist das eine, das Reich Gottes ist das andere.«

Wie salbungsvoll, dachte Sarah. Wie pathetisch der Herr Pater plötzlich tat. Keller hatte sich in kurzer Zeit vom leutseligen Gentleman eines englischen Clubs in den Würdenträger seiner Kirche verwandelt. Wer war der echte Keller? Wer war dieser Mann, der hier ohne Schwitzen in seinen Rollen hin und her changierte?

»Wir respektieren das Beichtgeheimnis. Dies gesagt, ermitteln wir in einem Mordfall. Und Sie, Herr Keller, kannten das Opfer offenbar gut. Also bitte.«

Keller räusperte sich. »Kaspar Feldmann war eine interessante Persönlichkeit. Wir lernten uns bei einem Treffen gemeinsamer Bekannter kennen. Feldmann sprach viel und kenntnisreich über theologische Themen. Kurz darauf rief er mich an. Wir kamen zusammen, vertieften die Themen, und eines Tages bat er mich, ihm die Beichte abzunehmen. Was ich selbstverständlich tat. Kaspar suchte meinen Rat, ich gab ihn, so gut ich konnte. Natürlich war ich irgendwie geschmeichelt, dass ein so prominenter Mann zu mir gefunden hatte.«

»Sind nicht alle Menschen gleich vor Gott?«, fragte

Sarah. Sie musste auf Angriff gehen, wenn Keller nicht die Oberhand behalten sollte.

»So ist es. Aber es ging auch um weltliche Dinge.«

»Zum Beispiel? Waren Sie auch in Feldmanns Geschäftstätigkeiten eingeweiht?«

»Eingeweiht wäre zu viel gesagt. Aber über das eine oder andere wusste ich Bescheid. Übrigens gab es aus meiner Sicht nichts Verwerfliches.«

»Was heißt das? Worüber wussten Sie Bescheid?« Sarah bohrte tiefer.

»Über Transaktionen, Steuererleichterungen für gewisse Firmen, Spenden an Parteien in Ländern, die aus der Sicht von Kaspar vom Kommunismus bedroht waren.«

Sarah überlegte, wie ein Jesuit von Amts wegen zwischen verwerflichem und nicht verwerflichem Geschäftsgebaren unterschied.

»Die bösen Linken. Überall Revolution und Umverteilung …« Carl war dazwischengesprungen. Der Sarkasmus war unüberhörbar. »Können Sie sich vorstellen, warum Feldmann getötet wurde?« Carl gab sich sachlich, aber Sarah, die ihn kannte, spürte die Aggression.

»Ehrlich gesagt nein. Er hatte wohl Feinde, wer denn nicht? Aber ein Kapitalverbrechen ist doch eine besondere Nummer«, sagte Keller.

Carl räusperte sich und kniff die Augen zusammen. »Hatte Feldmann gewisse Vorlieben? Spezielle Glaubenssätze? Spezielle Auffassungen über die Welt, über die Menschen?«

Zum ersten Mal wirkte Keller verlegen, nervös. Er blickte zu Boden.

»Ich denke nicht. Und der Rest wäre, wie gesagt, Beichtgeheimnis.«

Sarah setzte nach: »Sagt Ihnen vielleicht der Name *Fratres in spiritu sancto* etwas?«

In Kellers Augen war Angst zu sehen, ganz klar und deutlich.

12

»Wie heißt das, bitte?«

»Fratres in spiritu sancto.« Sarah betonte jede Silbe, als ob sie Fremdsprachenunterricht erteilen wollte.

Keller schwieg.

»Kennen Sie diese *Fratres*?«

Ambros Kellers Blick wanderte unruhig im Zimmer herum. Nichts mehr übrig von der Grandezza der ersten Minuten. »Es ist möglich, dass ich davon schon mal gehört habe. Es gibt innerhalb und außerhalb unserer Kirche viele Vereinigungen, Gruppen und Zirkel, die meisten harmlos.«

»Aber nicht die *Fratres*, oder?«

»Wenn mich mein Gedächtnis nicht täuscht, sind sie vielleicht ein wenig fanatisch, ein wenig missionarisch«, sagte Keller.

»In welcher Hinsicht?«

Er schwieg, das Thema behagte ihm offensichtlich nicht.

»Hat Feldmann die *Fratres* Ihnen gegenüber erwähnt?« Auch Carl nahm Tempo auf.

»Jetzt, wo Sie fragen, erinnere ich mich. Ich glaube ja, auf einer Party. Bei Bekannten in Zollikon. Kaspar stellte mich einem Freund vor. Unser Gespräch wurde immer lebhafter. Und der Freund sagte etwas über die *Fratres*, worauf ihm Kaspar leise, aber scharf ins Wort fiel. Das war alles.«

»Können Sie sich an den Mann erinnern?«

Keller zierte sich, musste jedoch einsehen, dass er nicht mehr Herr der Lage war.

»Herr Keller, wir suchen einen Mörder. Einen durchtriebenen, gewalttätigen Mörder«, sagte Carl.

»Wenn ich mich nicht täusche, stellte Feldmann den Freund als Gynäkologen vor. Wohnhaft in Vitznau. Wir unterhielten uns über das renovierte Hotel dort.«

»Sein Name?«

»Ich erinnere mich nicht mehr.«

Sarah schwankte, ob sie mit dem Resultat zufrieden sein sollte oder nicht. Immerhin war eine weitere Spur gelegt. Ein weiteres Teilstück des großen Puzzles war aufgetaucht. »Kaspar Feldmann hat Sie am Tag seiner Ermordung zweimal angerufen. Weshalb?«

Keller verschränkte die Arme hinter dem Kopf. Er versuchte, den Gelassenen zu geben, wirkte jedoch verkrampft.

»Beim ersten Mal konnte ich nicht sprechen. Ich bat Kaspar, mich später nochmals zu kontaktieren.«

»Und dann?«

»Beichtgeheimnis. Es ging um sehr Persönliches im Verhältnis zu Gott, dem Herrn«, sagte Keller, während er die Hände spreizte und wie zum Gebet aufeinanderlegte.

Sarah realisierte, dass Keller zu den unangenehmen Zeitgenossen gehörte, die die Nase hoch trugen. Immer wieder hatte sie erleben müssen, wie sich Leute in Selbstgefälligkeit suhlten, weil sie von Amts wegen Autorität ausüben konnten.

»Wir müssen Sie fragen, Herr Keller: Wo waren Sie am Nachmittag und am Abend des Mordes?«, sagte Sarah.

Keller hatte sich wieder im Griff. Er lächelte. »Ich sage Ihnen ganz offen: Ich habe kein Alibi, ich war anderswo. Das ist alles.«

Sarah blickte an ihm vorbei auf die dunklen Lederbände der Bibliothek.

»Eine letzte Frage. Sagt Ihnen das Wort MEHT etwas?«

Ein verständnisloser Blick war die Antwort.

Sie gingen zurück, machten halt bei einer Pizzeria. Carl holte seinen Notizblock hervor und blätterte. »Ein gewiefter Kerl, alles andere als dumm. Und für mein Verständnis ziemlich weltlich für einen Kirchenmann«, sagte er.

Sarah war amüsiert. »So, so. Du hast den Typus des Kirchenfürsten erwartet. Diese Zeiten sind vorbei. Es sei denn, du ziehst nach Italien, am besten nach Sizilien, nach Corleone. Wo der brave Priester mit dem goldenen Messgewand auch gleich ein Mitglied der Mafia ist.«

»Keller ist auch nicht von schlechten Eltern. Ich wette meine Absolution, dass er sein Leben genießt.«

Dagegen war nichts einzuwenden, dachte Sarah, weshalb sollte ein urbaner Jesuit nicht das Leben genießen? Sich modisch kleiden, eine Flasche Wein öffnen. Ferien machen und lachen dürfen. Es gab inzwischen viele Geistliche, die unverklemmt durch die Gegend zogen und sich kaum noch von den Laien unterschieden – es sei denn, sie setzten zur Belehrung an. Was Sarah störte, wenn sie darüber nachdachte. Moderne Geistliche, die unauffällig oder auffällig im Meer der Verweltlichung mitschwammen – und plötzlich den Kompass kehrten und zur Belehrung ansetzten, manchmal sogar zur Indoktrination. Keller gehörte nicht dazu, er war kein Prediger, er war ein beweglicher Zeitgenosse, darin hatte Carl recht. Es schien, dass ihm seine eigenen Interessen, die eigenen Neigungen bei Weitem wichtiger waren als Gottes Wort. Sodass sich auch die Frage stellte, wer wen und auf welche Weise ausgenutzt hatte: Feldmann seinen eleganten Beichtvater? Oder Ambros Keller den Geschäftsmann, dessen Freundschaft ihm nach eigenem Bekennen geschmeichelt hatte? Zur nächsten Befragung würde sie ihn vorladen, mit allem Drum und Dran. Kein gemütliches Altstadt-Setting mit Ledercouch und Büchern mehr, sondern Polizeikaserne, ihr Büro, fertig, Amen.

Lisa hatte sich hinter dem Bildschirm verschanzt, trug ihre riesige Hornbrille und sah aus wie die Eule aus *Alice in Wonderland*.

»Na, die Meisterin der Recherchen. Ich habe Arbeit. Bitte such uns alle Gynäkologen im Raum Vitznau und Umgebung raus«, rief ihr Sarah zu.

Lisas Eulenblick wurde noch größer. Sarah klärte sie kurz auf, auch über das Gespräch mit Ambros Keller, ehe sie ihr weitere Aufträge erteilte: Lisa sollte versuchen, weiteres Material über Ambros Keller zu beschaffen. Material, das ihn von seiner dunkleren Seite zeigen könnte, die er so gut zu verbergen verstand. Und außerdem war da noch dieses Escort-Mädchen ausfindig zu machen. Lisa beugte sich sogleich über den Schirm.

In ihrem Büro blickte Sarah aus dem Fenster. Wenn es

kompliziert wurde, war das Fenster wie eine Membran, die den Austausch mit dem Draußen beflügelte. Warum hatte Kaspar Feldmann für Sex bezahlt? Hatte er tatsächlich bezahlt? Eine interessante Frage.

Nach einer Stunde unterbrach Lisa ihre Recherchen und reichte Sarah die Tageszeitung. Auf zwei vollen Druckseiten der *Neuen Zürcher Zeitung* verteilten sich die Traueranzeigen für Kaspar Feldmann. Bekannte Firmen, große Konzerne, Vereinigungen und Vereine bedauerten den Hinschied des bedeutenden Mannes, der, wie es stereotyp hieß, auf grausame Weise aus einem reichen und tätigen Leben herausgerissen worden sei. Er würde fehlen, unfassbar fehlen. Die üblichen Floskeln, selten ein paar originelle Formulierungen.

Das Problem, dachte Sarah, lag grundsätzlich bereits darin, dass solche Anzeigen zwangsläufig so tun mussten, als präsentierten sie – zum letzten Mal – vollumfassend den verstorbenen Menschen. Die ganze Herrlichkeit und Größe des Verschiedenen. Dabei erfassten sie nie und nimmer den ganzen Menschen. Im Fall von Feldmann den ganzen Mann, der doch vor allem das war, was in der Traueranzeige nicht stand: einer, der unter der Achsel ein eisernes Herz trug, und dem das richtige, Gott weiß, warum, herausgerissen wurde.

Würde Feldmann fehlen? Hatte er jemals Liebe hervorrufen können, die noch immer erwidert wurde? Es war zu bezweifeln. Die Trauerfeier war bereits auf den nächsten Tag angesetzt, Sarah wollte und musste dabei sein, wenn Feldmann, wie zu erwarten war, mit Pomp und Weihrauch verabschiedet wurde. Nein, ohne Weihrauch.

Bemerkenswert war, dass die Abdankung, wie es die Zürcher nannten, in der zweiten protestantischen Großkirche stattfinden würde, dem Fraumünster. Offenbar sollte Feldmanns Bekehrung zum Katholizismus keine Folgen haben. Nicht hier, wo es nochmals den Schein zu wahren galt. Natürlich konnte es auch sein, dass Feldmann noch nicht vorgesorgt hatte, weil er sich für unbesiegbar gehalten und solche letzten Dinge möglichst lange hinausgeschoben hatte. Oder aber Feldmanns Familie ignorierte seinen letzten Willen, auf katholische Art abzutreten.

Lauter Fragen. Immerhin reichte Lisa noch etwas Neues nach. Sie schien aufgeregt: »Carl und ich haben uns bei der Seepolizei und beim Elektrizitätswerk erkundigt. Sieht aus, als hätten Sie richtig beobachtet. Die Uferlampen waren ab zehn Uhr abends ausgeschaltet. Genauer: ausgeschaltet worden.«

»Und wann wurde das bemerkt?«

»Erst am nächsten Morgen. Und zwar auf den Geräten der Seepolizei. Man ging der Sache nach und realisierte bald, dass etwas Seltsames geschehen war.«

Lisa schilderte die Situation: Die Stromversorgung lief über das Elektrizitätswerk und wurde digital gesteuert. Doch es gab einen Atavismus, ein kurioses Überbleibsel aus der analogen Welt in Form eines Sicherungskastens, der zwischen den Bäumen des Parks aufgestellt war.

»Als die Techniker bemerkten, dass etwas nicht stimmte, und sie es nicht von der Zentrale aus wieder in Gang bringen konnten, zogen sie ins Feld. Als sie, wie sie selbst sagten, nach dem Rechten schauten, entdeckten sie, dass die Tür des Sicherheitskastens offen stand und ein Hauptschalter umgelegt war, auf Aus. Und zwar derjenige Schalter, der den betreffenden Bereich abdeckte.«

»Sind diese Kästen hopp, hopp zu öffnen?« Sarah war erstaunt.

Lisa lachte. »So ist es. Hopp, hopp. Man braucht nur einen Dreikantschlüssel. Wie für den Wasseranschluss im Garten.«

Das war eigenartig, da konnte sich jeder anschleichen, warten, bis er außer Sichtweite der Passanten war, die Türe öffnen, den Schalter umlegen. Fertig. Oder er konnte so tun, als sei er ein Inspektor, mit Umhängetasche und Schirmmütze. Da explodierte die Welt in die Digitalität, während zugleich eine Nischenkultur aus Relikten von anno dazumal blühte.

»Wir werden unsererseits eine kleine Expedition machen und den ominösen Sicherungskasten begutachten«, sagte Sarah.

Draußen wurde das Herbstlicht schwächer, drinnen lehnte sich die Ermittlerin in ihrem Sessel zurück. Jetzt, dachte sie, hätte ich früher eine Zigarette geraucht. Wie Willy Feldmann. Wie Philip Marlowe alias Humphrey Bogart. Das waren Zeiten gewesen. Aber Sarah hatte es geschafft, hatte eines Morgens einfach aufgehört. Symptome von Entzug hatten sich kaum eingestellt. Was sie manchmal noch vermisste, war das begleitende Stimulans: nachdenken, Notizen machen, eine Sache überschlagen oder neu vermessen, darauf warten, dass unter dem Einfluss des Nikotins unvorhergesehene Ideen anklopften.

Der Fall Feldmann hatte eine Sogwirkung. Man schwamm oben, auf den Wellen des Zürichsees. Dann begann das Wasser von unten her zu ziehen. Unerwünscht, an falscher Stelle. Und ehe man es bemerkte, wurden die Kräfte der Tiefe stärker.

Sarah studierte ihre Notizen, versuchte, den Fall aus verschiedenen Perspektiven zu betrachten, wartete, dass ein Funken schlug, und wäre dabei beinahe eingeschlafen. Sie schreckte hoch, drehte den Nacken, dass es knackte, fühlte im Rücken eine alte Verspannung, die sie längst kuriert glaubte, und lockerte das linke Bein, das eingeschlafen war.

Du sportliche Sarah Conti, sagte sie zu sich, du rostest. Sie würde mit Fred schwimmen gehen, würde am Wochenende mit Gretchen und Rico in die Wälder ziehen, um an verborgenen Stellen den schwarzen Trüffel zu finden, und sie würde mehr Klavier üben: Bachs *Wohltemperiertes Klavier*, Schumanns *Kinderszenen*, Sonaten von Joseph Haydn.

Als Sarah so ganz bei sich selbst war und zugleich ein wenig unzufrieden, krachte plötzlich und mit gewaltigem Knall ein Schuss durch die Ruhe.

13

Carl lachte laut, der Schuss war in seinem Büro abgegangen. Aber es hatte geknallt, als wäre Sarahs Ohr nur Zentimeter entfernt gewesen. Nun stand er in der Tür.

»Erschrocken, was? Ich musste ein wenig Dampf ablassen, der Fall macht uns noch verrückt.«

»Was um Himmels willen hast du gemacht?«

»Nichts. Fast nichts. Aber es heißt doch: Übung macht den Meister.«

Carl hatte seine Dienstwaffe ausprobiert, mit einer Schreckschusspatrone gegen die Decke geballert. Natürlich war nichts passiert. Außer, dass der Knall die halbe Abteilung aufgeschreckt hatte. Offiziell war das streng verboten. Zog man das Offizielle ab, blieb noch hinreichend Inoffizielles, das auch in einer Abteilung für Gewaltkriminalität die Runde machte. Wenn der Scherz gelungen war, weil er Gelächter erzeugte, war alles halb so schlimm. Immerzu Leichen, Mörder, Hinterbliebene, Heuchelei – da war es erlaubt, mal über die Stränge zu hauen. Und ausgerechnet Carl, der bedächtige Carl, hatte zu seiner Dienstwaffe gegriffen.

»Klang doch massiv.«

Dem war schwer zu widersprechen. Carl schien wieder

gefasst und er selbst, als ob ein Alter Ego nur kurz und verstohlen aus der Kiste geblinzelt hätte.

Zum Gebrauch und Einsatz der Dienstpistolen gab es genaue Vorschriften. Die Kriminalpolizei war mit einem deutschen Modell von Heckler & Koch ausgerüstet. Es war zuverlässig und unverwüstlich. Sarah hatte eine Spezialbewilligung und führte, wenn überhaupt, ein österreichisches Modell, eine Glock, Modell 19. Mit Waffen hatte sie aber nichts am Hut. Es war ihr klar, dass ihr Job nicht gänzlich ohne Bewaffnung auskam. Das hatte sie einmal hautnah erlebt. Ein Irrer hatte im Industriequartier für Chaos gesorgt und wild um sich geballert, Sarah und ein junger Kollege hatten ihn gestellt. Der Verrückte hielt sich nicht ans Drehbuch und feuerte weiter. Eine Kugel verfehlte Sarah nur knapp. Sie hatte gezielt und den Kerl an der Schulter getroffen. Glück gehabt. Damit war die Sache klar. Sarah ging, ganz nach Vorschrift, regelmäßig ins Training und bewies sich als Schützin mit ruhigem Atem und klarem Blick. Und was die Glock betraf, so war sie leichter und handlicher. Zudem hatte sie dank des beinah literarischen Namens des Herstellers – Gaston Glock – noch eine zusätzliche Attraktion. Manchmal ließen sich die Menschen von winzigen Details verführen, die mit der Sache selbst wenig zu tun hatten.

Carls knallende Einlage war nicht das, was sich Sarah unter dem Auftakt zu einem freien Abend vorgestellt hatte. Sie hatte für sich und Donna Reed zwei Karten für das Sinfoniekonzert gekauft. Ein neuer Chefdirigent gab seinen Einstand mit dem Orchester der Zürcher Tonhalle. Sie freute sich auf die fünfte Sinfonie von Tschaikowsky – ein Schlachtross sondergleichen, aber auch lyrisch und im letzten Satz, einem Marsch, richtig mitreißend. Donna war eher aufs Zeitgenössische abonniert, konnte Letzteres jedoch, wie sie sagte, umso mehr genießen, wenn hie und da wieder ein Schlachtross dazwischensprang.

»Und, was macht der Fall?«, fragte Donna, als sie im Vestibül standen und ein Glas Prosecco tranken.

»Es geht voran. Wenn auch nicht so, wie ich's gern hätte. Normalerweise heißt es, wie du weißt: Verhör, Speichelprobe, DNA-Vergleich, Verhör, fertig. Aber schwierige Fälle haben es an sich, episch zu werden.«

Donna blickte belustigt in die Menge, wo sich vorwiegend ältere Semester tummelten und sich wie Vögel mit kritischen Blicken bespähten.

«Das würde dich doch langweilen, du brauchst was zum Kauen«, sagte die Freundin.

Sarah wollte es dabei belassen, doch Donna setzte nach: »Wenn man den Todesanzeigen glauben kann, war dieser Feldmann ein ziemlich großes Tier.«

»War er, mit allem Drum und Dran. Ein großer Fisch in einem kleinen Teich namens Zürich.«

In der Tram nach Hause war es ruhig, die Passagiere starrten aus dem Fenster oder aufs Handy und dachten an nichts. Sarah ging der Dufourstrasse entlang, öffnete das eiserne Tor zum Vorgarten, holte die Post aus dem Briefkasten und schaute wie gewohnt in den darunterliegenden Kasten für Zeitungen und Pakete. Als sie das Fach öffnete und hineingriff, ertastete sie eine Papiertüte, mit einer weichen, flachen Masse darin. Als sie die Tüte herauszog und zu öffnen versuchte, stieß sie einen Schrei aus.

Später dachte Sarah, dass Carls Knallfrosch den Startschuss für einen verstörenden Abend gegeben hatte. Sie hatte den Kopf eines Fisches erkannt, dessen totes Auge sie auf penetrante Weise anstarrte. Sogleich hatte sie die Tüte samt Fisch zu Boden geschleudert und war in ihre Wohnung gegangen, um sich die Hände zu waschen und einen Macallan ohne Eis zu trinken. Dann hatte sie ihre Gummihandschuhe übergezogen, das ungebetene Geschenk aufgehoben, nach oben getragen, in eine Plastiktüte gesteckt und diese an eine unauffällige Stelle des Balkons verbannt.

Sarah ahnte, was der Fisch bedeutete. Jemand drohte ihr. Sofort ging die Suche nach möglicher Täterschaft los. Unvermeidlich. Ursachenforschung. Urheberforschung. Man brauchte dazu weder Polizistin noch paranoid zu sein. Es war normal. Es war auch normal, dass man sich in den meisten Fällen ziellos verrannte. Sarah konnte sich gleich zwanzig Menschen vorstellen, die einen Fisch kauften, verpackten und in ihrem Briefkasten deponierten. Zugleich wusste sie, dass praktisch alle dieser glorreichen zwanzig den Weg von der Möglichkeit zum Akt nur im Kopf gegangen wären. War das Ganze doch nur ein schlechter Scherz?

Carl, den Sarah angerufen hatte, um den ersten Schreck abzulassen, klang schlaftrunken, doch entschieden: »So ein Schwein. Den werden wir kriegen. Grillen. Abservieren.«

Danke für die Empathie, dachte Sarah, mehr brauche ich nicht, nicht im Moment. Sie war fast sicher, dass daraus nichts werden würde. Wer immer die Energie besessen hatte, einer Ermittlerin ein solches Zeichen zu senden, war auch raffiniert genug, alle Spuren zu verwischen. Abgesehen davon war es das Einfachste der Welt, einen Fisch zu kaufen, in eine Tüte zu stecken und diese in einen Zeitungskasten zu befördern.

Der Appetit war ihr vergangen. Im Kühlschrank sah sie nichts, was die Lage verbessert hätte. Sie setzte Wasser auf und machte sich einen Pfefferminztee. Den Fisch hatte sie nicht genauer untersucht, aber trotzdem bemerkt, dass es sich um einen Steinbutt handelte. Er hatte nicht gerochen, folglich musste er vor wenigen Stunden gekauft worden sein.

Gegen drei Uhr nachts wachte Sarah auf. Der erste Schlaf war unruhig gewesen, wie oft während Ermittlungen. Sie versuchte, ein Buch zu lesen, befand sich irgendwo in der Mitte des *Don Quichotte*, doch nach wenigen Minuten verlief alles im Ungefähren. Sancho Pansa konnte nicht mehr mit ihrer Unterstützung rechnen. Musik kam auch nicht infrage, nicht zu dieser späten Stunde. Also holte sie den Laptop und legte ihn auf die Bettdecke. Die Internetverbindung war träge. Wie hatten sich die Leute beholfen, als sie noch nicht auf Google fündig werden konnten? Vermutlich waren sie glücklicher gewesen. Was man ohnehin nicht finden konnte, brauchte man auch nicht zu suchen. Es fiel ihr schwer, sich an jene Zeiten zu erinnern. Der technische Fortschritt war eben nicht nur technisch, er veränderte die Lebenswelten, dabei hatte Sarah als junge Studentin teilweise analog gearbeitet. Steinzeit.

Langsam ließ sich Sarah in einen leicht benebelten Zustand gleiten, wie von fremder Hand gesteuert. Sie googelte »Herz« und »Symbolik«, der Rechner lieferte massenhaft Resultate. Sarah scrollte querbeet, landete da und dort, ohne dass sie etwas länger fesselte. Durch Zufall fand sie einen sonderbaren Hinweis. Es ging um die Zusammensetzung »kaltes Herz«, allerdings nicht im medizinischen Sinn. Diese Zusammensetzung stammte von dem deutschen Märchenschriftsteller Wilhelm Hauff, der im 19. Jahrhundert gelebt und im romantischen Geist geschrieben hatte. Hauff erzählte unter dem Titel *Das kalte Herz* die Geschichte eines jungen Mannes, der eines Tages folgenden Pakt schloss: Er würde reich, mächtig und begehrenswert werden, wenn er sein eigenes Herz gegen ein steinernes austauschte. Ein Herz, das keinerlei Gefühle mehr zuließ, die der Durchsetzung der Ansprüche im Wege gestanden wären. So geschah es. Der Verführer ließ sich nicht lumpen, bald war der Wunsch des jungen Mannes erfüllt. Bis er merkte, dass all sein Ruhm wertlos war. Er war zu einem seelenlosen, bösartigen, kalten Menschen geworden. Hatte auch Kaspar Feldmann sein Herz verschenkt? Dem Teufel für gutes Geld und flotte Geschäfte seine Seele verkauft? Sein Wesen verpanzert und gegen Gefühle immunisiert? Und eben deshalb kein gutes Ende gefunden?

Als Sarah gerade beschlossen hatte, den Laptop wegzuräumen, um den nötigen Schlaf zu bekommen, fiel ihr Blick auf ein paar Zeilen. Es war die Rede von einem Mann, der ein eisernes Herz besessen hatte – nicht etwa in der Fiktion, nicht im Märchen oder in der Kunst. Sondern in der Realität.

Hellwach las sie weiter, fühlte, wie sich ihr Magen zusammenzog. Zugleich wusste sie, ohne lange überlegen zu müssen, dass die Suchmaschine diesmal ins Schwarze getroffen hatte.

14

Sarah betrachtete die alte Schwarz-Weiß-Fotografie. Darauf war ein Wagen zu sehen, der durch eine Granate beschädigt worden war. Der darunterstehende Text führte aus, dass damals, im Mai 1942, ein hoher Scherge der Nazis von Männern des tschechischen Widerstands angegriffen worden sei. Tage später sei der besagte Reinhard Heydrich seinen Verletzungen in einem Prager Spital erlegen. Im Juni dann habe er in Berlin ein monumentales Staatsbegräbnis erhalten. Doch die Pointe des Ganzen, die Sarah nun förmlich anzuspringen schien, beruhte darauf, dass Adolf Hitler seinen Vasallen anlässlich der Totenfeier als den Mann mit dem eisernen Herzen bezeichnet habe.

Ein Mann mit eisernem Herzen. Wofür? Um Terror und Tod zu verbreiten, um schinden und morden zu lassen?

Dazu schien zu passen, dass Prag auch im Zusammenhang mit den Aktivitäten der *Fratres in spiritu sancto* genannt worden war. Offenbar unterhielt die Bruderschaft eine wichtige Zweigstelle in der tschechischen Hauptstadt, das hatten Lisas Recherchen ergeben. Oder war das zu weit hergeholt? Aber Feldmann hatte den Titel *Commendatore dell' Impero* getragen, was immer das bedeuten mochte, und

Prag war die Stadt des Schlächters Heydrich gewesen, des Mannes mit dem eisernen Herzen. Nun galt es, die neuen Puzzleteile zusammenzufügen.

Die Spekulationen begannen heftig zu kreisen. Sarah holte das Foto der Eigernordwand hervor und trug da, wo sich das erste Eisfeld als weißes, abgeschrägtes Dreieck bemerkbar machte, die Zahl 3 mitsamt ihrer Umrundung ein. War es denkbar, dass sie die schwierige Passage des Hinterstoisser Quergangs einfach so gemeistert hatte? Mit Google, Wikipedia und einer Portion Glück? Sie trug folgende Notizen ein: *3. Neue Entwicklungen. Nicht nur betreffend Vergangenheit und Vorgeschichte, sondern auch hier und jetzt. Ein Jesuit, Freund und Beichtvater von Feldmann, der sich weltläufig gibt und einiges verbirgt. Eine Stromunterbrechung, die eigentlich nicht hätte vorkommen sollen. Ein Idiot – der Mörder? –, der mir einen toten Fisch in den Briefkasten gelegt hat. Schließlich die Bezeichnung »eisernes Herz«.* Sarah wollte das Tagebuch schließen und weglegen, als ihr noch etwas einfiel: *PS: Und Carl. Ziemlich entfesselt. Hat rumgeballert. Auch das eine Nebenwirkung dieses Falls?*

Bevor Sarah das Tagebuch endgültig schloss, starrte sie hinaus in die Schwärze. Würde sie Carl die Schießerei nachtragen? Ihr Vater hatte ihr beigebracht, dass nachtragende Menschen kleinlich seien. Menschen, die mit sich selbst nicht fertigwürden. Aber wer wurde mit sich selbst schon jemals fertig? Das Leben war doch die Unfertigkeit schlechthin.

Eine unruhige Nacht war in einen verhangenen, regnerischen Morgen übergegangen. Zürich zeigte sich von seiner misanthropischen Seite. Wenn noch der angekündigte

Westwind wieder hinzukäme, würde er Kopfschmerzen und Launigkeit mit sich bringen. Doch Sarah, die sich zum Frühstück neben einer Scheibe Brot auch eine Scheibe Optimismus abgeschnitten hatte, beschloss, ihren Tag mit Zuversicht anzupacken.

»Kommst du in Schwarz?«

Carl hatte zeitig angerufen, längst wieder in seiner diplomatischen Rolle. Vermutlich hatte ihn der Schreckschuss nachträglich doch noch in Schrecken versetzt.

»Scheint mir etwas übertrieben. Aber jedenfalls nicht im roten Anorak.«

»Grau in Grau ist alleweil etwas.«

»Genau«, erwiderte Sarah, »wir kommen als zwei graue Mäuse, fast unsichtbar, aber umso aufmerksamer.«

Nun saßen sie in Sarahs Büro und tranken Kaffee. Sarah erzählte Carl, wie sie die Formel vom eisernen Herzen entdeckt hatte und welche Zusammenhänge sich dadurch – hoffentlich – eröffnen würden.

Er schien ehrlich verblüfft: »Nicht schlecht. Meinst du, dass Feldmanns Tätowierung damit zu tun haben könnte?«

»Ich bin mir fast sicher. Und als weiteres Glied in unserer Kette die Stadt Prag. Die im Kontext unserer *Fratres* ebenfalls aufgetaucht ist.« Sarah war gesprächig, die kurze Nacht hatte sie inspiriert. »Prag. Die letzte Wirkungsstätte des Mannes mit dem eisernen Herzen. Alles nur Zufall? Ich bitte dich.«

Carl blieb gelassen: »Das ergibt durchaus Sinn, wäre auch nicht das erste Mal. Ein paar Alt-Nazis, ein paar Ultra-Rechte, ein paar überfromme Diener, alles in allem ein paar Verrückte. Alles schon gesehen. In der Regel, wie der Herr Jesuit gesagt hat, eher harmlos.«

»Diesmal nicht. Denn Feldmann ist nicht mehr unter uns.«

Als die Glocken des Fraumünsters zur Trauerfeier läuteten, liefen die beiden der Limmat entlang Richtung Münsterhof. Der Wasserstand des Flusses lag nach den Regenfällen der letzten Tage hoch, hinter den Pfeilern der Brücken bildeten sich Strudel. Die Wolken drückten und ließen die Altstadt unfreundlich aussehen. Zürich konnte mit seinem Charme bezaubern und den Eindruck erwecken, dass alles angenehm in Greifnähe war, solange man das nötige Kleingeld besaß. Dieselbe Stadt konnte sich auch nach innen kehren und sich abweisend herrisch geben, Härte ausstrahlen. Nicht nur Härte, auch Verschlossenheit, als gelte es, jedem die kalte Schulter zu zeigen, der etwas von Zürich wollte.

Der Westwind hatte aufgefrischt, die Mäntel blähten sich zu flatternden Fahnen, die Regenschirme bogen sich. Die Menschen eilten in Scharen über den Münsterplatz. Viele in Schwarz, wie es in Feldmanns Kreisen angesagt war, einige in farbigen Parkas. Schwer zu sagen, wer hier aus Pflicht, wer aus Zuneigung angetreten war.

Als Sarah und Carl den Haupteingang betreten hatten, war der große Innenraum bereits voll. Im Mittelschiff hatte sich die Prominenz niedergelassen, links und rechts saßen Zaungäste oder Leute, die Feldmann auf diskretere Weise verbunden gewesen waren. Weit hinten hatte sich Ochsner in Stellung gebracht.

Sarah und Carl fanden neben einer Säule Platz. Sie sahen nicht alles, doch genug. Bekannte und unbekannte Spender hatten riesige Blumenkränze gestiftet, die sich als farbige Räder auf dem Steinboden präsentierten. Die von Chagall geschaffenen Fenster der Nordfront leuchteten matt, fast verschämt. Der Organist begann mit einem Stück von Reger, das wohl dem Temperament des Verstorbenen entsprechen sollte. Tatsächlich kam die Musik geradezu trotzig daher, als hätte sich Feldmann ein letztes Mal gegen seinen Aggressor gewendet. Sarah fand Reger schrecklich.

»Meinst du, der Mörder ist unter uns?«

Carl hatte im Flüsterton gesprochen, doch Sarah schien es, als hätte seine Frage die ganze Kirche erfüllt.

»Möglich.«

Was würde der Täter hier suchen? Den Triumph, dass sein Opfer wohl wirklich nicht mehr hören konnte, welche Freundlichkeiten ausgebreitet wurden? Sarah sah Gertrud Feldmann und neben ihr Willy Feldmann, aus den Gesichtern ließ sich nichts ablesen, weder Trauer noch Zorn.

»Er war ein großer Mann, ein Mann der Taten, der Familie, der Freundschaften. Ein Ehrenmann durch und durch. Er wird uns fehlen, er fehlt uns schon jetzt. Und wie.«

Der Pfarrer hielt die Trauerrede, er war offenbar gut mit Feldmann bekannt gewesen. Während er sprach und modulierte, gestikulierte er, im weit geschnittenen schwarzen Talar, wild mit den Armen, die Kerzen warfen immer andere Muster auf die Chagall-Fenster. Sarah konnte sich ein Lächeln nicht verkneifen.

Als sie sich umwandte, entdeckte sie Ambros Keller, der ihnen einen spöttischen Blick zuwarf. Was galt hier? Dass die Protestanten hingebungsvoll heuchlerisch übersehen wollten, dass der Verstorbene zum Katholizismus konvertiert hatte? Dass sie mit Worten um sich werfen mussten, weil ihnen die Messe abhandengekommen war? Dass Feldmann das geballte Gegenteil dessen gewesen war, der so lautstark in den Himmel gepriesen wurde? Neben Keller saß eine Frau mittleren Alters mit attraktiven Gesichtszügen und steifer Haltung. Er drückte ihr den Arm.

Es folgte Rede auf Rede, die ehrenwerte Männergesellschaft unter sich: kurzer Anlauf zur Eitelkeit, geschickt die eigene Bedeutung eingebaut, dazu der obligate Kummerblick, zwischendurch etwas Kammermusik, Mozart, und schon der nächste Orator. Die Sache war doch die, dachte Sarah, dass all das mit Feldmann nichts mehr zu tun hatte, sondern mit den Überlebenden. Die zeigen wollten, wer und was sie waren. Die sagen wollten, dass noch immer oder nun erst recht mit ihnen zu rechnen sei. Das, dachte Sarah, war das Ritual. In der Regel eines ohne tiefer gründende Geheimnisse – es sei denn, man hätte damit verdecken wollen, dass Kaspar Feldmann, ob lebendig oder tot, noch für ganz andere Dinge gestanden hatte, die unter keinen Umständen an die Oberfläche durften.

»Danke, dass Sie gekommen sind, das war nicht selbstverständlich. Es freut mich umso mehr. Es darf mich doch freuen?«

Sarah und Carl hatten vor dem Hauptportal auf Gertrud Feldmann gewartet. Nach einer endlos anmutenden halben Stunde des Trauerdefilees hatte sich die Witwe aus dem Kreis der Getreuen befreien können. Jetzt stand sie vor Sarah, fragiler als kürzlich in ihrem Haus, erschöpft, doch aufrecht und gegenwärtig.

Sarah vermied eine direkte Antwort. »Ein schöner Gottesdienst, wenn ich so sagen darf. Und nochmals mein herzliches Beileid.«

Gertrud Feldmann zog die Braue hoch. »Danke. Der Staat kondoliert. Das freut mich, ob Sie es glauben oder nicht.« Und nach einer kurzen Pause: »Wissen Sie, Sie sind mir sympathisch. Eine kluge Frau. Eine Frau, die weiß, was sie will. Eine Frau, die auf eigenen Beinen steht und trotzdem nicht damit prahlen muss. Wir zwei müssen zusammenhalten.«

»Tun wir auch, Frau Feldmann. Aber das allein findet noch keinen Mörder.«

Sarah bereute den Satz. Er passte nicht hierher. Doch Gertrud Feldmann schien keinen Anstoß zu nehmen.

»Das weiß ich auch. Aber ich weiß, dass Sie ihn finden werden und dass wir Frauen in Freude wie in Not zusammenhalten müssen. Oder etwa nicht?«

Sarah war von der Wendung des Gesprächs überrascht. Eigentlich war sie gekommen, um Stimmungen wahrzunehmen, Menschen zu beobachten, Konstellationen zu erahnen. Von echter, bewegender Trauer konnte keine Rede sein. Niemand in dieser großen, alten Kirche schien wirklich betroffen. Oder hatte Sarah etwas übersehen? Dass sie aber von Feldmanns Witwe so angesprochen wurde, als wäre ein Pakt zwischen Frau und Frau zu besiegeln, kam reichlich unerwartet und wirkte befremdlich.

»Frau Feldmann, ich werde Sie nochmals besuchen müssen. Ich habe weitere wichtige Fragen. Hätten Sie morgen Vormittag Zeit?«

Gertrud Feldmann war irritiert. »Ich bitte, mich zu entschuldigen. Ich muss weiter, Sie verstehen das sicher. Morgen? Einverstanden. Gegen zehn Uhr, bitte nicht früher. Und gut zu wissen, dass die Polizei auch am Samstag nicht schläft.«

Die Stimmung hatte umgeschlagen, plötzlich hatte sich ihr Tonfall verändert. War Gertrud Feldmann enttäuscht darüber, dass Sarah den Ball, den sie ihr zugespielt hatte, nicht aufnehmen wollte? Die Witwe klang nun herrisch, sarkastisch. Anscheinend war im Hause Feldmann der Hausherr nicht der Einzige gewesen, der seine Auftritte brauchte.

Carl schien nicht recht zu wissen, wie er die Begegnung einzuordnen hatte. Er, der Sarah immer wieder mit seiner Sensibilität überraschen konnte, stand umgekehrt manchmal wie der Ochs am Berg, wenn Atmosphärisches zu deuten war, zu dem er aus welchen Gründen auch immer keinen Zugang fand.

»Ein Herz von Mensch scheint sie kaum zu sein«, sagte er kurz und kratzte sich am Arm.

»Ist sie nicht«, antwortete Sarah. »Und wenn sie keine Zustimmung erhält, wird sie schroff. Entweder ist sie es gewohnt, dass man ihr entspricht, oder sie ist eine verletzte, enttäuschte Seele.«

»Oder beides«, ergänzte Carl.

»Immerhin eine interessante Frau, die, wie mir scheint, keine überflüssige Träne für ihren Verstorbenen vergossen hat.«

»Sie hat es nicht einmal versucht, und unser Freund Willy schien auch nicht zu Tode betrübt.«

Als sie gehen wollten, um in einem der umliegenden

Cafés ein Sandwich zu essen, kam ihnen Ambros Keller entgegen.

»Guten Morgen. Wie ich sehe, macht der Dienst auch vor der Kirche nicht halt. Und, wie hat es Ihnen gefallen?«

»Guten Morgen, Pater Keller. Pardon, Herr Keller. Gefallen? Vielleicht nicht das richtige Wort. Aber zugegeben, eindrucksvoll. Viele Menschen, viele Reden. Feldmann war offenbar wirklich beliebt.«

»Um nicht zu sagen geliebt?« Keller machte ein spöttisches Gesicht, und wieder hatte Sarah den Eindruck, dass gewisse Dinge, die nun vor der Kirche verhandelt wurden, viel wichtiger waren als die Trauerfeier selbst. Keller fuhr fort: »Darf ich Ihnen meine Begleitung vorstellen? Carmen Moor.«

15

Es war die Frau, die in der Kirche neben Keller gesessen hatte. Selbst im grauen Licht des Oktobermittags sah sie attraktiv aus, wirkte allerdings besorgt. Gehörte sie zu jenen, die Feldmann mit ehrlichen Gefühlen betrauerten? Sie gaben sich die Hand, dann übernahm wieder Keller: »Kaspar hätte es gefallen. Die Musik, die Ansprachen, das ganze Drum und Dran. Er legte Wert auf Etikette.«

Die Ironie war nicht zu überhören, aber vermutlich hatte er recht.

»Ich wünsche Ihnen viel Erfolg. Sie haben einen wichtigen Teil von Feldmanns Umfeld sehen können. Sollte sein Tod nur im Geringsten etwas mit diesen Leuten zu tun haben, dann, wie gesagt, viel Glück und Vergnügen«, sagte Keller.

Als Carl antworten wollte, zog ihn Sarah am Ärmel. Sie hatte längst begriffen, dass Ambros Keller ihrem Kollegen unsympathisch war, und ihr selbst ging es nicht anders, auch wenn sie zugeben musste, dass der Pater einen gewissen Unterhaltungswert hatte.

Keller lächelte, seine Begleiterin blieb unbewegt. Sie hatte das Haar fest nach hinten gekämmt, als wollte sie dem Sturmwind trotzen. Ihr Blick ging zur Seite. Hatte sie überhaupt zugehört?

»Wir sehen uns, Pater Keller. Wir wünschen einen schönen Nachmittag«, verabschiedete sich Sarah.

Ambros Keller und Carmen Moor entfernten sich in Richtung Bahnhofstrasse. Gerade als Sarah ihren Blick abwenden wollte, sah sie, wie Keller die Frau kurz am Arm fasste, als ob er sie schützen wollte. Diese kurze, knappe Bewegung hatte etwas Freundschaftliches. Nein, etwas Zärtliches.

Später im Kommissariat, als Sarah mit Carl besprechen wollte, was ihnen während der Feier und vor der Kirche aufgefallen war, platzte Lisa herein. Ihre Aufgeregtheit war Teil ihrer Begabung geworden, Sarah gefiel es. Lieber aufgeregt intelligente Menschen als solche, die so sehr in sich ruhten, dass man ihnen kaum einen Gedanken entlocken konnte. Lisa verkörperte mit ihrer Lebensfreude eine noch nicht durch den berufsspezifischen Argwohn beschädigte Vitalität.

»Also, Prag. Spannend. Die *Fratres in spiritu sancto* haben anscheinend ein Haus in der Altstadt gekauft, aber nicht unter eigenem Namen, sondern unter dem Decknamen Investstrong. Von Aktivitäten ist nichts bekannt. Die meisten Räume sollen leer stehen. Hie und da finden Sitzungen statt. Meistens gegen Abend und in der Nacht. Über den Inhalt der Versammlungen ist ebenfalls nichts bekannt.«

Sarah war ganz Ohr. »Woher weißt du das?«

»Von einem Prager Kollegen. Ich habe mich durchgewurstelt, bis ich jemanden fand, der mich … der uns ernst nimmt. Der Kollege hat die *Fratres* schon länger im Visier. Er ist frustriert, weil er überzeugt ist, dass etwas krummläuft, kann es aber nicht beweisen.«

Merkwürdig, wie die Causa Feldmann ihre Ermittler zu Spekulationen trieb, ohne dass sie festen Boden unter den Füßen gewannen. Weder in Zürich noch in Prag. Der Prager Kollege hatte nach Lisas Auskunft eine Putzfrau dazu gebracht, sich umzuhören. Anders gesagt: Man war dort auf Unterstützer angewiesen, die, um es milde zu sagen, nicht als ausgebildete Späher gelten konnten.

»Da ist noch etwas.« Lisa war immer noch in Fahrt. »Ich habe das Escort-Mädchen gefunden.«

Carl stemmte sich aus dem Sessel. »Und? Wie heißt die nette Dame?«

»Dame ist gut. Den Fotos nach ist sie deutlich unter dreißig. Nennt sich Amanda. ›Salon Amanda, wünsch dir was!‹ Klingt stark. Sie empfiehlt sich laut ihrer Internetseite als Königin und Herrin, die Mann oder Frau auch als Escort buchen kann. Nicht gerade billig, aber ziemlich cool, wenn einer darauf steht. Mal spielt sie die Unschuld vom Lande, mal die Sekretärin mit Brille und High Heels, und für das Besondere gibt sie die Domina.«

Lisa legte ein paar ausgedruckte Seiten auf Sarahs Schreibtisch.

»Und wie heißt Amanda mit bürgerlichem Namen?«

»Das ist es ja. Sie heißt tatsächlich Amanda. Amanda Beutler. Fährt einen schwarzen Porsche und wohnt an der Susenbergstrasse. Ruhig, sonnig und elegant.«

»Und ihr Salon ist auch dort?«, fragte Carl.

»Nein. Das wäre ja der Hammer. Meine Herrschaften, wir sind doch in Zürich!«

Lisa, die auf einem Bauernhof aufgewachsen war, empfand die Großstadt, wie sie Zürich manchmal nannte, immer noch als Terrain mit klaren Schranken und Grenzen, auch wenn das schon länger nicht mehr stimmen mochte. Einmal pro Woche kam ihre Mutter aus Stammheim angereist, um Früchte und Gemüse zu bringen und ihre Wohnung in Schuss zu halten, obwohl Lisa alles andere als unordentlich war. Die Mutter staunte, dass die Tochter bei der Kripo und in den Armen des Staates gelandet war.

»Amandas Salon befindet sich in einer Standardlage. Müllerstrasse, Kreis 4. Viele Salons, viele Amandas. Man muss sich allerdings fragen, ob Feldmann tatsächlich dort aufkreuzte, oder ob die Treffen anderswo stattfanden.«

Carl gab sich aufgeklärt: »Escort heißt Begleitung, und Begleitung hieß im Fall Feldmanns mit Sicherheit anderswo.«

»Ist notiert. Danke, Lisa, gut gemacht. Gleich ziehen wir zusammen ins Feld. Frische Luft und Abenteuer«, sagte Sarah.

Lisa klatschte in die Hände. »Super. Bildschirm ist okay, aber dazwischen mal das echte Leben macht Spaß.«

Ob Lisa die Befragung Amandas allzu spielerisch anpacken würde?

»Wir werden Frau Beutler einen Besuch abstatten«, sagte Sarah. Doch gleich korrigierte sie sich: »Nein. Ich werde ihr einen Besuch abstatten. Mit oder ohne Carl. Lisa hingegen –«

Lisa unterbrach lachend: »Wäre zu jung und unschuldig? Dabei hätte sie sich so gefreut, die kleine Lisa.«

Sarah blieb dabei, legte die ausgedruckten Seiten in ein Kuvert und beschriftete es mit »Amanda Escort«. Sie sagte zu Lisa: »Komm. Mit dir wollte ich mir den Sicherungskasten anschauen. Hast du einen Schlüssel?«

Lisa bejahte. Nachdem sich die beiden Frauen in ihre Regenmäntel gehüllt hatten, zogen sie los. Wie im Zeitlupentempo kroch die blau-weiße Tram der Zürcher Verkehrsbetriebe von Station zu Station. Als Studentin war Sarah die Ungeduld in Person gewesen. Nichts konnte ihr schnell genug gehen, nichts fiel ihr schwerer als das Warten: vor der Kasse, dem Hörsaal, der Passkontrolle. Und vor allem in der Tram. Später änderte Sarah ihre Einstellung grundsätzlich. Man konnte auch das Warten zur Kunst entwickeln. Nimm Tempo weg, dachte sie, und du siehst und spürst alles viel genauer. Es war nicht mehr allzu schwer, dieses Modell der Achtsamkeit auch auf die Arbeit anzuwenden. Die Causa Feldmann war ebenfalls das Gegenteil einer Schussfahrt. Bei gedrosselter Geschwindigkeit konnte Sarah Dinge wahrnehmen, Details, harmlose und tückische Kleinigkeiten, die ihr auch diesen Fall Seite um Seite aufblättern würden, wie einen Roman. Hoffentlich.

Nach siebzehn Minuten und diversen Haltestellen mit Gedränge hatten sie die Station Höschgasse erreicht und liefen Richtung See. Der Wind hatte wieder aufgefrischt, die schweren Wolken ließen nichts Gutes erahnen.

Sie liefen über die bekiesten Wege des Zürichhorns. Alles war aufgeräumt. Auf der großen Wiese vor dem Chinagarten spielten Kinder Frisbee, andere liefen laut johlend einem Fußball hinterher. Mütter hatten sich trotz des

Wetters auf den Bänken niedergelassen, verpackt in Windjacken, Mützen und Schals. Hier, dachte Sarah, war vor wenigen Tagen ein brutaler Mord verübt worden. War einem Mann hinter ein paar Büschen das Herz herausgerissen worden. Ein Mord, dessen Umstände besonders waren und besonders bleiben würden. Doch schon jetzt, nach diesen wenigen Tagen, war es friedlich in der Gegend rund um das Zürichhorn. Das Leben zeigte sich von seiner besten Seite.

»Wo ist der ominöse Kasten?« Sarah gab sich animiert, die frische Luft tat gut.

»Kommt gleich, noch hundert Meter, dann rechts.«

Lisa führte über einen schmalen Weg, dann über ein Rasenstück und schließlich durch ein Wäldchen von Rhododendronbüschen. Im Sommer war es hier lauschig, jetzt blies der Wind in die Blätter und orgelte wütend zwischen dem Astwerk.

Der Kasten aus gegossenem Beton war etwa zwei Meter lang, einen Meter fünfzig hoch und achtzig Zentimeter tief. An der Front befand sich eine Doppeltür aus Eisen, deren Schloss aus einem Zylinder bestand. Lisa steckte den Schlüssel in die Öffnung, die Türe drehte nach außen und gab den Zugang frei. Nichts Besonderes. Sarah erkannte die alten Sicherungen und mehrere Hebel mit schwarzen Gummigriffen, die man bei Bedarf nach unten ziehen konnte, worauf für bestimmte Anschlüsse der Strom unterbrochen würde. Einfach und zweckmäßig, doch auch anfällig für Sabotage.

Sarah zog eine Taschenlampe aus dem Mantel und leuchtete tiefer ins Innere des Kastens. Alles war, wie zu erwarten, übersichtlich geordnet, die Drahtleitungen nach

Funktionen gebündelt. Staub drang durch die Lüftungsschlitze ein und hatte sich als feiner grauer Schleier über die Armatur gelegt. Ein einziger Hebel glänzte wie poliert im Licht der Lampe: Hier hatte sich jemand zu schaffen gemacht.

»Ein Handgriff genügte, völlig harmlos, von den Folgen einmal abgesehen.«

Sarah wollte sich schon abwenden, als ihr Blick auf einen winzigen Gegenstand fiel, der aus der Tiefe des Kastens glänzte. Sie bückte sich, richtete den Strahl der Lampe darauf und fischte ihn aus dem Staub.

»Was ist das?«, fragte Lisa aufgeregt.

»Ein Amulett. Oder eine kleine Münze? Seltsam.«

Eine halbe Stunde später, zurück in der Wärme des Kommissariats, setzte Lisa Teewasser auf und Sarah kramte in ihren Schubladen. Immer dasselbe. Kaum suchte sie einen Radiergummi, einen Bleistiftspitzer, ein Lineal – lauter nützliche, zur Erleichterung des Lebens geschaffene Geräte –, waren diese wie von Geisterhand versteckt. Diesmal war es die Lupe. Schließlich wurde Lisa bei Carl fündig und brachte die Lupe mitsamt ihrem Besitzer in Sarahs Büro.

Sarah hielt das Vergrößerungsglas über das Amulett. Es maß etwa einen Zentimeter und war rund. An der Seite befand sich eine Öse. Das Material sah nach Gold aus. In der Mitte trat die Zahl VII hervor, und um die römische Ziffer herum verlief eine Inschrift, klar und deutlich: *In hoc signo vinces.*

Carl, der ein paar Semester alte Sprachen studiert hatte, bevor es ihm zu grau wurde und er zur Polizei wechselte, räusperte sich und sagte mit verwunderter Stimme: »Wir werden ja immer frommer.«

Sarah und Lisa verstanden kein Wort.

16

Bevor es zu Klärungen kommen konnte, stolzierte Ochsner herein. Der Wochenendschritt, dachte Sarah. Besuchte Ochsner freitags das Kommissariat, war er nur noch halb bei der Sache. Ganz auf Freizeit gestimmt, schweiften seine Gedanken in den Weinkeller oder auf den Golfplatz oder in ein gediegenes Restaurant. An solchen Tagen war Ochsner eine Nervensäge, eine mühsame Mischung aus Bürokratie und sozialen Ambitionen.

»Na, wie fanden Sie die Trauerfeier?«

»Würdig. Was uns nicht überraschte. Und was lockte Sie hin?«

»Wo sich die Prominenz versammelt, kann man immer etwas lernen.«

Ochsner wich aus. Sarah berichtete kurz von der Begegnung mit Gertrud Feldmann und erwähnte den vereinbarten Besuch.

»Am Samstagmorgen? Das ist sportlich. Hoffentlich wird sie mir nicht die Leviten lesen«, sagte Ochsner leichthin.

Das war nur scheinbar scherzhaft gemeint. Ochsners Respekt gegenüber der besseren Gesellschaft machte ihn dümmer und reizbarer, als er in Wirklichkeit war. Jetzt galt es, beruhigend auf ihn einzuwirken, um den Fall lösen zu können.

Ochsner entfernte sich, sein Schritt wurde leiser.

»Also, Carl, spielst du jetzt Orakel?«, fragte Sarah.

»Du hattest doch auch mal Latein. *In hoc signo vinces.* Also?« Carl genoss seinen Auftritt.

»In diesem Zeichen wirst du siegen.«

»Genau, und was bedeutet das?«

Sarah kramte in ihrem Gedächtnis, erfolglos.

Carl streckte sich, unterdrückte einen Rülpser und kam ins Dozieren: »Der Sieg des Kaisers Konstantin in der Schlacht bei der Milvischen Brücke. Anno 312. Ein wichtiges Datum für das Christentum. Christus persönlich sei dem Kaiser vor der Schlacht im Traum erschienen. Habe ihm erklärt, dass das Lichtkreuz, das er zuvor gesehen hatte, das Zeichen des Sieges sei. In diesem Zeichen werde er siegen.«

Sie gerieten immer tiefer in die Symbolik, immer mehr Zeichen und Zahlen, die sich vor die Causa Feldmann schoben, immer mehr Nebentöne. War Feldmann das Zentrum oder nur ein Mitspieler? Eine Nebenfigur auf einem Brett, das sich selber definierte und dem man folgte, oder man ging unter?

Sie würden die Münze der Spurensicherung weitergeben und später erfahren, dass man nichts, rein gar nichts, gefunden hatte. Auch nicht am Sicherungskasten.

»Scheint, dass unser Täter das Amulett verloren hat, als er sich im Schalterkasten zu schaffen gemacht hat«, sagte Carl.

»Könnte es sein, dass jemand das Teil absichtlich verlor?« Sarahs Frage löste keine Begeisterung aus.

»Das wäre raffiniert«, seufzte Lisa und goss Sarah und Carl Tee nach.

Es wurde Zeit, das Wochenende einzuläuten. Lisa wollte sich um die beiden Perserkatzen einer Freundin kümmern, die für drei Tage nach Wien reiste. Der Serienjunkie Carl würde sich eine neue Produktion anschauen, und wenn sein Körper Glück hatte, würde Carl ihn aufs Fahrrad stemmen und tüchtig um den Greifensee radeln. Am Sonntag würde Sarah mit Gretchen und Rico Trüffeln suchen – und vielleicht sogar mit Fred schwimmen gehen.

Sarah ging zu Fuß nach Hause, grüßte Hans Waldmann und sein Ross, lief mit stetigem Schritt über die Gleise beim Bellevue-Platz, tauchte hinab in die Lebensmittelabteilung des Delikatessen-Warenhauses, legte zwei Sets Sushi in den Korb sowie Jogurt, Hüttenkäse, ein Simmentaler Brot und ein paar andere Kleinigkeiten, die ihr die nächsten Tage versüßen sollten. Als sie auf dem Bildschirm der Kasse den Betrag sah, erschrak sie. Nächstes Mal würde sie wieder bei Pasquale einkaufen.

Zu Hause zog sie die Vorhänge zu, sie wollte Ruhe, Ruhe und Abgeschiedenheit. Nachdem sie sich eine halbe Stunde lang mit Haydns Variationen in f-Moll beschäftigt hatte – einem melancholischen Werk, das zu Wetter und Stimmung passte –, legte sie eine Platte von Dave Brubeck auf und stellte sich vor, dass sie auf der Couch eines Apartments in Manhattan säße. Die kleine Tessinerin mitten in New York. Danach würde sie zu einer Vernissage von Alex Katz gehen. Schon fühlte sie sich entspannter. Zürich war zwar gut, aber nur und immer nur Zürich, nein danke. Sarah holte den Parmesan hervor, den ihr eine

Freundin regelmäßig aus Venedig mitbrachte, und öffnete eine Flasche Brunello. Alles mit Maß, aber ein gutes Glas Wein war Medizin. Schnell war sie in ihrer Fantasie zurück in Manhattan, und durch die Fenster konnte sie die Brooklyn Bridge und den geradezu monumentalen Verkehr bestaunen.

Plötzlich hatte sie eine Idee. Sie überlegte nicht lange, jetzt war exakt der richtige Zeitpunkt, um anzurufen.

»Hallo, was für eine Überraschung, ich hab schon lange nichts mehr von dir gehört. Du fehlst mir.«

Sarah lachte: »Du mir auch. Wie geht es dir, alles gut, alles wie immer?«

Leises Gelächter. »Du überschätzt mich. Nicht mehr so wie früher, aber fürs Zeitungslesen reichts.«

»Da könnte ich mir Besseres vorstellen.«

Wieder leises Gelächter. »Ich auch. Keine Sorge, du kennst mich. Wenn ich ernsthaft nachlasse, wird dich ein Bote instruieren.«

»Ein Bote? Du bist aber vornehm geworden.«

Das Gegenüber schien zu überlegen. »Im Alter ist man entweder vornehm, oder man ist nichts.«

Typisch Fritz. Typisch Fritz Schindler: Ein Gentleman, *old school*. Zwar deutlich über siebzig Jahre alt, aber im Kopf wie im Herzen jung geblieben. Auch in der Erscheinung manchmal wie ein Bub, verschmitzt und mit drahtigem Gang. So, dachte Sarah, wollte sie in diesem Alter auch sein.

»Ich würde dich gerne sehen, habe auch ein paar Fragen.«

Sarah lauschte Brubecks leiser Musik, während ihr Blick durch das Wohnzimmer schweifte und sie das Handy ein wenig vom Ohr weghielt. Wenn sie telefonierte, wollte sie diesen Abstand, diese Scheibe von Luft, die dem Gespräch mehr Raum gab.

Fritz war neugierig geworden: »Aber sicher, kein Problem, ich bin ohnehin zu sehr mit mir selbst beschäftigt … Wie wäre es Sonntagabend? Ich lade dich ein, gern in die Kronenhalle.«

»Wunderbar, mein Traum wird Wirklichkeit. Soll ich dich abholen?«

Fritz verneinte. Er würde reservieren und nach alter Gewohnheit an seinem Tisch auf die Frau warten, die er schon kannte, als sie noch studiert und mit ihrem Verstand und ihrem Charme nicht nur ihn bezaubert hatte. Am Sonntagabend würde die Kronenhalle voll sein, wie an jedem anderen Abend auch, und Fritz würde mit Sicherheit den einen oder anderen Gast kennen, doch das war egal, nein, es war sogar gut, denn er war gerade dann der beste Zuhörer, wenn er gleichzeitig scheinbar abgelenkt war, es war tatsächlich so, als erhöhte das Nebeneinander seine Konzentration.

Für das Tagebuch war es der falsche Moment. Es brachte nichts, die Seiten zu füllen, wenn die Gedanken zu unfertig, zu unscharf waren. Es brachte nichts, an einer Wand emporzuklettern, wenn man nicht voll bei Sinnen und Kräften war.

Sarah blätterte durch Zeitschriften, holte dann einen Roman und legte sich damit ins Bett. Bevor sie sich länger darüber wundern konnte, warum die Beziehung zwischen Männern und Frauen eigentlich unabhängig vom Alter meist kämpferisch verlief, sofern auf beiden Seiten noch Energien vorhanden waren, war sie eingeschlafen.

Der Samstag begann mit starkem Föhn. Diesmal reizte der Südwind die Köpfe. Sarah widerstand der Versuchung, eine Tablette einzuwerfen. Im Haus herrschte Stille, die plötzlich von Ricos Bellen durchbrochen wurde. Dass der Hund wetterfühlig war, wusste Sarah längst. Manchmal bellte er wild auf, scheinbar ohne jeden Grund. Worauf Gretchen ihn anschrie und Rico weitermachte, weil er längst begriffen hatte, dass es seine Herrin ohnehin nicht ernst meinte.

Nach kurzem Frühstück und einem doppelten Espresso stieg Sarah in eine braune Flanellhose, wählte die dazu passende Bluse und einen beigen Pullover und warf den Regenmantel über den Arm. Für die Mittagszeit waren Niederschläge angekündigt. Den Notizblock hatte sie in die kleine Ledermappe gelegt, das würde genügen. Sie machte sich auf den Weg.

Feldmanns Witwe schien gewartet zu haben. Kaum näherte sich Sarah dem Haus, stand sie schon im Türrahmen. Statt Sarah die Hand zu reichen, verharrte sie wie eine Statue.

»Kommen Sie, ich habe Sie erwartet.«

Dieselbe Grußformel wie beim ersten Besuch. Es war etwas gezwungen Steifes an dieser Frau, sie schien eine Person zu sein, die sich nichts schenkte und anderen ebenfalls nichts.

Wieder saßen sie in dem weit geschnittenen Salon mit Panoramasicht.

»Frau Feldmann, ich brauche mehr Informationen über Ihren Mann.«

Sarah machte eine Pause, ehe sie fortfuhr: »Wie weit

waren Sie über seine Geschäfte im Bild? Was hat er Ihnen über seine Aktivitäten erzählt, wenn er ins Ausland reiste? Wussten oder ahnten Sie, dass Ihr Mann … sagen wir, in Aktivitäten oder Tätigkeiten verwickelt war, die nicht zu den üblichen Aktivitäten eines Anwalts gehörten?«

Gertrud Feldmann saß aufrecht da und schaute abwesend über Sarah hinweg aus dem Fenster und auf die Berge, ohne dass sie irgendetwas wahrzunehmen schien.

»Kaspar war gut vernetzt, europaweit, im Grund global. Er kannte viele Leute – und nicht nur Leute, die ich mit Freude hier empfangen hätte. Aber das gehörte zum Beruf. Anwälte sind Anwälte. Sie bedienen Klienten, Klienten sind selten Unschuldslämmer. Oder sehen Sie das anders?«

»Es geht nicht um mich, Frau Feldmann.« Sarah wurde ungeduldig. Gertrud Feldmann spielte ihre Diplomatie nach dem bekannten Muster und schien dabei ihren heimlichen Spaß zu haben. »Wussten Sie, dass Ihr Mann Mitglied einer Vereinigung war, die sich *Fratres in spiritu sancto* nennt? Wussten Sie, dass er sich als *Commendatore dell' Impero* bezeichnete? Können Sie sich vorstellen, was dahintersteckte?«

Gertrud Feldmann schien zu erwachen. Sie kreuzte die Beine, lehnte sich zurück, versuchte, Ruhe zu gewinnen, wo Erregung zu sehen war.

»Woher wissen Sie davon?«

»Bitte beantworten Sie meine Frage.«

»Es wurde mir zugetragen. Manchmal hörte ich solche Dinge, nie von Kaspar selbst.«

»Wer trug Ihnen Dinge zu? Und was für Dinge?«

»Freundinnen. Bekannte. Frauen, die von anderen

Frauen oder von ihren Männern dies oder jenes gehört hatten. Nie Konkretes, nichts Klares. Dass Kaspar auch in Kreisen verkehrte, die sich eine geordnetere Politik und Gesellschaft wünschten.« Gertrud Feldmann hob den Arm und ließ die rechte Hand, deren Ringfinger mit einem enormen Smaragd bewehrt war, durch die Luft kreisen. »Wogegen ich selbst auch nichts hatte oder gehabt hätte. Warum auch? Sind wir nicht überschwemmt, ja, überrannt von Unordnung? Von Minderwertigkeit?«

Gertrud Feldmann hatte sich in Rage geredet. Das war nicht wirklich überraschend, es fügte sich in einer Weise zu dieser entschlossenen Frau, die sicher für Strenge und Ordnung zu haben war, wenn ihr nahegelegt worden war, dass es für sie und ihresgleichen besser und sicherer war.

»Unordnung? Minderwertigkeit? Waren das auch die Worte Ihres Mannes? Und vielleicht die Worte seiner Freunde, die eines Tages nicht mehr Freunde waren?« Sarahs Stimme war eine Spur schärfer geworden.

»Wie meinen Sie das?«

»Frau Feldmann, es geht um Mord. Um Mord an Ihrem Mann und um seine möglichen Täter. Das ist mein Job. Können Sie sich vorstellen, dass Ihr Mann mit Leuten zu tun hatte, die gefährlich waren oder ihm hätten gefährlich werden können?« Sarah hielt kurz inne. »Ich meine, mit Fanatikern, mit Gruppierungen des organisierten Verbrechens?«

Gertrud Feldmann ließ sich Zeit für ihre Antwort. Sie hob ihre Tasse, rührte sachte mit dem Löffel und beobachtete mit gespielter Intensität, wie sich ein kleiner Strudel bildete.

»Das sind große Worte, Frau Conti. Sätze, die mir nicht viel sagen. Wer, wie wir beide, die Männer kennt, weiß, dass nichts völlig ausgeschlossen ist. Aber organisiertes Verbrechen? Wissen Sie was?« Während sie Sarah scharf musterte, sagte sie mit leiser, artikulierter Stimme und wie im Befehlston: »Das hätte Kaspar nicht nötig gehabt.«

An dieser Frau konnte man sich die Zähne ausbeißen. Es gab nur eines: Sarah musste den Druck erhöhen. Erst wenn der Panzer der Selbstbeherrschung aufgeweicht wäre, käme etwas ans Licht.

»Wussten Sie, dass Ihr Mann zum Katholizismus konvertiert hatte?«

War es das, war das der Durchbruch? Für Sekunden verzerrte sich Gertrud Feldmanns Gesicht, die Lippen wurden schmal und hart, die gekreuzten Beine klemmten sich heftig zusammen.

»Das ist absurd, völlig absurd. Ich warne Sie.«

17

Sarah musste die Überraschung ins Gesicht geschrieben sein, denn Gertrud Feldmann fuhr nach ein paar Sekunden des Schweigens mit unvermindertem Schwung fort: »Nicht Sie persönlich. Ich warne nicht Sie persönlich. Ich warne Ihre Behörde, den ganzen Apparat, die ganze Verwaltung, der wir andauernd unsere Steuern in den Schlund schieben. Wenn Sie uns fertigmachen wollen, bitte sehr, nur zu –«

Bevor sie weiter ausholen konnte, unterbrach Sarah: »Frau Feldmann, ich bitte Sie. Nichts dergleichen ist beabsichtigt. Aber ich kann nur immer wiederholen, dass wir in einem Mordfall ermitteln. Wir versuchen, den oder die Mörder Ihres Gatten zu finden.« Sarah beugte sich vor und fixierte Gertrud Feldmann. »Nochmals. Wussten Sie, dass sich Ihr Mann zum Katholizismus bekehrte, als er fünfzig wurde?«

Das Eis schien zu brechen. Gertrud Feldmanns Körper sank zusammen, die Tasse kam mit hartem Aufschlag auf den Beistelltisch zu stehen, die Hände griffen mit starkem Druck ineinander.

»Und wenn schon. Was macht das jetzt noch aus. Kaspar hielt es geheim. Aber eines Tages, während eines heftigen Streits, warf er es mir an den Kopf. Er wusste, dass es mich treffen würde.«

»Warum sollte Sie das so sehr treffen?«

»Weil es gegen unsere gesellschaftliche Stellung ging, weil es ein Hohn auf alles war, was wir seit Jahrhunderten verkörpern. Und weil es, wenn es bekannt geworden wäre, noch mehr Gerüchte in Umlauf gebracht hätte.«

Die Erregung war spürbar. Gertrud Feldmanns Hände zitterten.

»Gerüchte? Welche Gerüchte?«, fragte Sarah.

»Als Student hatte Kaspar Sympathien für Mussolini. Er war der Meinung, dass der Duce, wie er Mussolini nannte, in Italien aufgeräumt hatte. Schluss mit dem Schlendrian. Später übertrug er diese Sympathien auf das *Opus Dei*, dort würde noch streng und richtig erzogen. Schluss mit dem Laisser-faire. Schließlich fand er Freunde, die ihn dabei unterstützten, seltsame Freunde. Manchmal trafen sie sich in Kaspars Büro, selten auch hier. Dann kamen sie abends und benutzten immer den Nebeneingang.«

Sarah merkte, dass sie sich an einer Gabelung befanden. Entweder ging die Witwe weiter mit der Geschichte, oder sie beendete das Gespräch.

»Worum ging es bei den Treffen und wer war dabei? Kannten Sie die Herren?«

Gertrud Feldmann schüttelte den Kopf. »Ich wäre die Letzte gewesen, die man darüber informiert … nein, man muss ja sagen: eingeweiht hätte.« Ein gequältes Lächeln huschte über ihr Gesicht.

Sarah setzte nach: »Wussten Sie, dass Ihr Mann einen Beichtvater hatte?«

»Meinen Sie Ambros Keller, den eleganten Jesuiten? Ja, das war mir bekannt. Aber ehrlich gesagt: Als Beichtenden konnte ich mir Kaspar schlecht vorstellen. Und was den sogenannten Vater betrifft, so konnte Keller kaum daran gelegen sein, den väterlichen Hirten zu spielen. Wozu denn? Da gab es andere, interessantere Projekte.«

Bei diesen Worten lachte Gertrud Keller kurz und heftig. Sie hatte wieder zurückgefunden in die Rolle, die sie, davon war Sarah überzeugt, seit Jahren, wahrscheinlich seit Jahrzehnten spielte.

»Kennen Sie einen Gynäkologen, der in Vitznau wohnt?«

»In Vitznau? Sie scherzen wohl, weshalb sollte ich dort einen Gynäkologen kennen? Nichts gegen Vitznau, aber die Provinz steht nicht auf meiner Agenda.«

Ob sie die Wahrheit sagte? Jedenfalls hatte Frau Feldmann einen Deckel geöffnet, aber nicht denjenigen der Büchse der Pandora. Manches klang abstrus und auch hässlich, doch es offenbarte keine Abgründe. Immer klarer wurde, dass Feldmann ein Doppelleben geführt und dabei Ideale gepflegt hatte, die nicht ins Milieu der besseren Zürcher Gesellschaft gehörten.

Sarah verschwieg, dass sie die Tätowierung des Toten gesehen hatte. Diesen Vorsprung mitsamt den möglichen Implikationen wollte sie so lange wie möglich für sich behalten. Sie verschwieg auch, dass die Ermittlungen Feldmanns Beziehung zu einer Escort-Dame zutage gebracht hatten.

Ein anderer Grund des Besuchs, der, wie Sarah dachte, fast zu einem Verhör geworden war, war Feldmanns Arbeitszimmer. So interessant es ihr beim ersten Besuch erschienen war, so flüchtig waren die Eindrücke geblieben. Eigentlich konnte sich Sarah nur noch an die *Carceri* von Piranesi erinnern und an diese wohl auch vor allem, weil ihr Donna Reed in ihrer Galerie weitere Blätter der unheimlichen Reihe gezeigt hatte.

»Ich würde gern nochmals das Arbeitszimmer Ihres verstorbenen Mannes besichtigen.«

Gertrud Feldmann zog eine Braue hoch.

»Einen Durchsuchungsbefehl habe ich nicht. Natürlich könnte ich mir einen beschaffen, gehe aber davon aus, dass Sie nichts dagegen haben.«

Hatte sie nicht. Sie führte Sarah nach oben und öffnete ihr die Tür. »Sehen Sie sich um. Finden Sie heraus, was Ihnen helfen kann. Fühlen Sie sich wie zu Hause, ich werde Sie nicht stören.« Sie drehte sich auf dem Absatz um und verschwand im Dämmerlicht des langen Flurs.

Nichts hatte sich verändert, seit Carl und Sarah dort gestanden und die etwas antiquierte Ordnung des Hausherrn inspiziert hatten. Sarah erkannte erneut, dass hier jemand gewohnt und gearbeitet hatte, der wenig dem Zufall überließ. Dass sich Feldmann mit Kerker-Szenen umgab, blieb eigenartig. Umgekehrt gaben die Panoramafenster den Blick frei auf eine halb liebliche, halb heroische Landschaft. Im Vordergrund glänzten die Apfelbäume in der Sonne. Dahinter am Horizont die Bergkette, einzelne Gletscher sprangen mit ihren scharfen Abgründen wie die Zähne eines fossilen Ungeheuers hervor.

Sarah musterte die Bibliothek. Klassische Literatur, Goethe, Schiller, Shakespeare, Dante und manch weiteres, edel in Leder gebundenes Buch. Sie gehörten zu solchen Orten dazu, auch wenn die meisten ungelesen blieben.

Bücher über Geografie, Reisen und Entdeckungen. Verschiedene Nachschlagwerke wie der *Große Brockhaus* und das *Schweizer Lexikon*.

Ein Eckgestell befand sich im Halbschatten. Sarah ging näher heran und knipste den Schalter einer Stehlampe aus gedrechseltem Holz an. Die Lampe warf einen ovalen Kegel quer über die Regale, hier hatte Feldmann offensichtlich die Zeitgeschichte untergebracht. Churchills Memoiren durften nicht fehlen – starke Erinnerungen eines starken Politikers. Sarah hielt inne. Gleich daneben entdeckte sie ein Buch, dessen Titel auf andere Weise Geschichte gemacht hatte, auf zutiefst verhängnisvolle Weise.

War das Kaspar Feldmanns Verständnis von Ironie gewesen?

Als sie nach dem Band greifen wollte, summte ihr Handy. Carl. »Hast du etwas über das Amulett herausgefunden?«, fragte Sarah. Carl verneinte. »Ich bin in Feldmanns Arbeitszimmer. Es wird immer interessanter.«

Natürlich war er interessiert und wollte etwas sagen.

»Nicht am Telefon, später«, flüsterte Sarah. Es war alles andere als ausgeschlossen, dass Feldmanns Witwe von irgendwo her mithörte. »Was gibt es, warum rufst du an?«

Auch wenn Carl das Wochenende hatte genießen wollen, war er aktiv geblieben und hatte eruiert, dass der Steinbutt, der stumm und tot in Sarahs Zeitungskasten gelegen hatte, mit großer Wahrscheinlichkeit aus einem Spezialitätenladen in Kreis 5 stammte.

»Und weiß man, wer ihn gekauft hat?«

Carl verneinte, gab jedoch zu verstehen, dass sich der Verkäufer möglicherweise an die betreffende Person erinnert haben könnte.

»Wenn und aber und vielleicht. Das ist reichlich diffus, findest du nicht?«

Sofort bedauerte Sarah die Spitze. Carl bejahte, gab jedoch zu bedenken, dass noch keineswegs alles verloren sei. Er werde weiter recherchieren, dort einkaufen und sich umsehen.

»Na dann, viel Glück und gutes Gelingen.« Sarah hatte nur noch mit halbem Ohr zugehört, den Steinbutt hatte sie schon fast verdrängt. Es war immer dasselbe. Wer bei der Polizei arbeitete, erhielt periodisch und anonym Zeichen des blanken Gegenteils von Sympathie. Hätte Sarah nicht im Mordfall Kaspar Feldmann ermittelt, wäre ihr der tote Fisch nach anfänglichem Erschrecken wohl gar nicht mehr durch den Kopf geschwommen. So aber waren wohl noch andere Unfreundlichkeiten zu erwarten.

Während sie mit Carl telefonierte, hatte sie in der Ecke gestanden und mit der Bordüre eines Vorhangs gespielt. Nun ging sie zurück zum Regal und zog das Buch hervor, dessen Titel in gotischer Schrift rot und laut verkündete: *Mein Kampf.*

Das war wenigstens deutlich. Es handelte sich um eine in Kalbsleder gebundene Ausgabe. Als Sarah den Deckel aufschlug, sprang ihr eine Widmungszeile entgegen: »Meinem verehrten Herrn Reichsführer in Treue und Verbundenheit, sein R. Heydrich.«

Sarah war perplex. Da hatte der Schlächter von Prag seinem Vorgesetzten Heinrich Himmler die Paradeschrift des Führers gewidmet, und Kaspar Feldmann hatte es nicht für nötig befunden, das fürchterliche Werk an einem diskreten Ort zu verwahren. Es war für jedermann einsehbar und zugänglich.

Sie griff zum Smartphone, stellte die Kamera ein und fotografierte aus verschiedenen Winkeln. Dann stellte sie das Buch zurück und fotografierte auch dessen Umgebung. Neben Hitlers Bestseller hatten sich weitere Titel aus dem Umkreis der Nazis eingefunden, aber auch ein Band mit Reden De Gaulles und Diverses von und über Mussolini. Feldmann schien auf überschaubarem Raum ein außerordentliches Verständnis von Zeitgeschichte und Führertum gepflegt zu haben.

Sie setzte sich auf das Ledersofa, fühlte sich erschlagen von so viel Wahnsinn. Jetzt, dachte sie, wäre der ideale Moment für eine Zigarette. War Feldmanns Frau involviert in diese unheilvolle Welt? Machte sie nach außen auf distanziert und unwissend, während sie eigentlich die Partnerin ihres Herrn und Meisters gewesen war?

Beim Schreibtisch angekommen, war ihre Unruhe gewachsen. Die Schreibunterlage aus schwarzem Leder bewies, dass Feldmann hier wirklich gearbeitet hatte. Ein paar Flecken von dunkelblauer Tinte hatten sich verkrustet, da und dort war das Leder aufgeraut, als hätte es jemand mit einem Brieföffner traktiert. Auf dem rechten vorderen Eck des Pults stand eine Bronzeskulptur. Sie stellte eine jüngere Frau mit kurzem Haaren dar, die enge Hosen, eine leichte Bluse und darüber einen halblangen Mantel trug. In der rechten Hand hielt sie eine Tasche, die sie wie eine Waffe nach vorne stemmte. Die Figur hätte unauffällig gewirkt, wenn die Frau nicht einen aufreizend dominanten Gestus gehabt hätte. Die Tasche, die auf der Höhe des linken Oberschenkels hing, hätte ebenso gut eine Peitsche sein können.

An den Längsseiten der Schreibunterlage hatte Feldmann einige Fachzeitschriften gestapelt, dazwischen drei Ausgaben des *Playboy* und eine ältere Nummer des *The Economist*. Feldmanns Computer, ein schwerfälliges Modell mit ausladendem Rückenteil, stand auf dem Beistelltisch. Irgendwie, dachte Sarah, war die Zeit hier eingefroren.

Die Schubladen waren ordnungsgemäß geschlossen, aber nicht verriegelt. Sarah zog an der obersten Lade des rechten Korpus und machte darauf systematisch die ganze Runde im Uhrzeigersinn. Als sie bei der mittleren Schublade des linken Korpus angelangt war, entdeckte sie ganz hinten ein längliches Etui aus braunem Leder. Sie öffnete es, fand ein Säckchen aus weichem Filz und darin eingebettet einen Dolch samt Schaft. Sie zog ihn heraus und hielt ihn in der Hand. Der Knauf war dunkelgrau, die Klinge blinkte hell und scharf. Als Sarah die Waffe ins Sonnenlicht hielt, sah sie, dass ein Schriftzug eingraviert war.

18

Das von Wolken durchzogene Mittagslicht ließ die Buchstaben aufschimmern. Sie bildeten einen kurzen Satz, der plötzlich wie zum Leben zu erwachen schien. Der Satz, in gotische Schrift gefasst, lautete: *Meine Ehre heißt Treue*.

Sarah hatte weder einen Hausdurchsuchungsbefehl noch konnte sie unter den gegebenen Umständen einfach beschlagnahmen, was ihr in die Hände gekommen war. Andererseits war dieser Dolch ein weiterer wichtiger, womöglich zentraler Schlüssel für den Fall. Bevor sie lange darüber nachdachte, steckte sie ihn tief in ihre Tasche.

Der Abschied war ohne Zwischenfälle verlaufen. Gertrud Feldmann hatte wieder die *grande dame* gegeben, hatte sich an der Haustür sogar kurz verbeugt und Sarah – oder war das bloß Einbildung? – mit einem knappen, verschwörerischen Blick zugelächelt.

»*Au revoir*, Frau Conti, es wird wohl nicht das letzte Mal gewesen sein.«

Dem hatte Sarah außer einem Nicken nichts hinzugefügt. Sie fühlte sich schuldig. Streng genommen – und weshalb sollte man es nicht gebührend streng nehmen? – hatte sie soeben einen Diebstahl begangen.

Sie ging zu Fuß Richtung Zürichsee, bis sie eine Bushaltestelle fand. Nach zwanzig Minuten Fahrt war sie am Bellevue angelangt, überquerte die Quaibrücke und bog in die Bahnhofstrasse ein. An der Anlegestelle des Sees war der Raddampfer *Stadt Zürich* bereit zum Auslaufen. Während die Sirene dröhnte, quoll schwarzer Rauch aus dem Kamin, der seltsam mit der Fröhlichkeit der vielen Touristen kontrastierte. Der renovierte Oldtimer hatte in den über hundert Jahren seines Bestehens vieles erlebt, dachte Sarah: auch einige honorige Zürcher Bürger, die sich nach 1933 als bekennende Nazis in Szene gesetzt hatten.

Auf der Höhe des Paradeplatzes fühlte sie plötzlich Schwere in ihrer Tasche. Der Dolch war einerseits ein gewichtiges Stück und vermutlich Indiz für einen Mord, der seinesgleichen suchte. Andererseits war er eine befremdliche Trophäe. Als sich Sarah vergegenwärtigte, dass sie dieses Ding über das besonnte Pflaster der Zürcher Bahnhofstrasse trug, musste sie lächeln.

»Was schaust du so vergnügt, ich hätte dich fast nicht erkannt.« Mit einem freundschaftlichen Stups hängte sich Donna bei ihr ein.

»Und ich dachte, du sitzt in der Galerie und verkaufst Meisterwerke«, erwiderte Sarah.

Donna lachte und stupste die Freundin ein zweites Mal. »Bei solchem Wetter sorgt Viktor für den Umsatz, während ich mich vom Treiben der Großstadt inspirieren lasse. Und wen finde ich im Herzen der Konsumwelt? Eine berühmte Ermittlerin der Kriminalpolizei.«

Das war locker hingeworfen, aber Donna Reed war geschmeichelt, Sarah zur Freundin zu haben. Eine Freundin, die bescheiden war und zugleich intelligent, die Humor hatte und zuhören konnte und was Kunst betraf ebenfalls eine gute Gesprächspartnerin war.

»Und? Gibt es was Neues in deinem Fall?«

»Du weißt doch, dass ich dazu nichts sagen darf.« Die Frage war Sarah unangenehm. Sie wurde nicht gerne auf ihre Fälle angesprochen, das galt auch und gerade für Freunde.

Donna kniff Sarah in den Arm und lachte wieder. »Feldmann war stadtbekannt, ein großes Tier. Du kannst nicht so tun, als sei das alles unter dem Deckel zu halten. Was machst du am Wochenende? Außer, dass du wie eine Touristin unerkannt über den Paradeplatz schlenderst?«

»Dies und das, es wird nicht langweilig.« Sarah wehrte ab. Als Einzelgängerin ließ sie sich auch in ihrer Freizeit nicht gern in die Karten schauen. Je weniger man von sich preisgab, umso besser konnte man die anderen überraschen, wenn man wollte. Aber es wäre an der Zeit, mit Donna wieder mal einen Teller Spaghetti zu essen und über gemeinsame Bekannte zu tratschen.

»Ich melde mich. Es wäre schön, wenn wir uns bald treffen«, sagte sie, was von Donna mit einem duldsamen Lächeln quittiert wurde.

Als Sarah an der Kreuzung zur Augustinergasse angekommen war, fühlte sie sich beobachtet. Sie wandte sich um und sah ein Rudel chinesischer Touristen, die ihre Selfiesticks ausgefahren hatten, um sich vor den Geschäften der Bahnhofstrasse zu fotografieren. Als sie genauer schaute, entdeckte sie einen Mann, der einen dunklen Regenmantel, eine Sonnenbrille und Baseballmütze trug und mit übertriebener Aufmerksamkeit in das Schaufenster eines Geschäfts für Herrenmode guckte. Es war eher die Körperhaltung als die Aufmachung, die Sarah von irgendwoher bekannt vorkam. Sie hielt die Tasche fester am Griff und lief die Gasse Richtung Rennweg hoch. Als sie an dem kleinen Platz angekommen war, in dessen Mitte ein Brunnen stand, sprang sie in einen Toreingang. Von dort aus spähte sie um die Ecke. Der Mann kam näher. Blieb stehen und tat wieder so, als ob er die Auslagen der Geschäfte studierte. Offensichtlich verfolgte er sie. Sarah verbarg sich im Inneren des Toreingangs, er ging an ihr vorbei und die Gasse hoch. Jetzt kehrte sie den Spieß um. Sie brauchte keine Glock, um sich sicher zu fühlen, ein Samstagnachmittag in der Zürcher Altstadt genügte. Als der Mann die Höhe des Rennwegs erreicht hatte, ging sie ihm nach, ohne ihre Erscheinung zu tarnen. Er wandte sich um, die Sonnenbrille blitze auf, er schien irritiert, ging aber weiter, und nach wenigen Metern stieg er den engen Treppenweg zum Lindenhof hinauf. Sarah folgte ihm, die Tasche begann zu pendeln, mit jeder Stufe spürte Sarah – oder war das Fantasie? – die Schwere des Dolchs. Im Notfall, dachte sie, konnte sie sich wehren. Wie hieß die Gravur? *Meine Ehre heißt Treue.* Das passte nicht hierhin, ganz im Gegenteil.

Mittlerweile hatte ihr Verfolger die Plattform des Lindenhofs erreicht. Er sah sich wieder um, jetzt eindeutig nervös. Gut so, dachte Sarah. Sie ging zwischen den Bäumen hindurch und vorbei an spielenden Kindern, die kreischten und ihre Formen in den Sandkasten gruben, ging immer weiter, geradewegs auf den Regenmantelträger samt Sonnenbrille und Baseballmütze zu. Der Mantel schien kurz zu zögern, hielt die Arme an den Körper und rannte plötzlich mit Tempo davon, durch die Platanen und, wie ein unheimlicher Schatten, hinab in Richtung Limmat, während seine Schritte auf dem Kopfsteinpflaster hallten. Sarah wusste nicht, ob sie besorgt sein oder lachen sollte.

Ein Zwischenhalt im Kommissariat stand an. Sarah legte den Dolch auf ihren Schreibtisch und fotografierte ihn so konzentriert, wie sie *Mein Kampf* fotografiert hatte. Die beiden Gegenstände gehörten zusammen. Zu ihrer Überraschung stand plötzlich Lisa in der Tür.

»Wolltest du nicht zwei Perserkatzen hüten?«

Lisa schien verlegen. »Ja, zwei freche Biester. Aber da fiel mir ein, dass ich ein paar Unterlagen holen und sie übers Wochenende studieren könnte.«

»So weit kommt es noch. Als Beamtin der Zürcher Kantonspolizei kennst du das Reglement. Hausaufgaben verboten.«

Sarah sagte es mit ironischem Tonfall und mehr zu sich selbst als zu Lisa. Lisa wurde noch verlegener.

»Ich weiß, Frau Conti. Aber Sie kennen das doch besser als ich. Was wir tun, kann rasch zur Sucht werden.«

Sarah informierte Lisa, die gebannt der Schilderung der jüngsten Entwicklungen im Fall Feldmann zuhörte. Anschließend sagte sie: »Und jetzt Schluss. Feierabend. Wochenende. Die Katzen haben Hunger.«

Die junge Polizistin tauchte aus ihren Gedanken auf, verabschiedete sich und verschwand auf dem blank gebohnerten Korridor. Als sie nach kurzer Zeit an Sarahs Büro vorbeilief, hatte sie ihre Lederjacke angezogen und einen Schal mit Karomuster umgehängt, in der Hand hielt sie eine Mappe aus grauem Leder. Eine aparte Erscheinung mit dem Flair einer Wissenschaftlerin. Ihr Gehorsam stand auf einem anderen Blatt. Sarah war sich sicher, dass Lisa die erwähnten Unterlagen mitgenommen hatte. Sie seufzte und löschte das Licht. Von Lisas Privatleben wusste Sarah wenig. Die junge Kollegin erzählte fast nichts, und Sarah fragte noch weniger. Vermutlich lebte sie mit einer Frau zusammen. Wenn ja, hatte diese Unbekannte jedenfalls ein tolles Los gezogen.

Draußen begann es zu dämmern. Bald würde auf Winterzeit umgestellt. Sarah überlegte, ob sie sich im Kino einen Film anschauen sollte, entschied sich dann aber dagegen. Zu viel spukte ihr im Kopf herum.

An der Dufourstrasse kaufte sie Gemüse und eine Schachtel Eier und hörte sich an, wie sich Don Pasquale über seine Tochter beklagte, die von nichts als Ferien und Freunden rede.

Zu Hause holte sie das Tagebuch und die Fotografie hervor und trug die Zahl 4 dort ein, wo der Eisschlauch in das zweite Eisfeld mündete. Sie hatte in etwa die Mitte der Nordwand erreicht. Von jetzt an würde es zunehmend exponierter und riskanter werden. Sie schrieb: *4. Schwieriges Profil von Gertrud Feldmann. Der Schock in Feldmanns Bibliothek, im Schreibtisch ein alter Dolch mit der Inschrift: »Meine Ehre heißt Treue«. Dazu ein Amulett mit lateinischer Gravur und christlicher Botschaft. Wie passt das alles zusammen? Übrigens: Ich werde tatsächlich verfolgt. Eine merkwürdige Figur, mein Beschatter. Verantwortlich für den toten Fisch?*

Das Tagebuch legte sie zurück in die Schublade. Die Eier und das Gemüse fanden zusammen zu einem Omelett. Es gab Besseres, dachte Sarah. Zum Beispiel ein frisches Sashimi. Als sie an Carl dachte, der vermutlich Netflix schaute, entschied sie sich, dasselbe zu tun, und startete eine Serie über einen neuen Papst. John Malkovich spielte so gut, dass sie hängen blieb. Wenn Feldmann und seine *Fratres in spiritu sancto* die dunklen Seiten der Kirche inszenierten, zeigte die Netflix-Serie – vermutlich nicht weniger realistisch –, dass man sich den Vatikan auch als wild gewordenes Karussell vorstellen konnte. Hatte nicht Karl Marx gesagt, dass sich die Geschichte fast immer wiederhole: zuerst als Tragödie, dann als Farce? Sarah würde Fritz Schindler fragen.

19

Sarah erwachte zeitig. Das Frühstück hatte sie im Stehen eingenommen, eine Scheibe Vollkornbrot mit etwas Butter, dazu einen Schwarztee, stark und bitter. Kurz nach neun Uhr klopfte Gretchen an die Tür. Rico saß neben ihr und hob den Kopf, sodass er ihr direkt ins Gesicht blickte.

»Na, was haben wir denn heute vor?«, flüsterte Sarah, ging in die Knie und kraulte Rico unter dem Kinn. »Ein halbes Kilo bist du uns schon schuldig.«

Gretchen lachte. »Immer dieser Leistungszwang. Man könnte meinen, Rico gehöre zu deinem Fahndungsteam.«

»Tut er auch«, sagte Sarah. »Du bist ja nicht dabei, wenn ich den Kollegen erzähle, was sie von Rico lernen könnten.«

Es stimmte. Der Verstand war das eine, die Nase war das andere. Hunde hatten eine hundertfach bessere Witterung und wurden über Kilometer hinweg fündig. Dabei mussten sie laufend zwischen den verschiedensten Gerüchen unterscheiden, sie nach ihrer Wichtigkeit oder Bedeutung einordnen und speichern, um schließlich das vorbestimmte Ein und Alles, in diesem Fall die schwarzen Trüffeln, dingfest zu machen.

Die Fahrt in Richtung Greifensee verlief, wie man es von der Reise durch einen Schweizer Sonntagmorgen erwarten durfte, ruhig und ereignislos. Gretchen hatte sich für Musik von Mazzy Star entschieden, die leise lief, sodass sich die Kabine wie eine Chillout-Lounge auf Rädern fortbewegte. Rico saß auf der Hinterbank des Wagens, hatte die Pfoten auf die Zwischenkonsole vorgestreckt und schien zu schlafen. Hie und da hob er die Augenlider für ein paar Sekunden, um zu prüfen, ob alles in Ordnung und Gretchen bei der Sache war.

»Und, kommst du voran?«

Anders als Donna stellte sie die Fragen so offen, dass sie in der Regel keine konkrete Antwort erwartete.

»Ja und nein«, sagte Sarah. »Bis jetzt habe ich eher das Gefühl, dass wir vom Rand her in die Abgründe eines Gesellschaftsdramas schauen. Manchmal fühle ich mich so unbehaglich wie sonst selten.«

Gretchen streifte Sarah mit einem schnellen Blick, während sie sich auf die Straße konzentrierte, die nun in engeren Kurven talwärts verlief.

»Das klingt nicht gerade inspirierend, da brauchst du starke Nerven.«

»Eigentlich kann ich mich an keinen Fall erinnern, der nicht Nerven gebraucht hätte. Doch was ich inzwischen bemerke, ist, dass eine junge Frau wie Lisa mit Begeisterung anpacken kann. Als sei der Fall – jedenfalls dieser Fall – eine Art von inszeniertem Setting.«

»Oder ein Parcours, ein Game.« Gretchen überlegte kurz und fuhr fort: »Hat vermutlich auch damit zu tun, dass die Jungen in Welten leben und denken, die an vielen Orten und für viele Dinge gänzlich digital geworden sind. Sie erleben die Welt und sich selbst wie ein Spielfeld. Ich sehe das besonders bei meinen jüngeren Patienten. Eigentlich ist schon der Titel falsch. Sie selber würden sich nie als Patienten verstehen.«

»Sondern?«, fragte Sarah.

»Eher als Kumpel. Als Kolleginnen oder Kollegen, die mir ihren Anteil auf den Tisch legen und erwarten, dass ich etwas Ähnliches dazu beitrage.«

»Dann hat Freuds Couch tatsächlich ausgedient.«

Gretchen nickte. »Jedenfalls bei vielen Jüngeren. Bei den Älteren ist es noch anders. Sie bringen ihre Verklemmtheit mit und hoffen, dass ich ihnen dabei helfe, sie zu lockern.«

Gretchen schaltete in den zweiten Gang. Weiter vorn querte eine Reihe von Kühen die Landstraße. Rico hatte Witterung aufgenommen und blickte halb herrisch, halb argwöhnisch aus dem Fenster, während ein leises Knurren zu hören war.

»Beruhige dich«, sagte Gretchen. »Kein Feind in Sicht, nur ein paar Kälber.«

Der Wind hatte Blätter und kleinere Äste auf die Fahrbahn geweht, Gretchen fuhr noch langsamer. Ricos Suche würde sich erschweren, Winde brachten blitzschnell die verschiedensten Gerüche, die sich ebenso blitzschnell wieder entfernten oder mit anderen Gerüchen vermischten.

Nach hundert Metern auf einem Waldweg hatten sie das erste Ziel erreicht. Gretchen öffnete den Kofferraum, zog sich eine dunkelgrüne Windjacke, eine braune Mütze und die Umhängetasche, in der sich der Trüffelstichel befand, über. Sarah hatte sich zwei Wollpullover und einen dicken Schal angezogen, band das Haar um den Kopf und steckte es unter eine Schirmmütze.

»Na, wir sind ja wieder mal ein tolles Paar«, meinte Gretchen, während sie die hintere Türe öffnete. Rico sprang mit einem großen Satz heraus. Das Ritual war längst bekannt, der Schwanz wedelte immer stärker, das Fell sträubte sich, sein Atem ging schneller, der Hund schnupperte nach allen Seiten. Gretchen nahm ihn an die Schleppleine. Sofort zog er gegen das Buschwerk und begann den Boden abzuschnüffeln. Gretchen rief ihm mit leiser, zischender Stimme zu: »Such, Rico! Such Alox!«

Sie hatte Sarah die Sache erklärt. Als Kind besaß sie einen Plüschhund, den sie Alox nannte. Als sie Rico auf die Trüffeln trainierte, kaufte sie wieder einen Plüschhund, rieb ihn mit Trüffelöl ein und ließ Rico an dem Stofftier riechen. Daraufhin versteckte sie es im Wald, und Rico suchte danach, während sie ihm die heilige Formel zurief: »Such Alox.« Fand Rico den Hund, wurde er belohnt.

Noch ehe sich Sarah ganz auf die Vorgänge konzentrieren konnte, hatte Rico plötzlich zu graben begonnen. Mit den Vorderpfoten schaufelte er wild zwischen den Wurzeln eines Weidengehölzes, und nur ein leises, dumpfes Grollen war zu hören.

»Völlig entfesselt«, flüsterte sie Gretchen zu, die Ricos Treiben halb gespannt, halb amüsiert betrachtete. Nun versuchte Rico, den Tunnel mit der Schnauze zu erkunden. Die Nase war schon verschwunden, doch das Loch war noch nicht groß genug. Wieder setzte der Hund die Pfoten ein, bellte zweimal laut und schaute zu Gretchen. Der weitere Verlauf war gegeben. Gretchen fuhr mit dem Stichel in die Erde, vorbei an der Wurzel, bis sie auf den erhofften Widerstand traf. Bald hatte sie den Trüffel freigelegt, den sie behutsam aus dem Boden zog und Sarah reichte, einen dunkelbrauner Klumpen aus Erde, der schätzungsweise 150 Gramm wog.

»Guter Hund! Gut gemacht!«

Gretchen tätschelte Ricos Rücken, holte ein paar Hundekekse aus der Tasche und legte sie auf die Hand. Sie waren weg, bevor Sarah genauer hatte hinsehen können.

Nach einer knappen Stunde war das Abenteuer gelaufen. Rico hatte weitere Fundstellen aufgespürt, manche Trüffeln selbst aus dem Boden befreit und sie danach sachte zwischen den Zähnen gehalten. Was war hier Natur, was Kunst und Training?

»Ich glaube«, sagte Gretchen, »die Unterscheidung ist belanglos. Verzeih, aber ich habe ohnehin einen etwas eigenwilligen Naturbegriff.«

Sarah schaute sie fragend an.

»Ja. Man kann doch, wenn man will, auch davon ausgehen, dass alles Natur ist, alles, was irgendwo geschieht. Zwischen dem Universum und unseren Trüffeln. Zwischen dem Urknall und Ricos Freude. Zwischen der unberührten Herrlichkeit eines Gletschers und unserem Wüten, das ebendiese Natur immer mehr ruiniert.«

Sarah war verblüfft. Noch nie hatte sie Gretchen so reden hören. Noch nie war die lebenskluge Psychologin so philosophisch geworden.

»Willst du damit sagen, dass alles, was sich abspielt, hier und anderswo, alles, was sich formt und wieder zerfällt, Natur ist? Alles, was wir oder andere tun oder nicht tun? Alles, was sich irgendwie bewegt? Von den Gedanken bis zur Atombombe?«

Gretchen beschleunigte und überholte einen Traktor. »Ja, oder was sich nicht bewegt. Was einfach *ist. Da* ist. Das spielt letztlich keine Rolle. Findest du das übertrieben?« Gretchen schien neugierig, aber keineswegs verunsichert. »Findest du, das sei unmenschlich? Aber was heißt das schon? Vielleicht helfen solche Kategorien gar nicht weiter. Vielleicht ist wirklich alles Natur, alles.«

Sarah, die Gretchens Umhängetasche auf dem Schoß liegen hatte, um sie vor Ricos Neugier zu schützen, griff hinein und fand ein großes, kugelrundes, symmetrisch gewachsenes Exemplar. Sie hielt sich den Trüffel an die Nase, das Aroma verbreitete sich schnell. Rico erhob sich vom Hintersitz, wo er fest geschlafen hatte, und begann wieder zu schnüffeln.

»Siehst du«, sagte Gretchen lachend, »alles Natur.« Nach einer kurzen Pause fuhr sie fort. »Und wenn wir den Trüffel über die Tagliolini raffeln: alles Natur.«

Sarah schwieg. Sie wollte, nein, musste über diese überraschende und gefährliche Theorie nachdenken.

Sie waren beizeiten nach Hause gekommen. Gretchen und Rico hatten sich im Treppenhaus verabschiedet.

Dieser Sonntag hatte gut begonnen, Sarah war es sogar gelungen, den Fall für ein paar Stunden zu vergessen. Die Trüffelsuche hatte etwas Reinigendes gehabt. In der freien Natur war für eine kurze Zeit verschwunden, was sich im Alltag an Sorgen aufgestaut hatte.

Genieß es einfach, sagte sich Sarah, während sie duschte, um danach das nächste Kapitel in Angriff zu nehmen. Als sie sich anzog, die Haare nach hinten kämmte und genau so viel Schminke auflegte, wie es ihre Umgebung an diesem windigen Sonntag im Herbst verdiente, schrak sie auf. Draußen, in unmittelbarer Nähe, war ein Knall zu hören gewesen. Bevor Sarah ans Fenster laufen konnte, erfüllte ein zweiter, schärferer Knall die Luft.

20

Als Sarah aus dem Fenster schaute, schallte Gelächter von der Straße. Fred winkte entschuldigend. Manchmal fuhr er einen alten Ford. Der Mustang hatte seine Tücken, und Fehlzündungen waren an der Tagesordnung.

»Tut mir leid, höhere Gewalt.«

Freds Lippen formten Worte, die Worte suchten den Weg nach oben, doch weil er nicht schreien wollte, was die Zürcher Sonntagsruhe gestört hätte, kamen die Worte wie verwehte Silben zu Sarah.

Unten angekommen, küsste Sarah Fred auf die Wangen und warf die Trainingstasche in den Kofferraum, der Ford schwankte.

»Endlich«, sagte er, »ist ja eine Ewigkeit her seit dem letzten Mal. Du willst mich bestrafen, obwohl ich wirklich nicht kapiere, wieso.«

»Du übertreibst«, sagte Sarah. »Wir haben uns vor drei Wochen gesehen. Und weil die Zeit ja immer schneller läuft, waren es eigentlich nur drei Tage.«

»Für mich kann es nicht schnell genug gehen, dich wiederzusehen. Ich denke noch immer, aus uns hätte noch etwas Großes werden können«, sagte Fred. »Etwas, woran die verstockte Zürcher Gesellschaft zu kauen gehabt hätte.«

Sarah musste lachen. Als Mitinhaber einer Werbeagentur gehörte Schlagfertigkeit zu seinen Stärken. »Du bist verrückt. Das Gegenteil wäre der Fall gewesen. Du hättest mich noch mehr domestiziert, hättest meine angeborene Anständigkeit ins Unermessliche gesteigert, während meine heimliche Unanständigkeit endgültig weichgespült gewesen wäre. Wir wären unangreifbar gewesen … unangreifbar harmlos«, sagte sie und klopfte mit der Hand auf das Armaturenbrett.

»Da hilft tatsächlich nur Schwimmen.«

»Schwimmen hilft gegen alles, wir schwimmen eine Stunde, dann reicht es gerade noch für eine Tasse Tee, bevor ich weitermuss.«

Fred sagte nichts. Er wusste aus Erfahrung, wann es besser war, nichts mehr zu sagen. Schweigen aus besserer Einsicht. Das Auto parkte er in der Tiefgarage des großen Hotels, die beiden nahmen ihre Trainingstaschen und schon zehn Minuten später schwammen sie konzentriert, athletisch und gleichmäßig in dem angenehm beheizten Pool.

Es war ein Luxus, den sich Sarah leistete, seit sie in die Ermittlungsabteilung für Gewaltkriminalität befördert worden war. Schwimmen, turnen, Krafttraining, alles im richtigen Maß und alles in einer Umgebung, die einen in Ruhe ließ. Im Sommer konnte man draußen liegen und die Berge sehen. In den anderen Jahreszeiten sorgten riesige Panoramafenster an der Südseite des Beckens für wechselnde Aussichten. So viel Frieden, dachte Sarah, durfte sein. Dafür reiste sie nicht auf die Malediven oder an den Südpol. Ihr ökologischer Fußabdruck war schwer in Ordnung.

»Eigentlich war Feldmann ein origineller Typ, ziemlich unangepasst, ziemlich unanständig.«

Fred hatte sich in den Sessel gedrückt und warf leicht provokative Satzfetzen über den Tisch, als die beiden in der Bar ihren Tee tranken. Er war einer der wenigen, mit dem Sarah vertraut und offen über ihre Ermittlungen sprach.

»Woher weißt du das?«, fragte Sarah.

»Geschichten von Freunden, Geschichten von Freunden von Freunden. Und zwei Mal habe ich ihn an einem Fest erlebt. Am Ende war er sturzbetrunken, aber die Frauen griffen ihm unter die Arme und brachten ihn zum Chauffeur.«

»Und was sagte Gertrud Feldmann dazu?«

»Sie verzog sich gegen elf, täuschte Müdigkeit vor. Wollte nicht erleben müssen, wie Kaspar sich aufführte. Aber wie gesagt: Ihr Göttergatte hatte immer Frauen an der Hand, immer ein paar hübsche Mädchen. Das Fest ging weiter, Kaspar gab Gas, noch ein paar Whiskys, eine zweite Zigarre, schallendes Gelächter und dazwischen plötzlich, flüster, flüster, die Feldmann'schen Anspielungen.«

»Die Feldmann'schen Anspielungen? Was heißt das?«

»Pikante Storys, entweder ziemlich frivol oder – je später der Abend – ziemlich daneben. Oder beides. Bootspartys auf dem See, Nachtclubs, Sex à la carte. Und manchmal auch Geschichten aus der guten alten Zeit, wie er es nannte. Sagen wir, er tat dann immer wichtiger, meinte, er habe Verbindungen. Er kenne hohe Tiere, in Deutschland, in Österreich, in Tschechien und in der Schweiz, die früher auch schon hohe und wilde Tiere gewesen seien, politisch wild. Nie was Konkretes, das nicht. Aber seine Sympathien waren ja bekannt.«

»Glaubst du, dass er zu einer Organisation gehörte, zu einem kriminellen Verein?«

Fred überlegte ein paar Sekunden, blickte zur Decke. »Schwer zu sagen, möglich. Einmal erzählte mir jemand, dass sich Feldmann etwas geleistet habe, was bei einem gewissen Kreis von Leuten auf wenig Verständnis gestoßen sei. Eine Provokation, ein Verrat, ein Treuebruch, was weiß ich.«

»Wie hießen diese Freunde?« Sarah war neugierig geworden.

»Ich kenne keine Namen. Ich weiß nur, dass der eine vor einem Jahr bei einem Unfall mit einem Sportsegler in den Alpen abgestürzt ist und der andere inzwischen als Banker in Hongkong lebt und arbeitet.«

Es war verflixt. Kam etwas mehr Licht in die Sache, zogen gleich wieder Wolken auf.

»Und was meinst du mit Treuebruch?«, fragte Sarah, während sie nach vorne rückte.

»Ich weiß es nicht genau«, sagte Fred. »Feldmanns Problem war, dass er sich überschätzte. Er glaubte, er sei unbesiegbar, intelligenter als alle anderen. Er bleibe immer oben, selbst wenn das Floß schon in die Brüche gegangen war. Manche Freunde nannten es *Chuzpe*. Obwohl das bei Kaspars Sympathien für das zwölfjährige Reich natürlich das falsche Wort gewesen wäre.«

»Und die Frauen, die ihn herzten?«

Fred machte eine Armbewegung, als ob er sie alle zur Seite wischen wollte. »Die eine freute sich, wenn sie ein paar Tage später eine Halskette geschenkt bekam, die andere erhielt Tickets für einen gemeinsamen Trip nach Amalfi.« Er lachte. »Nichts Ernstes. Oder fast nie.«

»Was heißt das?«

»Ich meine«, sagte Fred, während er ein kleines Stück Schokolade öffnete, »dass Feldmann ein ziemlich abgebrühter Typ war. Ein kalter Fisch. Ein Egomane durch und durch. Zum Beispiel soll er gerne gesagt haben: ›Wer liebt, ist ein Dieb an sich selbst.‹ Gleichzeitig konnte er den Charmeur geben, und wie. Und ein- oder zweimal soll es vorgekommen sein, dass er an einem dieser Mädchen mehr als nur oberflächlich Gefallen fand.«

Sarah würde nachhaken, bei Gertrud und Willy Feldmann. Im Moment hatte sie genug gehört.

Immer wieder kam sie zu demselben Schluss: Was sie bisher über Feldmann zusammentragen konnte, führte noch lange nicht oder gar zwangsläufig zu seiner Ermordung. Es musste in diesen Zusammenhängen, die Fred mit ein paar Geschichten ergänzt hatte, etwas Größeres, Ungeheures geschehen sein, dass ein Mann eines Nachts ohne Herz auf dem Rasen lag.

Als sie vom Berg in die Stadt fuhren, wurde der Wind böig. Der Ford schwankte in den Kurven. Doch Fred war amüsiert und summte vor sich hin. An diesem Sonntagnachmittag war der schwankende Mustang das passende Gefährt. Umso besser, wenn ihn der Wind ein wenig zur Seite stauchte, Sarah hatte nichts dagegen, die Ablenkung tat ihr gut.

Als Sarah aufwachte, war es halb fünf. Sie war auf ihrem Sofa eingenickt und hatte kurz und seltsam geträumt. Von einem Mann, der an einer steilen Küste ins Wasser gefallen war und versucht hatte, an Land zu schwimmen, während er immer wieder an den steilen, spiegelglatten Felsen abgerutscht war. Sarah hatte dem Mann helfen wollen, wurde aber von geheimnisvollen Händen zurückgehalten, sodass sie eine doppelte Hilflosigkeit ertragen musste.

Hätte sie Feldmann helfen wollen?

Bevor sie diesen Gedanken vertiefte, rief das Klavier. Sarah rechnete. Sie hatte zwei Stunden Zeit, um zu üben und zu spielen, und diese zwei Stunden waren mehr, als sie sich sonst leisten konnte. Aufgepasst. Konzentration. Sie begann das Training mit Czerny und seinen Etüden. Dann nahm sie sich Schumanns *Kreisleriana* vor.

Nein, sie konnte sich über diesen Sonntag bisher nicht beklagen. Das schlechte Gewissen, dass sie sich dem Vergnügen hingab, während der tote Feldmann noch immer auf seine Gerechtigkeit wartete, konnte sie mit dem Wissen kompensieren, dass Feldmann, anders als andere Opfer, mit Sicherheit Schuld auf sich geladen hatte – in den Kategorien seines eigenen Glaubens gedacht wohl auch Sünde.

Den Weg in die Kronenhalle würde sie in fünfzehn Minuten zurückgelegt haben. Zürich, die Weltstadt, war im Grunde eher ein Weltdorf. Sie beeilte sich, musterte die Garderobe und entschied sich für ein Kleid von Karen Millen. Schwarz mit roten Rosen, die aufgestickt waren, doch so diskret, dass Sarahs Auftritt mit dem Interieur des Restaurants geradezu verschmelzen würde. Dazu ein Paar Schuhe von mittlerer Höhe und den schwarzen Regenmantel samt Schal, den sich Sarah locker um den Kopf schlang.

Als sie die Flügeltür öffnete, herrschte schon lebhafter Betrieb. Die Kellner liefen zwischen den Tischen, der *Chef de Service* begrüßte die Stammgäste, der *Voiturier* fuhr die silberne Anrichte mit der Spezialität des Abends durch die Gänge, das Licht der Leuchter brach sich an den verspiegelten Kunstwerken, und wie immer strahlte ein Bukett von prächtigen Blumen aus der kapitalen Vase auf der Konsole im hinteren Teil des Restaurants.

Nichts gegen diesen Ort der Behaglichkeit, der die Traditionen hochhielt und dennoch eine Grenze zog, die den Snobismus gerade noch zurechtwies, bevor er sich auch hier austobte.

»Herr Fritz Schindler hat reserviert«, sagte Sarah in die Fülle der Stimmen, des Lachens, des Gläserklirrens, worauf sie schnell und geschickt durch die Reihen an einen Seitentisch in der Brasserie geleitet wurde.

Es war Punkt sieben Uhr. Sie hatte damit gerechnet, dass Fritz sich verspäten würde. Der rüstige Fußgänger ließ sich auf seinen Wegen gerne ablenken – vom Schaufenster einer Buchhandlung, von den Auslagen eines Schuhgeschäfts, von den Antiquariatender Altstadt erst recht.

Fünf Minuten später traf er ein, außer Atem, doch voller Freude. Herzliches Hallo, die üblichen Komplimente, die Fritz stets ernst meinte. Im Übrigen sei er abgelenkt worden, *er* sei es doch sonst immer, der sie hier erwarte, nicht umgekehrt, sagte er leichthin. Ein Gewohnheitstier, dachte Sarah, ein liebenswerter Wiederholungstäter.

Sarah studierte das Menü, realisierte, dass sie zum ersten Mal in dieser Woche eine richtige Mahlzeit zu sich nehmen würde. Ein *dîner* mit drei Gängen, keine Fastenkur, dazu ein Glas Wein oder zwei.

»Was hast du heute gemacht?«, fragte Fritz interessiert. Er stellte selten Fragen, die nur als Füller für eine Konversation gedient hätten.

Sarah erzählte von ihrem Sonntag. Fritz lachte. »Das klingt tatsächlich nach Entspannung.«

»Bitte nicht übertreiben, mein Lieber. Du weißt ja: Bin ich einmal in die Ermittlung hineingestoßen, gibt es kaum noch Tage und Freuden für die arme Sarah.«

Fritz war der Einzige unter ihren Bekannten, der die Anspielung auf Proust nicht nur verstehen, sondern auch goutieren würde.

»Das ist mir klar. Umso mehr freut es mich, dich hier und heute zu sehen.«

Er deutete eine Verbeugung an und schaute Sarah von unten her in die Augen. Wie aus der Zeit gefallen, dachte sie. Als ob wir in Wien säßen, und zwar noch vor dem Ersten Weltkrieg, als die Welt noch die Illusion nährte, alles laufe weiterhin gut, man lebe prächtig.

21

Der Kellner hatte Fritz Schindler, wie es sich hier gehörte, mehrmals namentlich begrüßt, schon als er ihm das Wasser und dazu das Brot reichte, danach wieder, als er die Bestellung aufnahm, und abermals, als er den Wein brachte, eine Flasche Burgunder, die Fritz gewissenhaft prüfte, worauf ihm der Kellner dankte. Weitere Gäste kamen durch die Tür, die die anderen Besucher freundschaftlich begrüßten, während das Gesicht des *Chefs de Service* vor Freude zu glänzen begann. So viel gute Laune bei insgesamt gesittetem Verhalten, wo gab es das sonst noch in Zürich?

Auch Fritz kannte *tout Zurich*. Ein Eingeweihter. Ein vielseitig kenntnisreicher Zeitgenosse. Er stammte aus einer alten Zürcher Familie, manche ihrer Nebenzweige waren verblüht, ja erstarrt, doch er vertrat seine Herkunft mit Frische und einem Witz, der selbst Boshaftigkeit so gut verpackte, dass sie von weniger aufmerksamen Menschen als Huldigung empfunden wurde.

Sarah wollte nun das Gespräch auf Feldmann lenken.

Als hätte Fritz ihre Gedanken gelesen, sagte er unvermittelt: »Schlafwandler.«

Sarah schaute ihn verwundert an.

»Ich glaube, Feldmann war ein Schlafwandler. Einer, der ohne Ahnung und Besinnung ins Verderben lief.«

»Was erzählst du da? Nach allem, was man mir bisher berichtet hat, dachte ich, er sei ein Präsenztier sondergleichen gewesen.«

Fritz schüttelte den Kopf. »Glaube ich nicht. Natürlich tat er so. Aber mir kam er vor, als ob er nur dann wirklich lebte, wenn er in seinen Fantasien leben konnte. Wie ein gealterter Kindskopf, wie einer, der immer noch Bücher mit Cowboys und Indianern las und darüber ins Fantasieren geriet. Karl May für ältere Herren mit Bauch. Ich hatte Gelegenheit, ihn zu beobachten. Seine ganze Art war wirklich nicht mein *cup of tea*.«

Während Fritz sprach, schaute er über die Tische hinweg an die Wände der großen Halle, wo ihm ein Bild von Miró besonders zu gefallen schien.

»Aber«, fuhr er fort, »er hatte etwas Buntes, das sicherlich.«

Ähnlich hatte ihn auch Fred charakterisiert, dachte Sarah. Nun wollte sie Fritz auf eine andere Fährte lenken, seine Meinung, sein Wissen zu den Tiefen der Historie nutzen, vor allem der deutschen Historie, Untergang inbegriffen, für den Fritz sich seit jeher interessierte.

»Was ich dir heute Abend erzähle, bleibt ausschließlich unter uns«, sagte sie. »Du bist der Einzige, dem ich für solche Fälle vertraue. Aber ich bin es mir und dem Fall schuldig, es dir hier und heute Abend so geradeheraus zu sagen. Ich brauche deine absolute Diskretion, nur so kannst du mir helfen.«

Während Sarah redete, leise, aber deutlich, hörte sie plötzlich wie mit einem dritten Ohr, was sie Fritz sagte und wie sie es sagte. Sie war überrascht von der Dringlichkeit der Botschaft, der Schärfe des Tons, die sie nicht beabsichtigt hatte und die Fritz keineswegs gerecht wurde.

Sarah hatte ihre Portion Sashimi beendet, Fritz seine Suppe gelöffelt. Der erste Gang war durch, Pause war angesagt, bevor der Hauptgang serviert würde. Eine Pause, für die Fritz Schindler beim Kellner um weitere Verlängerung bat. Er konnte seine Neugier kaum beherrschen, während er die Ruhe selbst mimte und das Weinglas mit ausholender Bewegung kreisen ließ.

Sarah schilderte die wichtigsten Stationen ihres zweiten Besuchs bei Gertrud Feldmann. Das Verhalten der Witwe zu analysieren, überließ sie der Vorstellungskraft ihres Gegenübers. Sie beschrieb das Arbeitszimmer mitsamt der Fotogalerie und den Blättern von Piranesi.

»Dann fand ich zufällig in einem der Regale Hitlers *Mein Kampf*. Eine Lederausgabe, mit allem Drum und Dran. Mitsamt Heydrichs Widmung an Himmler. Ein starkes Stück.«

»Sammler würden tief in die Tasche greifen. Ich meine, solche, die ebenso verrückt sind wie die Trophäen, denen sie nachjagen«, sagte Fritz. Und nach kurzem Überlegen: »Aber darum geht es hier wohl nicht, Feldmann bezweckte wohl anderes.«

»Was meinst du damit?«, fragte Sarah. »Wozu soll ihm dieses Buch sonst gedient haben?«

»In den Kreisen, in denen Feldmann verkehrte, ist es üblich, sich mit Sammlerstücken zu brüsten. Mit ihrer Kriegsbeute, wie sie es nennen. Der eine besitzt ein Jagdgewehr von Göring, der andere die Handschuhe von Goebbels' Frau, ein Dritter setzt sich die Mütze von Bormann auf. Und so weiter. Je exklusiver die Trophäen, umso größer der Beifall.«

Sarah schien den Ort, die Zeit, das Wo und Warum zu vergessen. Der Kellner, der schon für den Hauptgang auftischen wollte und die Speisen auf einem Seitentisch unauffällig angerichtet hatte, zog sich wieder zurück.

Fritz wollte lachen, was ihm nur halbwegs gelang. »Total absurd, ist ja klar. Man könnte es schlicht als verrückt abtun, wenn da nicht der Hintergrund wäre. Die Vorgeschichte. Verstehst du? Und die Funktion, die Bedeutung dieser Vorgeschichte. Auch für uns, jetzt, heute.«

»Für uns?« Sarah gab sich skeptisch.

»Ja, es ist eben nicht so, dass das alles nur perverse Nostalgie wäre. Es geht weniger um das Dritte Reich oder Hitler selbst, sondern um das Gedankengut. Nach außen praktizieren solche Verbindungen das große Schweigen, wirken auf den ersten Blick höchstens erzkonservativ. Doch was sie im Inneren antreibt, ist eine gefährliche Mischung aus Faschismus und fanatischer Gläubigkeit, die durch nichts zu erschüttern ist.« Er hielt inne, blickte zu dem Bild von Miró, unter das sich soeben eine Vierergruppe von kichernden Japanern gesetzt hatte, suchte wieder den Faden und fuhr mit belegter Stimme fort: »Diese Gruppen üben das Wiedererwachen, den Anschluss an anno dazumal. Sie versuchen, den Geist aus der Flasche zu lassen, Arm in Arm mit den Geistern der alten Kämpen. Da ein Fememord, dort ein brennendes Asylantenheim, heute eine kleine Sabotage in der S-Bahn, morgen eine Explosion in der Moschee.«

Sarah hatte es geahnt, bereits gedacht. Natürlich war sie im Bilde, seit sie von den *Fratres in spiritu sancto* und ihrem

Netzwerk gehört hatte. Das vorhandene Material zeigte in eine gefährliche Richtung. Aber es war etwas anderes, dieses Thema mit dem Wissen ihres Freundes erklärt zu bekommen. Hier, in der eleganten Gemütlichkeit der Zürcher Kronenhalle, wo sich urbane Menschen trafen, scherzten, sich in Szene setzten oder einen Deal besiegelten.

Wo sich vielleicht auch Menschen trafen, die ebenfalls verrückt, fanatisch sein konnten? Die Jagd auf alles machten, was ihren wahnsinnigen Ideen und Konstruktionen gegen den Strich ging? Sarah wurde nervös. Fritz hatte seit dreißig Sekunden sein Zürcher Geschnetzeltes mit Rösti auf dem Teller, langte mit Gusto zu. Sarah sah sich um. Sah in einem der Spiegel sich selbst, Sarah Conti, der soeben der gegrillte Zander vorgesetzt wurde. Sah die Japaner, die immer noch kicherten und die Speisekarte kommentierten. Sie sah weit drüben, zur Türe hin, zwei ältere Herren, beide in Trachtenjacken aus schwarzem Loden und schweren Schuhen. – Wurden auch an diesem Tisch die Geister der Vergangenheit geweckt? Unsinn, rief sie sich zu, du spinnst.

»Träumst du?«

Fritz hielt Sarah sein Glas entgegen. Sie stießen an. Es klang schrill, gebrochen. Fritz schüttelte den Kopf und setzte nochmals an. Diesmal war der Klang schön, rund und voll.

»Ich träume nicht. Aber die Frage ist: Was hat Feldmann getan, um den Zorn seiner Gruppe derart auf sich gezogen zu haben? Wenn das alles mehr war als alberne Provokation und verstaubte Männerfantasie?« Sarah schwieg. Dann sagte sie: »Wenn es schlimmer war? Viel, viel schlimmer?«

»Was du zu vermuten scheinst«, erwiderte Fritz, dessen Fröhlichkeit nun wie eingefallen wirkte.

»Kennst du Leute, die mit diesen *Fratres* zu tun haben?«

Fritz tat überrascht, rieb sich am Kinn. »Nicht direkt … Man hört dies und das … Als vor ein paar Jahren ein Journalist recherchieren wollte, fuhren diverse Anwälte schweres Geschütz auf.«

Der sonst so gesprächige Fritz zeigte sich plötzlich verschlossen. Hatte der alte Zürcher Einblick in Dinge, die besser unberührt bleiben sollten?

Sie aßen, sprachen über andere Themen, erzählten sich von Reiseplänen. Fritz hatte London gebucht, Sarah würde im Frühling nach Madrid reisen. Als der Kellner abgeräumt hatte und das Dessert bestellt war, griff Sarah in ihre Tasche. Sie legte das Foto auf den Tisch, das sie von ihrem geheimnisvollen Fund in Feldmanns Büro gemacht hatte.

»Hier. Streng geheim. Was siehst du da?«, fragte sie Fritz, der in seiner Sakkotasche zu suchen begann und nach einigem Altherrengetue eine halbrunde Lesebrille auf die Nase setzte, was ihn einem Auktionator noch ähnlicher werden ließ.

»Meine Güte … Da bist du ja wirklich fündig geworden … Ein Dolch der SS.«

Fritz hielt die Fotografie nah an die Augen, dann legte er sie mit der Rückseite nach oben auf den Tisch, als wäre sie ein verbotener Gegenstand.

»Die Gravur des Emblems der SS ist kaum mehr sichtbar … Anders gesagt: Dieser Dolch war kein Museumsstück«, sagte er.

Sarah fröstelte. Fritz durfte, sollte wissen, wo und wie Sarah den Dolch gefunden hatte. Der Freund war Sarah immer wieder behilflich gewesen, wenn sie in Geschichten geraten war, die aus schwierigen, fast undurchdringlichen Schichten bestanden hatten. Jetzt war es wieder so weit. »Lies die Inschrift«, sagte sie.

Fritz las die Inschrift und sprach den Satz langsam und vorsichtig in sich hinein, als überprüfte er eine unbekannte Substanz auf ihre Giftigkeit. »Meine Ehre heißt Treue. Der Schwur der SS auf Reichskanzler Adolf Hitler. Übrigens: alles andere als leeres Gerede. Wer sich so verpflichtete, hatte sich für ewig hingegeben.«

Der Kellner hatte Sarah die Mousse au Chocolat gebracht und Fritz die Crème Caramel, doch Sarah hatte ihn kaum bemerkt, was den Kellner, der seit vielen Jahren tätig war, nicht im Geringsten gestört hatte. War die Kronenhalle unter dem Ansturm ihrer Gäste ein Hort der angeregten Geselligkeit, konnten die Gäste zugleich darauf vertrauen, dass das Personal fast so verschwiegen war wie die Kunst, die still und beredt an den Wänden prangte, während sie sich keine Sekunde darüber zu sorgen hatte, ob sie auch gebührend bewundert würde.

Fritz erzählte nun Geschichte um Geschichte, er konnte die Dinge wahrhaftig in die Länge ziehen. Wenn er Worte und Wörter gefunden hatte, machten sich diese geradezu selbstständig. Das war manchmal ermüdend, meistens allerdings spannend, aufregend, weil er die Gabe des Erzählers hatte. Als ob er mittendrin gewesen wäre, während er doch meistens zwischen seinen Büchern und Antiquitäten oder in einem Café saß, auf einem Bänkchen im Museum, auf einem Polstersitz in der Zürcher Tonhalle, oder wie heute Abend in der Kronenhalle, wo er sich wie ein Fisch im Wasser fühlte.

Nun hatte er bemerkt, dass Sarah ungeduldig wurde. »So war das und ist das vielleicht immer noch … und übrigens gab es auch ein Kryptogramm, das die Männer der SS und ihre Ziehsöhne verwendeten, wenn sie sich unter ihresgleichen ein Erkennungszeichen senden wollten. Es basierte auf dem Leitspruch, den Himmler jedem Angehörigen seiner Mörderbande abverlangt hatte. Hast du eine Idee?«

Ja, hatte sie.

22

Fritz hatte die Vorlage geliefert, und wie ein Blitz schoss Sarah jener seltsame Code durch den Kopf, den sie, seit sie ihn entdeckt hatte, immer wieder hin und her gewälzt hatte: »MEHT. Meine Ehre heißt Treue.« Sie lehnte sich zurück. Worauf sich Feldmann bezogen hatte, war nun klar. »So pflegte Feldmann gewisse Mails zu signieren.«

»Das Zeichen der Verständigung«, sagte Fritz. »Allerdings war es – unter den Getreuen – auch ein Brauch, der sich zur Gewohnheit ohne Gewicht oder Wirkung entwickelt haben könnte. Die Frage wäre also: Wie ernst war es Feldmann damit gewesen?«

»Wer weiß, ob wir darauf jemals die richtige Antwort finden werden. Offen gestanden: Ich bin mir immer noch unsicher, wo Feldmann seinem Spieltrieb nachgab und wo es für ihn todernst wurde.«

Nach einigen Überredungskünsten gelang es Fritz, Sarah zu einem letzten Glas in der Bar zu überreden. Er hatte sie diskret daran erinnert, dass sie, Sarah Conti, das Leben in der Regel viel zu seriös nehme und sich damit um einigen Genuss bringe. Sie sei nicht für Klostermauern geschaffen.

Die Bar war voll. Fritz schaffte es, einen Eckplatz zu

ergattern, wo sie sich sogar ruhiger unterhalten konnten als vorher in der Brasserie. Der Kellner hatte die Flasche hinübergebracht. Fritz war zufrieden mit seinem Burgunder. Sarah bestellte einen Kräutertee und schaffte so den Kompromiss zwischen Hedonismus und Disziplin.

Nochmals kreiste das Gespräch um Feldmann und seine Welten, etwas beschäftigte Sarah noch: »War Feldmann ein Gruppenmensch? Brauchte er den Zirkel, den geheimen Verbund?«

»Schwer zu sagen«, meinte Fritz, während er das Glas in beiden Händen hielt und wie in einem Moment von Melancholie auf den Tisch starrte. »Nach dem, was du bisher gesehen, gehört und ausgegraben hast, deutet alles darauf hin. Ein Mann mit Erfolg, an vielen Fronten, zugleich angewiesen auf Zuspruch, Anerkennung, auf Gemeinschaftsrituale, das ganze Programm. Nimm die Ehre-Treue-Parole. Das ergibt ja nur Sinn, wenn du sie mit anderen teilen kannst. Ohne diesen Geruch von Bruderschaft und Hingabe funktioniert das alles nie und nimmer. Dort, denke ich, war er unter seinesgleichen treu und anerkannt.«

In Feldmanns Ehe schien die Hierarchie eine andere gewesen zu sein, dachte Sarah. Er definierte, was die Beziehung für ihn bedeutete, und seine Frau hatte es zu schlucken.

»Und du? Wie lebst du zwischen Weltgefühl und Einsamkeit?«, fragte Fritz in die Pause hinein.

»Ich?«, fragte sie überrascht. Irritiert, dass das Gespräch die Wendung weg von der Ermittlung hin zu der Ermittlerin genommen hatte. Sie versuchte, locker zu bleiben. »Grundsätzlich gute Balance … mehr oder weniger.« Sie lachte leise.

»Sei ehrlich«, sagte Fritz. »Du bist, wie ich, im Grunde deines Herzens ein Solitär. Das war, wenn ich mir die Bemerkung erlauben darf, schon immer so. Und es ist« – Fritz lachte seinerseits – »das Gegenteil einer Schande, es ist ein Kompliment.«

Sarah zögerte mit einer Antwort. Eigentlich, dachte sie, hatte sie genug von Komplimenten, die ihr Innenleben oder ihr Sozialverhalten oder, wenn es noch höher kam, ihren Charakter, ihr Wesen betrafen. Sie hatte es als Kind von ihren Eltern gehört, wenn sie ihre Aufgaben erfüllt hatte, hatte es später und bis heute von ihrem Vater hinzunehmen, gelegentlich auch von Gretchen, sogar von Ochsner, von Leuten, die sie mochten und schätzten oder vielleicht liebten. Doch akzeptieren konnte sie Komplimente letztlich nur dann, wenn sie sich auf etwas bezogen, das sie vollbracht hatte. War das falsch?

»Na ja, Kompliment oder nicht, was soll's. Aber natürlich hast du recht, es ist auch nicht schwer zu erraten. Ich bin mehr für mich selbst geeignet als für die weite Welt … Was mich eigentlich nicht stört.«

Es klang trotzig. Fritz hatte es nicht überhört. Als Psychologe wusste er, dass er auf dünnem Eis ging. »Das Schicksal aller großen Detektive«, sagte er leichthin. Auch wenn das nicht ganz und immer stimmte.

»Die Frage ist doch«, sagte Sarah, »wie viel Einsamkeit erträgt der Mensch?« Sie kniff die Augen zusammen. »Ich meine das nicht im pathetischen Sinn. Ich meine das im sozialen Sinn: hier und jetzt, mitten im digitalen Grundrauschen, mitten in den virtuellen Umarmungen. Mitten in unseren künstlichen Nahbeziehungen, die meistens zerplatzen, wenn wir sie wirklich anzufassen versuchen.«

Das Thema hatte sie seit einiger Zeit beschäftigt. Sie hatte es von vielen Seiten her geprüft. Sie hatte es mit Freundinnen und Freunden besprochen, hatte dabei bemerkt, dass diese wenig bis nichts damit anfangen konnten. Sie nahmen es an, wie es kam, und es stimmte, sie fühlten sich in den Wolken ihrer Kontakte deutlich wohler als auf dem kalten Gipfel der Selbsterkenntnis – Fernsicht hin oder her.

»Früher gab es den lieben Gott«, sagte Fritz. »Früher gab es Zuversicht. Niemand, so lehrte man, sei wirklich allein, selbst der Sünder nicht. Eher im Gegenteil. Der Sünder war Gottes bevorzugter Gast. Aber heute? Nietzsche hatte recht. Er hatte vorausschauend recht. Gott ist tot. Wir haben ihn ersetzt. Zum Beispiel mit dem Internet.«

»Nun übertreib mal nicht«, sagte Sarah. »Du klingst wie ein alter Pfarrer vor leerer Kirche. Ich wollte nur sagen, dass viele Gefühle von Freundschaft, Gemeinschaft und so weiter digital geworden sind. Also irgendwie abstrakt.«

»Da hast du völlig recht.«

»Recht oder nicht«, sagte Sarah, »mir ist dabei immer noch nicht klar, weshalb sich ein erfolgreicher Zeitgenosse wie Kaspar Feldmann, der in Zürich und auf dem ganzen Globus weiß Gott genügend Hingabe gefunden hatte, in den Gruppenzwang verrannte.«

»Na, er war wirklich nicht der Einzige«, sagte Fritz. »Oder andersherum, wir, du und ich, sind eher die Ausnahmen.«

Es klang wie eine aus Verlegenheit geborene Liebeserklärung. Sarah konnte damit leben. Erstens hatte Fritz nicht unrecht. Und zweitens tat es ihr gut. Auch wenn sie es niemals zugegeben hätte.

»Was mich aber interessiert: Wie geht ein Gelübde für das Christentum zusammen mit einer faschistischen Grundgesinnung? Wie geht Nächstenliebe zusammen mit dem menschenfeindlichen Herrenreitertum von eiskalten Herzen? Ist das nicht ein Widerspruch?«

»Nicht unbedingt«, sagte Fritz.

Fritz schien zu genießen, was sich zu später Stunde nicht zum ersten Mal zwischen ihnen abzuspielen begann: ein Lehrer-Tochter-Verhältnis, auf das es ihm kaum je angekommen war. Nichts Schlimmeres als fanatische Lehrpersonen, hatte er Sarah mal gesagt, als sie sich vor zehn Jahren zufällig in einem Kurs über Religionsphilosophie an der Zürcher Volkshochschule begegnet waren, woraus eine Freundschaft entstand.

»Nicht unbedingt«, wiederholte er und legte die Stirn in Falten.

»Diese Burschen haben nicht das Christentum, sondern die Kirche gebucht. Die Institution. Die hierarchisch gebaute Organisation. Hier befehlen, da gehorchen. Hier die Führung, da das Fußvolk. Während sie die Grundidee, das Gebot der Nächstenliebe, sagen wir … vom Kopf auf die Füße gestellt haben. Statt Nächstenliebe also Selbstliebe und Fremdenhass.«

»Eine Art von selbst produzierter Auserwähltheit.«

Fritz nickte. »Genau. Ein Hort, wo man unter sich ist und sich sicher fühlen darf. Von dem man periodisch ausschwärmen muss, um die Basis der Gefolgschaft zu sichern oder zu vergrößern und den Mitmenschen Schaden zuzufügen.«

Manches wurde klarer, dachte Sarah. Es war alles andere als plausibel, aber es passte in dieses perverse System –

von Hitlers Bibel bis zum Dolch, von dem unheimlichen Motto der Ehre durch Treue bis hin zu der Tätowierung, die Kaspar Feldmann unauffällig in der Achselhöhe mit sich herumgetragen hatte. Hatte er sich besser gefühlt, wenn er mit den Fingern über das eiserne Herz fuhr? Sarah wollte Fritz davon berichten. Im selben Moment sagte ihr der Instinkt, dass sie diese Sache für sich behalten sollte.

Der Abend klang aus, wie er begonnen hatte – heiter und in Freundschaft. Sarah hatte viel gelernt. Fritz durfte sich den Lorbeer des Eingeweihten aufs Haupt setzen.

Sarah fuhr mit der Tram nach Hause. Der Regen war heftiger geworden. Im Quartier war es ruhig. Sonntag, spät am Abend, die Zürcher lagen unter ihren Decken und träumten von den Taten der neuen Woche.

Das Tagebuch würde für heute verschlossen bleiben, ebenso die Expedition durch die Nordwand. Sarah fühlte sich fit, doch der Tag war lang gewesen und der Abend in der Kronenhalle erst recht. Sollte sie noch lesen, fernsehen oder im Internet surfen? Nichts von alledem, sagte sie sich. Stattdessen brachte sie Wasser für eine Bettflasche zum Sieden, stieg danach ins Bett, fühlte die Flasche an den Füßen und löschte die Lichter. Jetzt lag sie in einem Zimmer, das zuerst absolut dunkel war, nachtschwarz, bis sich allmählich einzelne Kanten und ein paar Gegenstände – eine Vase, ein Regal, der barocke Rahmen eines Bilds – in weichen Konturen aus der Schwärze lösten.

Wie im wirklichen Leben, dachte Sarah, die durch die Dunkelheit spähte, ohne etwas Bestimmtes zu suchen. Da und dort tauchte etwas auf, nicht selten das Falsche. War es möglich, überlegte sie, während sie zunehmend schläfrig wurde, dass der Fall Feldmann bisher das Falsche gezeigt hatte? Das, was schlussendlich in einer Sackgasse münden würde? Nicht ausgeschlossen, dass man ihr Sachverhalte in den Vordergrund, in die Sichtweite schob, die letztlich gar nicht so wichtig waren, während die Ermittlung viel Kraft darauf verwendete und nach hinten galoppierte.

Zuletzt ging ihr im Halbschlaf durch den Kopf, dass dieser Fall andererseits auch bestätigte, was sie am liebsten tat. Wenn schon Ermittlerin – und es war ja so, dass sie ihren Beruf liebte –, dann auch Fälle, die sie forderten. Anspruchsvolle Fälle, die in die Tiefe wuchsen wie die Perspektiven in den Radierungen von Piranesi.

Fritz hatte, wohl ohne es gemerkt zu haben, etwas Wahres gesagt, als er sie nach dem Hauptgang kurz gemustert hatte. Er hatte gesagt, es sei interessant, beobachten zu können, wie Kaspar Feldmann, obwohl er doch ermordet worden und längst mausetot sei, praktisch Glied für Glied nochmals ans Licht trete. Mit jeder neuen Wendung, mit jedem weiteren Hinweis, mit jeder frischen Spekulation wachse sein Profil. Über diesen Gedanken glitt Sarah in den Schlaf.

Gegen sechs Uhr morgens wurde sie von einem Herbstgewitter geweckt, das sich wie *Jupiter tonans* mit krachenden Explosionen direkt über ihrem Dach auszutoben schien.

23

Im Kommissariat ging es an diesem Montag seit halb acht hoch her. Kaum hatte sich Sarah an ihrem Schreibtisch installiert und den ersten Espresso getrunken, kam Lisa herein und setzte sich zornig auf den Besucherstuhl. Wieder seien auf einem Platz der Zürcher Altstadt junge Männer von anderen jungen Männern belästigt und zusammengeschlagen worden, wieder seien die Schläger verschwunden und entkommen. Die Wut stand Lisa ins Gesicht geschrieben.

»Eine Stadt der Toleranz?«, fragte sie rhetorisch. »Von wegen. Eine Stadt mit Lebensstil? Von wegen. Seit Monaten Provokationen, Beleidigungen, Schlägereien gegen Homosexuelle, und nichts passiert. Es wird immer schlimmer und die Welt guckt weg.«

»Du übertreibst«, antwortete Sarah. »Aber mit der Toleranz stand es auch schon mal besser, das ist wahr.« Sie hatte heute zu wenig Zeit für das Thema, und schließlich war es auch nicht ihr Dossier. Noch nicht.

Als sie Lisa einen Kaffee anbieten wollte, rief Ochsner sie per Video-Call an. Der Staatsanwalt musste schlecht geschlafen haben, oder er hatte ein fröhliches Wochenende mit Whisky-Freunden verbracht, oder seine Frau hatte ihm die Leviten gelesen, vielleicht auch alles zusammen. Jedenfalls zog sich Ochsners Gesicht wie der Kopf eines geschwollenen Froschs über das volle Fenster des Bildschirms, und die Augen schienen, während sie hin und her wanderten, aus den Höhlen zu treten. Kaum hatte er ungnädig gegrüßt, legte er los.

»Wie ich gehört habe, war Gertrud Feldmann nicht gerade begeistert. Sie hatte sich einen etwas anderen Besuch vorgestellt und war getroffen von Ihrer Art. Und zudem sei sie ja, meinte sie, immer noch die Witwe.« Ochsners grauer Teint half dem Staatsanwalt wenig, die angestrebte Autorität zu untermauern.

»Witwe wird sie immer bleiben«, sagte Sarah in die Kamera. »Dieser Zustand verjährt nicht.« Sie kratzte sich am Kinn. »Und was den Ton betrifft, so habe ich mir die allergrößte Mühe gegeben, den Umständen Rechnung zu tragen. Aber immerhin geht es um Mord.«

Ochsner wurde hämisch. Sein Gesicht verzog sich zu einer verächtlichen Grimasse, als er sagte: »Das ist mir auch schon aufgefallen.«

Na, dann ist es ja gut, dachte Sarah. Ochsners Kreise – besser: die Kreise, in denen Ochsner gerne mitgespielt hätte – hatten offenbar zu intervenieren begonnen. Das kam immer wieder vor. Die bessere Gesellschaft wollte sogar in einem Mordfall, gerade dann, die Deutungshoheit für sich beanspruchen. Zweitens, dachte sie, bestätigte es ihren Verdacht. Mit ihren Ermittlungen im Fall Feldmann war die Kriminalpolizistin in Regionen vorgestoßen, die für die Betroffenen unter allen Umständen geheim bleiben mussten.

Sarah hätte nun Streit lostreten können, versuchte aber

Ochsner zu beruhigen, indem sie versicherte, dass alles nach bestem Wissen und Gewissen und mit viel Sensibilität vonstattengehe. Ob das gelingen würde, war offen, immerhin wurde Ochsner etwas freundlicher, und kurz darauf war das Froschgesicht verschwunden.

Lisa hatte aus der Ecke zugehört. »Hat unser Herr Staatsanwalt nicht Gescheiteres zu tun? Ist er denn bei den italienischen Behörden fündig geworden?«, fragte sie spitz.

Sarah fragte sich dasselbe. Aber zumindest für den Moment wollte sie es dabei belassen. Ochsners periodische Angst vor den Mächtigen war und blieb eine Hypothek.

Lisa schaute finster. Doch schnell hellte sich ihre Laune auf. »Wollen Sie sich Feldmanns Laptop anschauen?«, fragte sie Sarah mit triumphierendem Flüstern.

»Feldmanns Laptop? Woher hast du den?«

»Geheim«, sagte Lisa, dann lachte sie. »Nein. Willy Feldmann hat ihn vorbeigebracht. Am Samstagmittag.«

Das war es also gewesen, dachte Sarah, als Lisa so geheimnisvoll getan hatte.

»Mit welcher Begründung?«, fragte sie verblüfft.

Lisa klärte sie auf: Feldmann junior hatte sich bei der Wache gemeldet und gebeten, den ermittelnden Kriminalpolizisten etwas abliefern zu dürfen. Der wachhabende Korporal hatte Lisa erreicht, die Willy Feldmann abgeholt und oben empfangen hatte. Feldmann hatte den Laptop im Büro seines Vaters unter einem Stapel von Akten gefunden, und da er, Feldmann junior, nichts zu verbergen habe, habe er gedacht, es sei das Beste, den Laptop unverzüglich auszuliefern. Warum plötzlich solche Dienstfertigkeit? Wollte Willy Feldmann damit von sich selber ablenken? Indem er sagte, schaut her, ich helfe euch und habe keinerlei Geheimnisse?

Der Laptop war ein älteres Modell. Als Sarah den Deckel öffnete, sah sie, dass jemand auf einen gelben Kleber geschrieben hatte: *Passwort: Regeneration.*

»Woher hat Willy das Passwort?«, fragte sie Lisa.

»Keine Ahnung. Vielleicht hat Feldmann senior den Zettel angeklebt. Vergesslichkeit … Hauptsache, wir haben es auch.«

Sarah reichte Lisa das Gerät, nach einer Minute und ein paar asthmatischen Geräuschen war es angeschaltet. Als Bildschirmschoner hatte Feldmann einen Fluss gewählt, an dessen Ufer sich ein Fels in die Höhe streckte, der mit einer Burgruine gekrönt war. Sarah glaubte, das Motiv schon gesehen zu haben.

»Da du offenbar das Empfangskomitee warst«, sagte sie zu Lisa, »darfst du dich auch weiter um die Sache kümmern. Schau, was du findest, versuch, Ordnung hineinzubringen, auch Datierungen wären wichtig, du weißt schon.«

Lisa schien die Übergriffe vergessen zu haben. Als sie Sarah den Rücken kehrte und sich auf den Weg machte, war auf ihrem T-Shirt zu lesen: *Don't trust your God!*

Sarah seufzte, endlich konnte sie die Woche nach ihren eigenen Plänen beginnen. Sie griff sich die Liste mit den Akten und Notizen und schlug die Agenda auf, in der sie wichtige Termine einzutragen pflegte. Dann prüfte sie die Liste der Namen, die ihr Carl erstellt hatte. Er hatte die Anrufer eruiert, die Feldmann am Tag seiner Ermordung kontaktiert hatte. Sarah überlegte sich, ob sie mit Amanda Beutler beginnen sollte, entschied aber, die Escort-Dame später und ohne Voranmeldung in ihrem Studio zu besuchen. Sie wählte die Nummer der Physiotherapeutin, die sich offenbar um Feldmanns Wohlergehen gekümmert hatte. Nach wenigen Sekunden hörte sie am anderen Ende eine Stimme: »Carmen Moor. Hallo? Wer spricht?«

»Sarah Conti, Kriminalpolizei. Frau Moor? Guten Tag. Ich hätte Sie gern gesprochen … würde Sie gerne treffen.«

In der Leitung herrschte Stille, dann, nach einer gefühlten Ewigkeit: »Worum gehts?«

Hier war jemand auf der Hut. Aber wer war nicht auf der Hut, wenn plötzlich die Kriminalpolizei am Apparat war?

Bevor sie sich erklären konnte, erinnerte sie sich, die Frau schon mal gesehen, den Namen schon mal gehört zu haben: »Ich glaube … ich glaube, wir haben uns bereits kennengelernt.«

»Ja, nach dem Trauergottesdienst, vor der Kirche«, sagte Carmen Moor. Ihre Stimme klang jetzt näher, deutlich.

Sarah sah das Bild vor sich: Ambros Keller, der Jesuit, mit seiner attraktiven Begleitung, Frau Moor. Der Auftritt hatte kaum eine Minute gedauert. »Wann und wo können wir uns sehen?«, fragte sie.

»Ich weiß nicht, ob ich Ihnen da helfen kann. Aber wenn Sie wollen, können wir uns am Mittwoch in meiner Praxis treffen.«

Gut. Das passte. Sie hätte Carmen Moor vorladen können. Aber wozu? Sarah würde die Therapeutin in ihrem Revier besuchen und damit eine weitere Station im bewegten Leben des Kaspar Feldmann erkunden.

Sie rief Lisa an und sagte ihr, dass zusätzliche Informationen über Carmen Moor nützlich wären. Dann versuchte sie es bei Carl. Die Leitung war besetzt. Sie beschloss, in sein Büro zu gehen. Die Tür stand offen. Als Sarah den Kopf hineinstreckte, sah sie den Kollegen, der mit der einen Hand am Handy hing, während er ihr mit der anderen zuwinkte und sie einlud, sich auf dem Besucherstuhl einzurichten.

Sarah kreuzte die Beine, begann in ihrer Agenda zu blättern. Es war immer gut, dachte sie, eine Agenda bei sich zu haben. Man war für viele Fälle gewappnet und konnte so tun, als sei man anderweitig beschäftigt.

»Verstehe«, sagte Carl. »Nein, das verlangen wir nicht, das können wir nicht verlangen.«

Er legte den Kopf nach hinten und starrte an die Decke. »Ein Kollege von Ihnen? Was meinen Sie damit?« Carl hatte jetzt einen Kugelschreiber in der Hand, mit dem er Felder und Kringel auf ein Blatt Papier zeichnete.

»Was verstehen Sie unter fromm?«, sagte er. »Echt fromm oder gespielt fromm? Und wenn echt fromm: Woher sind Sie sich da so sicher?«

Sarah hatte die Agenda zugeklappt. Sie glaubte zu wissen, wen Carl am Telefon hatte.

»Wir können Sie auf das Kommissariat bestellen, das wäre für uns einfacher.« Carl wirkte gereizt. »Aha … Und Sie glauben, dass er aussagen wird? Es gibt doch auch dort die Schweigepflicht. Oder etwa nicht?«

Das Blatt war inzwischen vollständig mit Kringeln bemalt. Carl schloss die Augen, während er laut schnaufte.

»Das sagen Sie … Aber vielleicht macht es tatsächlich einen Unterschied.« Er zog eine Grimasse und blinzelte Sarah zu. »Damals. Vor der Kirche. Ihre Begleitung … Ja, genau. Genau, Frau Moor. So? Wie auch immer … Das wäre uns egal, wenn … Genau. Eben.«

Als Sarah schon überlegte, in ihr Büro zurückzugehen, näherte sich das Gespräch dem Ende. »Gut, abgemacht. Bis später. Auf Wiedersehen.« Demonstrativ legte er auf und drehte sich im Stuhl zu seiner Chefin, stemmte die Hände auf die Oberschenkel. »Guten Morgen.«

»Guten Morgen«, sagte Sarah. »Wie waren deine Netflix-Orgien?«

»Klasse. *Homeland* ist wirklich ein Hit.« Sein Gesicht hellte sich auf. »Übrigens ähnelst du Carrie Mathison.«

Als sie gestehen wollte, dass sie keine Ahnung habe, kam ihr Carl zuvor: »Stimmt natürlich nicht. Du bist viel dezenter … viel subtiler.«

Carl war der einzige Kollege, der so locker mit Sarah umgehen durfte, wenn auch nicht immer und nach Belieben.

»Und? Was hatte uns der fromme Pater Keller so Dringendes mitzuteilen?«, fragte sie.

Keller war von Carl nochmals zu seiner Freundschaft mit Kaspar Feldmann befragt worden, war aber, wie erwartet, elegant ausgewichen und hatte sich erneut auf das Beichtgeheimnis berufen. Worauf denn sonst, dachte Sarah. Ein ideales Fluchtfenster. Er hatte Feldmanns Freund, den Gynäkologen, erwähnt, der womöglich weiterhelfen könne. Und habe gewitzelt, dass ein Gynäkologe nicht an das Arztgeheimnis gebunden sei, wenn es sich bei dem sogenannten Patienten um einen Mann handle. Schließlich sei der Name von Carmen Moor gefallen.

Sarah hatte in einem Magazin gelesen, dass höchstens ein Viertel der Priester der katholischen Kirche keusch lebten. Woher die Zeitschrift so gut Bescheid wusste, hatte sie sich gefragt und gedacht: Solange die Priester vital waren und nicht mehr an die ewigen Strafen der Hölle glaubten, sondern an die brüderliche Liebe über alle Grenzen hinweg, warum sollten sie dann ihr Leben noch ausschließlich in Zucht und Kasteiung verbringen? Das eine tun, das andere nicht lassen – ein denkbarer Mittelweg, der ziemlich genau den Realitäten entsprach, und dies seit Ewigkeiten.

Carl schien ihre Gedanken gelesen zu haben: »Glaubst du, dass Keller etwas mit Carmen Moor hat?«

24

Natürlich war es möglich, dass Ambros Keller ein Verhältnis mit Carmen Moor hatte. Das Gegenteil war genauso gut möglich. Wenn Sarah allerdings überlegte, was sie bei der Abdankung beobachtet hatte – zwar schemenhaft und mehr erahnt als erkannt –, dann war Carls Frage wahrscheinlich mit Ja zu beantworten.

»Dann hätte Feldmann einen Beichtvater gehabt, der sich mit seiner Physiotherapeutin vergnügt«, sagte sie zu Carl.

»Und umgekehrt«, sagte Carl. »Heutzutage will ja sowieso niemand etwas Ernstes.«

Der Kollege hatte Sarah einmal leicht verschämt offenbart, dass sein sogenanntes Liebesleben »durchwachsen« war. Bei einem Bier erzählte er, dass er eine längere Beziehung gepflegt habe, die damit endete, dass ihm die Freundin den Laufpass gab. Pech. Oder auch Glück, denn sie hätten wenig gemeinsam gehabt, außer gerne gut und reichlich zu essen und hie und da zu reisen. Die Beziehung, wie er die Frau penetrant genannt hatte, sei in der Personalabteilung einer Bank tätig gewesen und hätte anständig verdient, weshalb gute Restaurants zum Hobby geworden waren.

Vom Gang her näherten sich Schritte. Lisas Brille saß weit vorn auf der Nase, in der Hand hielt sie einen hellbraunen Umschlag. Sie wirkte geschäftig, griff zum Kuvert, holte einen Bund mit Fotografien hervor und sagte in die Runde: »Was ich bereits gefunden habe. Fotos von Feldmanns Laptop. Man sehe und staune.«

Carl hatte aufgehört, das Blatt zu bemalen, und streckte die Hand nach den Fotos aus. Lisa lenkte den Stapel an seiner Hand vorbei und platzierte ihn auf seinem Schreibtisch. »Bitte sehr. Nicht alles jugendfrei.«

Alle beugten sich über Carls Schreibtisch. Lisa verteilte Blatt für Blatt über die Fläche. Mit jedem neuen Foto hörte man Laute des Erstaunens, die sich gegenseitig zu überbieten schienen.

»Der hochgeborene Herr Feldmann«, sagte Carl. »Ein richtiges Schwein. Ein …« Carl suchte nach dem passenden Wort. Stattdessen wiederholte er: »Ein richtiges Schwein … wer hätte das gedacht.«

Lisa zischte aus ihrer Ecke: »Wer hätte das gedacht?«

Carl wollte antworten, doch Sarah fuhr dazwischen: »Okay. Versuchen wir, sachlich zu bleiben. Feldmann war ein Sammler, so viel steht fest. Offenbar auch ein Sammler von … sexuellem Bildmaterial.« Sie zögerte. »Von … ja, auch hier: von Trophäen. Was er erlebte, wollte er besitzen, auch über das Erlebte hinaus. Verwahren und verwalten.«

Sie nahm sich ein paar Fotos und hielt sie vor die Augen. »Was wir sehen, sind Szenen aus seinem Leben, wenn nicht alles täuscht. Und vermutlich machten sie ihn mächtig an, wenn er sie anklickte und anschaute. Wie ein Voyeur eigener Heldentaten.«

Es war schwer zu sagen, was an den Fotos schockierender war: Das Detail oder die Menge. Die meisten Motive mussten in einem Studio aufgenommen worden sein, in einem Bordell. Einem, das vor allem die speziellen Wünsche erfüllte. Die abgebildeten Frauen waren jung, unauffällig. Sie befanden sich in verschiedenen Stadien des Schmerzes, an einem mit Leder bezogenen Andreaskreuz festgebunden, auf einem mit schwarzem Gummi bespannten Bett gefesselt, oder gekrümmt über einem Bock mit herunterhängenden Armen. Nichts deutete ausdrücklich darauf hin, dass die Mädchen in diese Posen hineingezwungen worden waren. Doch das musste nichts heißen. Für Sarah war es kaum vorstellbar, dass sie dabei Spaß empfanden.

Auf einzelnen Abzügen war, immer am Rand, ein Arm zu sehen, der eine Peitsche oder einen Rohrstock hielt. Der Arm war nackt und behaart, die Hand trug am vierten Finger einen Siegelring.

»Wer das war, dürften wir wohl wissen«, sagte Sarah.

Carl nickte und brummte etwas, was nach einem Fluch klang. Lisa kaute an den Fingernägeln.

»Du verdammter Macho«, flüsterte sie und zog wütend die Augen zusammen, als fixierte sie, einer Schlange gleich, ihre Beute. »Es gibt noch die andere Abteilung.«

Wieder verteilte sie die Fotos über den Tisch. Sie kamen auf den Abzügen der ersten Reihe zu liegen. Auf den ungefähr dreißig Bildern, die Lisa ausgebreitet hatte, war ein Mann der masochistische Part der Szenerie. Das Objekt. Der Mann war kräftig, von mittlerer Größe und zeigte viel Haut. Er war beinahe nackt. Über dem Kopf trug er eine Maske aus Latex. An den Unterarmen und über den Füßen waren schwarze Lederriemen angebracht, an denen Karabinerhaken aus Metall hingen. Wollte man den Blick des Mannes deuten, war man auf Spekulationen angewiesen. Die Augen starrten aus den Löchern der Maske. Sah man in ihnen Lust, Schmerz oder beides zugleich? Auch der Mann war an das lederne Kreuz gefesselt. Oder er kniete auf dem Boden, die Arme über dem Rücken verschränkt, lag auf einem Streckbett, die Glieder gekrümmt und den Kopf nach hinten gedrückt. Sarah war nicht sicher, ob die Bilder sie amüsierten oder abstießen.

Carl hatte wieder zum Kugelschreiber gegriffen, den er zwischen den Fingern jonglierte. »Der Kunde mochte es hart«, sagte er spöttisch.

»Feldmann hat auch Tausende von Fotos gespeichert, die in die Rubrik Familie und Langeweile gehören. Das Übliche. Reisefotos, Familienfeste, Willy Feldmann als Kind auf dem Roller oder mit der Modelleisenbahn, Fotos von Schneehütten, Fonduepfannen, Weihnachtsbäumen, das volle Programm, Bürgertum pur.«

Lisa drehte den Laptop so, dass Sarah und Carl den Bildschirm sehen konnten. Dann klickte sie »Bilder« an. Sofort waren reihenweise Fotos zu sehen, offenbar hatte es Feldmann versäumt, sie in Ordnern abzulegen.

»Der Mann hatte keine Ahnung, wie man so etwas ablegt«, sagte Carl.

Oder es war ihm egal, dachte Sarah, und es machte ihm Spaß, im Archiv herumzustochern und einzelne Trophäen hervorzusuchen. Wieder dieses Wort, dachte sie.

»Seht ihr den jungen Feldmann? Schlank und schick.«

Lisa schien Gefallen daran zu finden, locker durch ein langes Familienleben scrollen zu können. Sie suchte eine einzelne Aufnahme heraus und zeigte sie im Vollbildmodus. Die Aufnahme in Schwarz-Weiß musste vor langer Zeit gemacht worden sein. Feldmann und ein anderer junger Mann hielten ein Mädchen um die Hüfte gefasst, das sich lachend dagegen wehrte. Im Hintergrund sah man Liegestühle und ein Strandcafé.

»Wir werden das sichten müssen. Und schauen, ob wir irgendetwas Aufschlussreiches finden, ein Detail, etwas, das aus dem Rahmen fällt«, sagte Sarah.

Lisa zog die Braue hoch und sagte nichts.

»Meint ihr, dass sich Feldmann junior all diese Fotos angeschaut hat?« Sarah blieb am Ball.

»Ist das so wichtig? Wer will schon sehen, was der *Pater familias* im Detail getrieben hat?« Carl schien das Thema nicht sonderlich zu bewegen.

»Ich leihe mir den Laptop aus und vertiefe mich in das Material«, sagte Sarah.

Es war leicht dahergesagt, doch sie hatte sofort begriffen, dass dieser Hort der Intimitäten noch so manches Geheimnis barg. Carl nickte, ohne aufzublicken, während Lisa zwischen den Blättern zu rascheln begann, bis sie das Gesuchte gefunden hatte.

»Hier. Bitte sehr. Eine Lupe. Nicht ideal für Computerbilder, aber besser, als wenn Sie es auf dem Schirm vergrößern, bis Ihnen die Pixel um die Augen fliegen.«

Das Abendprogramm war also gegeben, und morgen würde Sarah nach Vitznau fahren, um dem Gynäkologen einen Besuch abzustatten. Sie hatte sich entschlossen, Lisa mitzunehmen. Zwei gegen einen, dazu die Jugend sowie relative Jugend gegen das Alter. Das sollte keine Probleme bieten. Aber man konnte nie wissen.

Am Abend, als Sarah das Kommissariat verließ, blies ihr ein frischer Wind entgegen, der über Nacht alles hinwegfegen und den nächsten Morgen in schönstem Herbstlicht erstrahlen lassen würde. Als sie die Haustür öffnete, sprang ihr Rico entgegen. Er hatte gerochen, was sie in der Plastiktüte mittrug, ein Stück Lachs, Brokkoli und den Pecorino, der bald für ein Risotto verwendet werden würde. Sarah befreite sich, indem sie sich zweimal schnell um die eigene Achse drehte, dann die Wohnungstür öffnete und blitzschnell wieder schloss. Sie ließ das Tier hinter sich und hörte noch, wie Gretchen lachte und sich durch die Tür hindurch entschuldigte.

Feldmanns Laptop rauschte leise, Sarah fühlte die Wärme des Geräts. Offenbar war Feldmann wirklich kein Technikfreak gewesen. Seltsam auch, dass ein so argwöhnischer Mann so kompromittierende Bilder einem Träger anvertraute, der mit Sicherheit leicht zu hacken war. Es war wohl so gewesen, dass Feldmann seine Sammlung Teil für Teil, Bild für Bild abgelegt hatte. Und eines Tages war es zu spät gewesen, um Ordnung zu schaffen.

Lisas Lupe schwebte über der Szene mit dem behaarten Arm samt Hand und Finger. Der Siegelring blinkte im Licht. Er enthielt ein Relief, zunächst war es schwer zu erkennen, doch dann war sie sich sicher: Die Gravur zeigte ein Herz. Dasselbe eiserne Herz, das Feldmann als Tätowierung unter dem Arm getragen hatte.

25

Nach fünf Minuten kochte das Wasser. Sarah goss sich einen Grüntee auf, das gab jetzt Energie. Dann holte sie das Tagebuch sowie die Fotografie der Eigernordwand hervor. Sie malte die Ziffer 5 in die Mitte des zweiten Eisfelds. Das war gewagt, denn wer sich auf dem steilen und langen Eisfeld nach oben bewegte, war nicht geschützt und völlig exponiert. Man befand sich auf einer Fläche, die wie der Dachwinkel eines gotischen Kirchenschiffs verlief. Wer hier den Halt verlor, war verloren und sauste in kürzester Zeit über tausend Meter in die Tiefe.

5. Weitere Erkenntnisse. Feldmann, der Trophäenjäger. Frauen, Nazi-Relikte, Sadomasochistische Vorlieben. Fritz bezeichnet ihn als einen Schlafwandler. Passt nicht zum Radius seiner Hobbys. Er unterzeichnet gewisse Mails mit dem Wahlpruch der SS. Hortet Fotos von Gewalt- und Fesselspielen mit viel zu jungen Frauen. Dito von sich selbst als Sklave. Telefonat mit Feldmanns Physiotherapeutin. Schon bekannt von Trauerfeier. Viele Frauen um einen einzigen toten Mann. Nicht vergessen: Amanda Beutler samt Studio. Unser Staatsanwalt scheint noch immer kein Interesse daran zu haben, dass wir zu tief bohren. Morgen Ausfahrt mit dem 300 SL, um den Gynäkologen zu den Fratres zu befragen.

Als sie das Tagebuch schließen wollte, fiel ihr noch etwas ein: *Lisa entwickelt sich toll. Zunehmend selbstbewusster, auf frische Weise sogar frech. Carl wie immer der Fels in der Brandung.*

Der Lachs schmeckte, war innen noch leicht roh, dazu mit etwas Petersilie und einer Prise schwarzem Pfeffer überstreut, der Brokkoli schmeckte wässrig. Du meinst, du seist eine Köchin, dabei gehört das Kochen leider nicht zu deinen Talenten, dachte Sarah.

Nur wenn Fred kam, wurde, wie er sagte, richtig gekocht. Aber wenn Sarah jeden Abend à la Fred essen würde, wäre es rasch vorbei mit der guten Figur. Ihre Mutter war im Alter in die Breite gegangen, der Vater war immer noch bewundernswert schlank. Wie ein Bleistift, der auf Aufgaben wartete, die nicht mehr kommen würden.

Der Laptop ließ ihr keine Ruhe. Sie wusste, dass die Fotos systematisch gesichtet werden mussten, wofür sie weder Zeit, Lust noch Ausdauer besaß. Eigentlich eine ideale Aufgabe für Lisa, dachte sie. Aber der Laptop stand auf ihrem Tisch, immer noch aufgeklappt, immer noch in Geberlaune.

Was, wenn Feldmann doch technisch versierter war, als sie vermutete, und ein verstecktes Programm plötzlich alle Daten verschwinden ließe? Was, wenn er vorgesorgt hatte? Wussten die *Fratres in spiritu sancto* von den weiteren Kapiteln in seinem Doppelleben?

Sarah öffnete das Archiv und ließ die Maus über die Bilder laufen. Bald verlor sie die Übersicht. Es war skurril, gespenstisch. Da ein Foto, das in den Schweizer Bergen geschossen worden war, Feldmann in Wanderhosen, mit

Pickel, Sonnenhut und Umhängflasche, dort der behaarte Arm, der mit dem Rohrstock auf einen Rücken hieb. Da ein Familienidyll auf dem Sofa und im Hintergrund ein kapitaler Weihnachtsbaum, dort ein nackter Mann, der in kniender Haltung aus einem Blechnapf leckte und dabei den Hintern wölbte.

Vielleicht, dachte Sarah, bin *ich* es, die pervers lebt, nämlich ordentlich und gesittet, während die anderen normal leben, mal nüchtern, mal betrunken, böse oder geil oder alles zusammen. Und wer richtete eigentlich über wen? Wer sagte, was galt? Was zu tun, was zu lassen war? Was *wo* zu tun und zu lassen war?

Sarah konzentrierte sich auf die Aufnahmen in Schwarz-Weiß. Eine sichere Sache, jedenfalls was den Anstand betraf. Sprichst du tatsächlich von Anstand, dachte sie, mit diesem Wort? Bist du tatsächlich so spießig?

Wieder Szenen aus dem Leben der guten Gesellschaft. Szenen älteren Datums. Feldmann war jünger, straffer und schlanker und sah wirklich gut aus. Zum Beispiel mit seinem Alfa Romeo vor einer Konditorei in Saint-Tropez. Oder in unglaublich stolzer Pose vor einem schwarz glänzenden Tourenwagen, den Sarah nicht kannte. Sie ging näher und konnte unter dem linken und rechten Kühlergrill der Frontseite zwei Wörter lesen. *Facel Vega.*

Erst jetzt fiel ihr auf, dass Gertrud Feldmann nur selten zu sehen war. Es schien dafür eine Regel zu geben: War der Anlass hinreichend offiziell, war sie die Frau an Feldmanns Seite. War es hingegen ausgelassen, sah man zwar allerlei feuchte Kumpane und Mädchen, die ebenfalls nichts anbrennen ließen, aber Gertrud war nicht dabei.

Zuletzt schaute sich Sarah eine Reihe von Schul- und Klassenfotos an. Die ganze Klasse auf dem Pausenhof. Hinten die Größten, vorne gebückt die Sportlichen, unternehmungslustig, tüchtig, dazwischen in gediegener Pose die Mädchen, rechts außen der Lehrer, aufrecht, bebrillt, streng. Das war nur kurze Zeit nach dem Weltkrieg. Der Ernst des Lebens. Auch der junge Kaspar Feldmann stand da wie ein Zinnsoldat, steif, ja starr. Wären da nicht die Grübchen gewesen, die die Andeutung eines Lächelns verrieten. Alles wirkte gepflegt. Heile Welt, wie damals nur für die Privilegierten, selbst in der schönen, reichen Schweiz.

Als Sarah den Laptop zuklappen wollte, schlugen ihr die späten Siebziger entgegen. Ein wilder Stil, dachte Sarah, die damals noch ein Kind gewesen war und sich nicht um Mode und Aussehen hatte kümmern müssen. Hübsch und unschuldig, dachte sie, als sie auf einem ausgeblichenen Foto drei Mädchen sah. Sie saßen am Wasser, hielten sich an den Händen, blinzelten gegen die Sonne und in die Kamera und zogen eine Grimasse, weil das Licht in den Augen brannte. Sarah kam der Hintergrund bekannt vor, aber es war eine Allerweltszenerie, irgendwo in der Schweiz. Doch etwas schien nicht ganz aufzugehen. Aber was? Schluss für heute, sagte sie sich.

Als der Wecker des Smartphones summte, war Sarah schon wach. Es wäre längst an der Zeit, statt des herzlosen Summtons eine passende Melodie einzustellen, doch was das Gerät anbot, war nicht nach ihrem Geschmack, und bisher war Sarah zu wenig motiviert gewesen, einen Klingelton aus dem Internet herunterzuladen. Diese hatten überdies den Nachteil, dass sie rasch nerven konnten.

Was dir für unnützes Zeug durch den Kopf geht, dachte sie, als sie den Cappuccino trank und aus dem Fenster schaute.

Das Wetter war perfekt. Sarah lief zur Garage, die sie unweit ihrer Wohnung gemietet hatte, und öffnete das schwere Tor. Sie legte ihre Aktentasche sowie den Korb mit Proviant in den Kofferraum, zwängte sich auf den Fahrersitz und startete den Motor. Nach einer Fehlzündung sprang er an, brummte seidig und leise. Sarah gab Gas, sie wusste, dass Lisa längst auf sie wartete.

»Wow, das ist ja edel«, sagte Lisa, als sie sich auf den Beifahrersitz setzte.

Ihre Wohnung lag im Kreis 5, der im Laufe der Jahre schick geworden war. IT-Menschen, Werberinnen, Börsianer, Modeleute belebten das Quartier und gaben ihm einen weltläufigen Anstrich. Zwischen den renovierten, teuer vermieteten Häusern gab es aber immer noch alte, die den Fortschritt unbeschadet überlebt hatten und an die Epoche des einstigen Arbeiterviertels erinnerten. In einem solchen Haus hatte Lisa eine Wohnung mit drei Zimmern gefunden, kleine, aber gemütliche Räume, mit Parkett, das bei jedem Schritt knarrte oder stöhnte, was Lisa nur recht war. Sie mochte die Geräusche, die in ihrem Haus von morgens bis abends kamen und gingen. Manchmal besaßen die Geräusche der Menschen mehr Charakter als die Menschen selbst, pflegte sie zu sagen.

Sie hatten sich unterdessen aus der Stadt gefädelt und befanden sich auf der Autobahn Richtung Innerschweiz. Der Mercedes nahm an Fahrt auf, und aus den Lautsprechern ertönte leiser Jazz.

»Nicht unbedingt eine Ermittlungstour«, bemerkte Lisa, als sie sich auf der Höhe des Zugersees befanden.

»Ach was«, sagte Sarah. »Unser Beruf ist sperrig genug. Da darf es auch mal etwas luftiger sein.«

Sie gab Gas und überholte einen Laster. »Übrigens ist er untermotorisiert. Das merkst du, wenn du beschleunigst. Der Wagen ist zu schwer für seinen Motor.«

Lisa war das egal. Als Fahrrad-Amazone hasste sie alle Automobilisten und erst recht jene, die mit röhrendem Motor durch die Gegend preschten.

»Mir genügt das vollauf«, sagte sie und steckte sich einen Kaugummi in den Mund.

»Und?« Sarah überholte einen weiteren Laster. »Was hast du über den Gynäkologen herausgefunden?«

»Sie meinen Herrn Dr. med. Moritz Lachner? Nicht viel. Leider nicht genug. Alter: 75. Zivilstand: verwitwet. Hobbys: unbekannt. Laster: unbekannt, aber todsicher vorhanden. Gesundheitszustand: wacklig. Freunde: keine.«

Sie verschluckte versehentlich den Kaugummi und begann zu husten.

Sarah lachte. »Siehst du, Übermut kommt vor dem Fall.«

Sei nicht so arrogant. So überheblich, dachte Sarah, sie hatte Lehrerin gespielt, was sie eigentlich schrecklich fand. »Was wir herausfinden müssen«, sagte sie zu Lisa, »ist das Folgende: Wie stand dieser Lachner zu Feldmann, wie zu seinen Freunden? Hatte er ähnliche Vorlieben? Also nicht nur an der Oberfläche kratzen, sondern tiefer bohren. Wenn nötig mit Nachdruck.«

»Umso besser«, erwiderte Lisa. »Ist mir recht.«

Sarah zeigte mit der rechten Hand nach vorn. »Der Rigi!« Aus Begeisterung drückte sie aufs Pedal. »Toll.«

Die Autobahn zog in sanfter Drehung nach links, sodass der berühmte Aussichtsberg plötzlich so zu sehen war, als hätte sich eine Postkarte an die Windschutzscheibe geklebt. Über den Laubwäldern, die sich in allen Kombinationen verfärbten, hing die mächtige Steilstufe mit ihren markanten Bändern, die an ein riesiges Segel erinnerten, und weit oben setzte sich der Gipfel standfest in den Herbsthimmel.

»Schöne Schweiz.« Sarah sagte es mit einem zögerlichen Lächeln, und als sie weiterredete, rutschte es ihr gegen jede Absicht heraus: »Böse Schweiz.«

Lisa blickte überrascht. »Böse Schweiz?«

»Ach, halb so ernst«, sagte Sarah. Und nach einer Pause: »Schon bei Gotthelf findest du es: das Böse. Ich meine: das Böse, wie es aus Schweizer Boden, aus Schweizer Erde kommt. Es muss mit unserer Landschaft zu tun haben … Jedes Land hat sein eigenes Böses.«

Aber Gotthelf hatte recht: Es gab Böses, das es aufzuklären galt. Böses, das manchmal stärker war als alle Bemühungen, es zu stellen. Ein endloses Drama, dachte Sarah, und du bist mittendrin.

Die Route führte dem Lauerzersee entlang Richtung Ingenbohl. Links erhoben sich wie zwei aus den Felsen gehauene Recken die beiden Mythen. Seltsam, da flitzten sie über Wege, jagten das Böse, und gleich nebenan diese majestätische Natur, der es völlig gleichgültig war, was die beiden Ermittlerinnen trieben, die beiden Berge ragten unbewegt in den Himmel.

Der Vierwaldstättersee war von unwirklichem Blau. Da

und dort wippte die Gischt, Segelboote pfeilten hart im Wind. Sie fuhren um die kleine Halbinsel vor Vitznau und erreichten das Städtchen nach wenigen Minuten. Bevor sie sich orientieren konnten, bemerkten sie einen Dampfzug der Vitznau-Rigi-Bahn, der langsam und stöhnend über die Zahnradtrasse den Berg hinaufkroch. Das reinste Spielzeugland, dachte Sarah. Eigentlich viel zu schön, um echt zu sein.

Sie parkten den Wagen in der Nähe des Sees, fanden eine Bank und aßen die belegten Brote, die Sarah in den Proviantkorb gelegt hatte.

»Bei solchem Wetter schmeckt alles gut.« Lisa redete, während sie kaute, und hielt in der Hand die Flasche mit dem Mineralwasser.

»Stimmt«, sagte Sarah. »Pass auf. Wir sitzen hier wie zwei Touristinnen, dabei jagen wir einen Mörder. Der Plan geht so: Ich rede, du schaust erst einmal zu. Wenn du dich unbeobachtet fühlst, nimmst du das Gespräch auf, machst Fotos. Jedes Detail spielt eine Rolle. Jede Kleinigkeit, die wir entdecken und entziffern, ist wichtig.«

Lisa nickte, sie zog die Adresse aus ihrer Lederjacke, Lachners Haus befand sich an der Rütlistrasse. Die Aussicht musste gewaltig sein. Natürlich gab es unauffälligere Autos als den dunkelblauen Mercedes mit der beigen Lederpolsterung, dachte Sarah, aber sie hatte sich lange genug vor dem abwesenden Feldmann und seiner Entourage zur Seite geduckt. Es war Zeit für ein Zeichen.

Der Wagen kurvte durch die engen Gassen der Altstadt und wand sich dann in Schlaufen nach oben. Die Landschaft gewann mit jeder Drehung der Straße an Tiefe und

Kontur, während sich am Horizont das Massiv des Titlis herrschaftlich ausbreitete, Hochgebirge pur, das mit seinen Gletschern in der Sonne gleißte und jedes Touristenherz höherschlagen ließ.

Das Haus lag weit nach hinten versetzt. Vorn erstreckte sich ein Garten voller Apfelbäume. Als Sarah sich eine Übersicht verschaffen wollte, erschrak sie: Auf halber Höhe gegen den Berg sah sie zwischen zwei Apfelbäumen eine hohe Gestalt mit Hut, die die Zähne fletschte und die rechte Faust in die Luft stemmte. Plötzlich stieß die Gestalt einen Schrei aus.

26

Als Sarah und Lisa näher kamen, sahen sie die Vogelscheuche in ihrer ganzen Größe. Furchterregend sah sie aus, und vor allem war sie alt, musste vor dreißig, vielleicht vierzig Jahren hier aufgestellt worden sein. Das Haar aus Stroh hing ihr traurig über die Schultern, der Kopf bestand aus Löchern und Höhlen, sodass die Augen und der Mund wie enorme, unheimliche Kavernen erschienen. Wieder ertönte ein Schrei, eher ein Krächzen. Lisa fuhr zusammen. Sarah legte ihr den Arm um die Schulter.

»Das ist nichts«, sagte sie.

»Nichts?«, flüsterte Lisa. »Wo haben Sie die Glock?«

»Meinst du wirklich, dass ich einer dämlichen Vogelscheuche mit der Glock drohe?«

Als sie direkt vor der Gestalt standen, bemerkten sie einen kleinen Lautsprecher, der zwischen den Zähnen angebracht war, kleiner als ein Apfel und von dunkelbrauner Farbe.

»Da hat sich der Doktor etwas einfallen lassen«, sagte Sarah. »Kompliment. Eine richtige Schreckschraube. Für die Vögel sicher wirksam. Und sogar für ungebetene Besucher.«

Das Haus war ein Chalet von größeren Dimensionen. Auf zwei Stockwerken säumten Balkone die Fassade. Die Fenster waren mit Stoff verhängt und mit Dreck überkrustet. Das schwarze Holzwerk kontrastierte mit dem mehligen Ton des Verputzes, der an vielen Stellen abgeblättert war. Auf mittlerer Höhe der Fassade war eine Sonnenuhr angebracht, deren metallener Zeiger verbogen und tot nach unten hing.

Sarah und Lisa gingen um das Haus und fanden die Tür, in die ein vergittertes Fenster eingelassen war. Darüber stand in gotischer Schrift: *Omnes vulnerant. Ultima necat.* – Alle Stunden verwunden, die letzte tötet.

Neben der Tür war ein Metallschild befestigt, das an den Längsseiten rostig geworden war. In schwarzer, von Wind und Wetter gebleichter Gravur standen eine Telefonnummer und ein Schriftzug: *Sprechstunden nach Vereinbarung.*

Als Sarah an der Klingel zog, schepperte drinnen eine Glocke. Endlich hörten sie Schritte. Das vergitterte Fenster öffnete sich. Ein Gesicht erschien, das an die Vogelscheuche erinnerte. Die Augen lagen tief in den Höhlen, eine Brille aus getöntem Glas ließ sie noch größer erscheinen. Eine Stimme wie zerbrochener Schellack, doch mit altmodisch anmutender Höflichkeit fragte: »Sie wünschen? Die Praxis ist geschlossen.«

Sarah stellte sich und Lisa vor und nannte den Grund des Besuchs, sie fühlte sich unbehaglich, hatte nur das Nötigste gesagt und dabei versucht, lakonisch zu bleiben. Nun würde es im Ermessen des Hausherrn liegen, ob er die beiden empfangen oder gleich von seinem Grundstück wegweisen würde. Es gab keinen Durchsuchungsbefehl.

Kein offizielles Dokument, das Moritz Lachner aufgefordert hätte, den Wünschen der Polizei nachzukommen, geschweige denn zu gehorchen.

Doch die Tür ging auf. Lachner machte mit dem Arm eine einladende Bewegung und ließ dabei ein leises Lachen hören. Mit unsicheren Schritten stapfte er durch den Flur und führte die Besucherinnen in ein Zimmer, dessen Größe schwer abzuschätzen war. Es war auf erstickende Weise mit Möbeln und anderen Gegenständen vollgestopft, roch miefig, das Tageslicht war durch schwere dunkle Vorhänge fast vollständig ausgesperrt. Auf einem Beistelltisch leistete eine Lampe mit einem Schirm aus Pergament das Bestmögliche.

»Setzen Sie sich.« Dann, nach langer Pause: »Selten erscheinen hier noch Gäste … Da siegt die Neugier über den Argwohn.« Leises Lachen.

Erst jetzt realisierte Sarah, dass Lachner getrunken hatte. Er roch nach Alter, vor allem aber nach Schweiß und Schnaps. Die Flasche stand gleich neben Lachners Sessel aus senffarbenem Velours.

»Sie ermitteln im Mordfall Feldmann … Ich habe davon gelesen, bin übrigens nicht erstaunt, dass Sie zu mir gefunden haben … Ja. Die alten Kameraden.«

Als er zur Flasche griff, um sie sich an den Mund zu setzen, glitt sie ihm aus der Hand und fiel zu Boden. »Entschuldigung, die Damen, das war gar nicht galant … Entschuldigung. Ich bin aus der Übung gekommen.«

Lachner stand auf, ging zu einem Buffet aus Eiche und holte drei Gläser, die er auf den Sofatisch stellte. Dann füllte er sie mit zitternder Hand mit einer gelblichen Flüssigkeit. »Auf Ihr Wohl … Ich bin ganz Ohr.«

Lisa öffnete den Mund vor Erstaunen und schien ihn nicht mehr schließen zu können.

»Herr Doktor Lachner, was und wie war Ihre Beziehung zu Kaspar Feldmann?«, fragte Sarah.

»Wir waren Kameraden, gute Kameraden. Aber das ist lange her, wissen Sie …«, plötzlich blitzten seine Augen auf wie Pfeile, »… ich mochte ihn, und ich mochte ihn nicht.«

Das wird schwierig, dachte Sarah. »Was heißt das? Warum mochten Sie ihn nicht?«

Lachner brummte und wackelte mit dem Kopf. »Weil er böse war, böse und berechnend und ein maßloser Egoist.«

»Wie meinen Sie das? Und woher kannten Sie sich?«

Eins nach dem anderen. Aber es war bereits zu spät, umso gespannter war sie, wie Lachner mit der Doppelfrage umgehen würde. Als hätte Lachner Sarahs Gedanken gelesen, stemmte er sich aus dem Sessel und reckte den Kopf in die Höhe.

»Erstens. Er war böse, weil er nicht anders konnte. Er hatte es nie anders gelernt. Seine Mutter … schlimm. Eine schlimme Frau. Sie verstehen.« Ohne sie wirklich anzusehen, blinzelte Lachner in Sarahs Richtung. »Und zweitens. Wir kannten uns seit dem Gymnasium … Damals waren wir zu allem bereit. Zu allem.« Er lachte grell und goss sich nach.

»Sind auch Sie Mitglied bei den *Fratres in spiritu sancto*?«

Nun zuckte Lachner zusammen, seine Augen blitzten.

»Woher wissen Sie das?«

Doch bevor Sarah antworten konnte, sackte er zusammen, schlug die Hände vor das Gesicht und begann zu weinen. Leise, nach innen, während der Oberkörper zitterte und vibrierte.

»Ich wusste, dass irgendwann Schluss sein würde.« Lachners Stimme klang abgehackt, staccato, als hätten sich die Silben verselbstständigt. »Wenn ich der Nächste bin, dann muss es so sein … Man sündigt nach allen Seiten, weiß der Teufel, weshalb. Jetzt ist es egal. Bin viel zu alt. Wenn sie kommen, kommen sie.«

Lisa hatte sich nach hinten verzogen und einen hölzernen Hocker gefunden. Über ihr thronte der Kopf eines ausgestopften Rehs, neben dem Hocker hatte Lachner Stapel von alten Zeitungen aufgeschichtet, deren Ränder vergilbt waren. Lisas Smartphone war eingeschaltet, hie und da hielt sie die Linse in Richtung Lachner.

»Wer kommt?«, fragte Sarah. »Vor wem haben Sie Angst?«

Lachner schien aufzuwachen, der ewige Rhythmus der Alkoholiker, für Befragungen ein Horror.

»Feldmann, ich und andere Freunde waren Mitglieder in einem Club … gerieten immer tiefer hinein. Das erste Gebot war der Dienst an der Ordnung, nie schlappmachen, kämpfen. Für eine Gesellschaft der Herrschenden, gegen das Chaos der Niederen, gegen die Auflösung.«

Bei diesen Worten schienen sich Lachners Energien zu sammeln, schienen ihn aufzurichten. Doch wieder folgte der Abschwung, sein Kopf sank auf die Brust.

»Club? Was für ein Club?«

»Ein Club eben. Eine Bruderschaft, eine Zelle. Alles andere als kommunistisch. Das kann ich Ihnen sagen.«

»Was meinen Sie damit? Wer war dabei? Können Sie mir Namen nennen?«

»Ich werde mich hüten, zu plaudern, bin doch nicht lebensmüde. Aber … so viel dürfen Sie wissen … es ging bis in die höchsten Kreise. Jedenfalls damals, vielleicht auch heute noch. Denn Treue … verjährt nicht.«

Sarah musste an Ochsner denken. War es tatsächlich möglich, dass auch er aus Angst wichtige Informationen zurückhielt? Sie wandte sich wieder Lachner zu: »Treue? Was meinen Sie damit?«

»Treue untereinander. Und damit auch Rache, wenn einer abtrünnig wurde.«

»War Feldmann untreu geworden?«

»Weiß ich nicht, kann ich mir nicht vorstellen. Dazu war er viel zu schlau, mit allen Wassern gewaschen.«

»Und was war das zweite Gebot?«, fragte Sarah. Eine Spur schien sich aufzutun, sie durfte Lachner nicht loslassen.

»Das zweite Gebot? Hmm … So viele Weiber wie möglich … Da und dort und immerfort …« Lachner redete wie zu sich selbst: »Quer durch die Gesellschaft. Reiche und arme, junge und reifere Weiber … Aber vor allem junge Beute. Wir führten Listen mit Namen und Taten, mit Schandtaten. Ja … uns gehörte die Welt.«

Sarah versuchte Lisa ein Zeichen zu geben. Nur ruhig, nicht aufschreien, nicht hinausstürmen. Lachner war längst nicht mehr Herr im eigenen Haus, und die Tür zu diesem Haus stand immer weiter offen. Tief seufzend führte er die Falsche an die Lippen und nahm ein paar große Schlucke, während der Adamsapfel wie eine Marionette auf und nieder sprang. Dann fuhr er fort: »Und für alles Weitere … war ja der Herr Doktor Moritz Lachner da. Immer zu Diensten. Und bitte keine Fragen.«

Bevor Sarah etwas sagen konnte, hatte sich Lachner erhoben, stand auf zitternden Beinen kerzengerade in seiner dunklen Höhle, umstellt von Dingen, an denen der Staub wie Leim zu kleben schien. Dann sagte er mit unerwarteter Bestimmtheit: »Meine Damen, der Limes ist überschritten, Sie haben gewonnen. Ich lege mich hin, und nach zwei Stunden kommen Sie wieder, und Herr Doktor Lachner wird Ihnen Auskunft geben, auch wenn er deshalb hingerichtet werden wird.«

Sarah und Lisa hatten eingesehen, dass Widerstand zwecklos war. Sie hätten Lachner von der Spur gedrängt, die er nun selbst zu fahren versprach. Sie waren gegangen und saßen nun auf der Terrasse eines Cafés, es war beinah spätsommerlich warm, über dem Titlis hatten sich schwere Wolken gebildet, ein baldiges Gewitter war nicht unwahrscheinlich.

»Ein furchtbarer Mensch. So ein pathetisches Ekel.« Lisa starrte in ihren Kaffee und ließ ihrem Entsetzen freien Lauf. »Weinerlich bis in die Knochen. Und völlig schwammig. Hoffentlich wird er auspacken.«

Sarah hatte die Sonnenbrille aufgesetzt, sie konnte sich am Panorama des Vierwaldstättersees nicht sattsehen. Auf dem See fuhr ein Raddampfer gemächlich Richtung Bürgenstock. Sarah sah die Schaufelräder und darüber in schwarzen Lettern den Namen des Schiffs. *Gallia.* Auf dem Oberdeck saßen Touristen, die aufgeregt nach allen Seiten winkten und zugleich eifrig fotografierten. Der schwarze, rauchende Schornstein bewegte sich wie ein drohender Finger durch die paradiesische Landschaft, die Schaufelräder griffen ins Wasser, dessen Wellen stärker geworden waren. Plötzlich war eine Sirene zu hören, der Klang des Schiffshorns stieg kräftig auf und wurde von der Bergkulisse vielfach zurückgeworfen. Über dem Kiel des Dampfers flatterte die Schweizer Fahne, weißes Kreuz auf rotem Grund.

»Stimmt«, sagte Sarah. »Andererseits ist Lachner allein. Sterbenseinsam. Ein ungepflegter alter Mann. Einer, der in den Erinnerungen wühlt, dabei in den Spiegel sieht und dabei zum Schluss kommen muss, dass er sich nicht gefällt, wenn er noch einen Funken von Selbstwahrnehmung hat, was ich glaube.«

Sie bestellte einen zweiten Espresso.

»Und offenbar gibt es gute Gründe, warum er an der Flasche hängt. Wenn wir davon ausgehen, dass er und Feldmann Kollegen waren, die es schlimm, vermutlich kriminell schlimm trieben, dann blieb Feldmann auf jeden Fall der Stärkere, während Lachner, wie wir ja sehen können, nach und nach zerfiel.«

Lisa holte das Smartphone aus der Jacke und scrollte durch die Fotos.

»Wenn Sie sich Lachners Haus anschauen, passt alles eins zu eins. Hier das Verlies, dort die Vogelscheuche Lachner persönlich.«

Sarah nickte. Lisa hatte recht. Das Einzige, was – noch – nicht ins Bild passen wollte, war der Lautsprecher. Dass die Vogelscheuche aufgerüstet worden war, passte schwerlich zum Profil des senilen Trinkers.

»Immerhin haben wir die Bestätigung, dass auch Lachner der Bruderschaft *Fratres in spiritu sancto* zugehört.« Sie korrigierte sich: »Oder wenigstens zugehörte. Und dass dort nach innen und außen strenge Regeln gelten. Und dass Lachner Angst hat vor diesen Brüdern. Vorausgesetzt, er hat uns nicht einfach alles vorgeheult, wie eine schlaue Heulsuse.«

Lisa befand sich auf der eigenen Spur und machte nicht den Anschein, dass sie sich ohne Widerstand von der Chefin überholen lassen würde. Das gefiel Sarah. Hatte sich Lisa verbissen, begann sie die Beute zu drehen und zu schütteln. Carl war der Flexible, nach vielen Seiten offen, geduldig und genau. Lisa war fast sein komplettes Gegenteil. Ein perfektes Team, dachte Sarah.

»Die *Fratres* sind das eine. Die ›Weiber‹, wie sie Lachner nannte, sind das andere«, sagte Lisa nun.

»Ich bin gar nicht sicher, ob das eine mit dem anderen zusammenhängt. Oder ob die Mädchenjagd ein Privatvergnügen war, das zwar zu dem ganzen Fascho- und Macho-Gehabe des Kreises passte, sich aber irgendwie verselbstständigte. Der Orden galt wahrscheinlich auch als Alibi für Dinge, die dort nicht zwingend vorgeschrieben waren.«

Lisa hörte nur mit halbem Ohr hin. »Sie sind mir immer einen Schritt voraus, Frau Conti. Kann sein, kann alles stimmen. Aber was wir übrigens nicht vergessen sollten, ist doch, dass Herr Moritz Lachner Gynäkologe ist. Oder war. Vielleicht am besten nie gewesen wäre.«

Das war es, ganz genau. Wie hatte Sarah dieses mehr als offensichtliche Faktum so einfach vergessen können? Wie konnte sie vergessen oder verdrängen, was doch weithin sichtbar in die Landschaft eingeschrieben stand? Wünschenswert deutlich. *Sprechstunden nach Vereinbarung. Die Praxis ist geschlossen.*

Sie schlug mit der Hand auf die Tischplatte. »Richtig,

du bist super! Da sitzen wir im Haus eines Arztes, der daraus kein Geheimnis macht, und fokussieren uns nur auf Feldmann und die *Fratres.* Dabei wollte uns Lachner mit Sicherheit noch anderes erzählen.«

Lachners Bunker hatte Sarah ermüdet, sie fürchtete inmitten des alten und stinkenden Schrotts zu ersticken. Jetzt war sie wieder frisch und wach.

Nachdem sie bezahlt hatte, holte sie eine Tasche mit Dokumenten unter dem Tisch hervor. Sie hatte noch keinen Blick hineingeworfen. Was sich aus Gesprächen ergab oder ergeben konnte, war oft viel wichtiger, sogar das Zentrale, und wenn jemand wie Moritz Lachner auch für das Ungesagte ein zwar schwieriges, aber spannendes Gegenüber war, durfte man das Gedruckte durchaus erst mal ruhen lassen.

»Komm, ich weiß, was wir Lachner fragen werden«, sagte Sarah zu Lisa und startete den Motor.

27

Als sie an der Vogelscheuche vorbeigingen, ertönte das schrille Gelächter. Eine Schar schreiender Spatzen stob aus dem Blattwerk der Apfelbäume.

Lisa musste lachen. »Es funktioniert tatsächlich. Ich frage mich nur, wozu unser Arzt seine Äpfel schützen will?«

»Vielleicht gibt er sie der Putzfrau. Oder den Bauern, und die tun brav ihre Pflicht und machen daraus –«

Lisa war schneller. »Apfelschnaps!« Beide lachten.

Lachner hatte sie erwartet. Bevor sie klingeln konnten, öffnete sich die Tür, und der Doktor grüßte abermals mit einer Verbeugung. Er hatte sich rasiert, die Brille geputzt, ein frisches Hemd angezogen und ein Paar graue Flanellhosen. Über dem Hemd schlotterte ein Pullover.

»Akt 2«, rief er feierlich, mit unüberhörbarer Ironie. »Ich bitte um Verzeihung für Akt 1. Akt 1 war mein Zwillingsbruder. Mein Bruder im Ungeist, wenn Sie so wollen. Ich kann nicht garantieren, dass er heute nicht nochmals auftauchen und sich übel bemerkbar machen wird. Aber ich versuche mein Bestes.«

Sarah hatte schon einiges an Verwandlungen und Maskeraden erlebt, aber so etwas war ihr noch nie begegnet.

Es war wirklich so, als hätte Lachner seinen Zwillingsbruder aufgeboten. Lisa zog die Augen zusammen und fixierte ihr Gegenüber wie ein aus dem Terrarium entlaufenes Tier, dem unter keinen Umständen zu trauen war.

Lachner führte die beiden in ein helles, geräumiges Zimmer. »Mein Sprechzimmer. Ich praktizierte bis vor fünf Jahren, zuletzt noch Konsultationen, hauptsächlich für die Bauern.«

An den Wänden hingen Diplome und andere Beweisstücke für die Fähigkeiten des staatlich anerkannten Gynäkologen. Im Hintergrund stand eine Untersuchungsliege längsseitig an der Wand. Der Decke entlang lief eine Vorhangschiene. Hinter Lachners Schreibtisch befand sich ein Medikamentenschrank aus Glas. Er deutete auf die Vitrinen. »Alles abgelaufen, wie so vieles. Wenn man so alt ist wie ich, läuft das Leben ziemlich rasant. Ab und davon … Übrigens fahren Sie einen tollen Sportwagen, Frau Conti, so etwas sieht man hier nicht alle Tage.«

Plötzlich war sich Sarah unsicher, wie sie das neue Setting einzuschätzen hatte. Ihr Plan hatte sich an dem Szenario orientiert, das ihr einen trunksüchtigen, weinerlichen Alten vorgeführt hatte. Davon schien nichts mehr übrig zu sein. Die Metamorphose war umfassend, und damit wurden die Karten neu gemischt.

Als Sarah den Gynäkologen genauer fixierte, sah sie, dass seine Stirn mit Schweißperlen bedeckt war. Und obwohl Lachner die Hände ineinander verschränkt über dem Bauch hielt, zitterten sie.

»Hoffentlich hat Sie meine kleine Vogelscheuche nicht erschreckt«, sagte Lachner. »Sie ist im Grunde genommen gutartig. Ihre Stimme verleiht ihr die nötige Autorität, denn die Vögel säen nicht und ernten nicht und gehen deshalb an meine Äpfel.«

Es klang, als hielte Lachner die Predigt eines Dorfpfarrers.

»Kein Problem. So schnell lassen wir uns nicht ins Bockshorn jagen.« Sie schaute zu Boden, dann zu Lachner, der versuchte, den seriösen Arzt zu mimen. »Lassen Sie mich nochmals fragen. Haben Sie Angst vor den *Fratres in spiritu sancto*? Was wäre das Schlimmste, was passieren könnte?«

Die Antwort ließ auf sich warten. Lachner konnte von der Frage nicht mehr überrascht sein, er selbst hatte die Vorlage geliefert. Andererseits konnte es natürlich sein, dass er sich inzwischen nicht mehr richtig daran erinnerte.

»Das Schlimmste wäre, dass sie jemanden vorbeischicken würden, der mich ins Jenseits spediert … Wie Kaspar … Das wäre vermutlich das Schlimmste. Aber seien wir ehrlich: Das wäre in meinem Alter, in meiner Lage und in meinem Zustand auch keine Katastrophe mehr.«

Lachner schürzte die Lippen, als wollte er zeigen, dass es ihm letztlich egal sein konnte. Die Grimasse wirkte nicht echt, dachte Sarah. Noch ein Spieler. Jetzt ging es darum, vor laufenden Kameras eine neue Strategie zu finden.

»Waren Sie bereits Mitglied bei den *Fratres*, bevor Sie Frauenarzt wurden?«

Er rieb sich am Kinn. »Ja, wenn man von Mitgliedschaft sprechen kann.« Seine Augen hinter den Brillengläsern wurden schmal.

»Was heißt das?«

»Es heißt, dass man nicht einfach Mitglied werden konnte, man musste erwählt werden. Und voll gehorchen und schweigen können wie ein Grab.«

»Und was hatte man davon?«

»Das gute Gefühl, einem Orden anzugehören, der besonders war. Und der, übrigens weit über unser Land hinaus, dazu motivierte, für Ordnung, Zucht und Disziplin einzustehen. Mit allen zur Verfügung stehenden Mitteln.«

»Auch mit Totschlag? Mit Mord?«

»Mit allen Mitteln, die dazu nötig waren«, sagte Lachner und schien seine Haltung zu genießen. Doch der Doktor schien zugleich auf der Hut.

Das war der Moment. Du musst ihn packen, wenn er sich sicher fühlt, dachte Sarah. Lachner war gesprächig, sogar geschwätzig, aber kein Dummkopf. Und obwohl er in Akt 1 großspurig verkündet hatte, reinen Tisch machen zu wollen, hieß das noch lange nicht, dass er sich freiwillig ans Messer liefern würde.

»Mit allen Mitteln, das klingt erschreckend«, erwiderte sie. Während es Lachner noch zu gefallen schien, eine Kriminalpolizistin schockiert zu haben, legte sie nach: »Also … zum Beispiel auch mit den Mitteln der Gynäkologie?«

Sie hatte ins Schwarze getroffen. Wie von einer Kugel getroffen sank er zusammen, schloss die Augen und begann leise zu stottern.

»Was meinen Sie damit?«

»Das frage ich Sie, Herr Doktor. Sie haben doch vorhin versprochen, uns reinen Wein einzuschenken.«

Lachner stand auf und tat so, als ob er sich die Hände waschen würde, während er stärker ins Schwitzen geriet.

Vermutlich, dachte Sarah, war diesem Frauenarzt die soziale Welt vollkommen abhandengekommen. Er war außer sich, wenn er wieder mit Leuten sprechen konnte; verlief das Gespräch jedoch anders, als er es sich vorgestellt hatte, verlor er Fassung und Halt. Lachner hatte Angst.

»Alles ganz harmlos«, sagte er. »Damals vielleicht weniger, aber grundsätzlich harmlos … Ich half jungen, unschuldigen Frauen, ein Problem loszuwerden. Sie müssen verstehen, damals … Wir wollten helfen, wir waren doch keine eisernen Herzen.«

Sarah unterbrach den Schwall. »Ich weiß. Damals waren Abtreibungen verboten. Übrigens kam es auch damals, wie Sie wissen, auf die Umstände an. Auf bestimmte Bedingungen und Indikationen.«

Sie war keine Spezialistin, doch ihr war klar, in welche Richtung Lachner praktiziert hatte. Damals, als er, Kaspar Feldmann und ein paar andere Ordensbrüder oder wie auch immer sich diese Verrückten nannten, auf Jagd gegangen waren und dabei wie die Schweine gewütet hatten.

»Wie alt waren die Mädchen?«, fragte sie.

»Um die zwanzig, schätze ich.«

»Allesamt volljährig? Sind Sie sicher?«

»Man konnte nie völlig sicher sein, die Mädchen kamen nicht mit dem Pass in der Hand. Das waren, wie gesagt, Notlagen, da hieß es rasch handeln und Schwamm drüber.«

Lisa schien gegen ihre Wut anzukämpfen, sie steckte sich einen Kaugummi in den Mund und begann heftig und so laut zu kauen, dass Lachner überrascht zu ihr blickte.

»Sind Sie dafür jemals verurteilt worden?«

»Nein. Aber es gab Akten. In zwei oder drei Fällen. Das will ich nicht verschweigen, finden Sie ohnehin heraus.«

Sarah war noch nicht fertig. Lachner hatte sein Fachwissen angeboten, wo immer es verlangt worden war, dienstfertig und subaltern. Die Mädchen waren nach Vitznau gekommen oder gebracht worden, und der Gynäkologe hatte praktiziert und kassiert.

»Was hatte das mit den Instruktionen der *Fratres in spiritu sancto* zu tun?«

»Eigentlich nichts, es war ja kein Kernbereich. Es war eine Spielwiese neben anderen Spielwiesen, und auf dieser Wiese war eigentlich jeder für sich selbst verantwortlich. Auch wenn es gewisse Vorgaben gab.« Lachner versuchte zu lächeln.

»Vorgaben? Inwiefern?« Sarah wurde schärfer.

»Ganz einfach«, sagte Lachner. »Man wurde aufgefordert, ausschließlich arische Mädchen zu …«

Sarah wurde wütend. »Sagen Sie es doch! Zu vögeln. Zu erniedrigen. Zu missbrauchen. Durch eine widerliche, perverse Horde!«

Lisa wollte ihrerseits loslegen, doch Sarah gab ihr ein warnendes Zeichen.

»Sie sprachen vornhin von eisernen Herzen. Was meinten Sie damit?«

Lachner wich zurück. Als hätte er einen Schlag auf die Brust erhalten.

»Ich meinte: kalte Herzen, Herzen ohne Gefühl, Herzen wie … Maschinen.«

Sarah und Lisa warfen sich Blicke zu. Während Lachner redete und dabei wie ein Greis wirkte, dem immer rascher der Faden entglitt, griff er mit einer fahrigen Bewegung zur Schublade und nahm eine Flasche samt Schnapsglas heraus.

»Ich darf davon ausgehen, meine Damen, dass Sie nicht mitmachen wollen«, sagte er und goss das Glas bis zum Rand voll, worauf er es mit einem einzigen Schluck leerte.

Die Verwandlung erfolgte binnen Sekunden, der Zwillingsbruder kehrte zurück, der Schnapsbruder von Akt 1.

»Wir sind fast fertig«, sagte Sarah. Gib dich unbeteiligt, gib dich gelassen und entspannt, dachte sie und schaute zu Lisa. Diese nickte. »Aber eine Frage hätte ich noch, Herr Lachner. Hatten Sie bis zu seinem Tod Kontakt mit Kaspar Feldmann?«

»Selten. Manchmal rief er an, redete von alten Zeiten. Oder auch davon, dass er das Jagen noch nicht verlernt habe. Erwähnte eine Prostituierte, sagte, dass er Angst habe.«

»Angst? Wovor?«

»Vor der Bruderschaft und ihren Ablegern.«

»Passte das zu ihm?«

»Nein … Aber er fiel schon viel früher durch eine gewisse Lebensart auf, ließ sich nicht reinreden. Zeigte mal da, mal dort, dass er nicht nur Regeln befolgte, sondern diese je nach Laune und Bedürfnis durchbrach. Was den Oberen nicht besonders in den Kram passte.«

»Wieso hätte er dann viel später noch ein Opfer seines eigenen Clubs werden sollen?«

»Erstens gab es immer wieder Streit darüber, wie das Vermögen verwaltet werden sollte, der Schatz der Bruderschaft, wie wir sagten. Kaspar hatte seine eigenen Vorstellungen … und seine eigenen Interessen.«

»Und zweitens?«

»Zweitens nahm er's mit den Vorschriften nicht immer so ernst. Wenn ihm ein Mädchen gefiel, war egal, ob sie blond und blauäugig war oder nicht. Das war schon früher so …«

Lachner ließ sein hohles, schepperndes Lachen hören und drückte den Kopf auf die Platte des Schreibtischs, als wollte er wie ein böser Geist, der seinen Auftritt gehabt hatte, möglichst schnell in einem Spalt verschwinden.

Der Abschied verlief ebenso merkwürdig wie der gesamte Aufenthalt: Sarah und Lisa liefen eilig zur Haustür und über die Apfelwiese zur Gartentür, und während diese knirschend in den Lagern drehte, schickte ihnen die Vogelscheuche einen Schrei nach, der so klang, als wollte er die Besucherinnen für ewig verfluchen.

Sie hatten sich ins Auto geflüchtet. Über dem Gotthard waren schwarze Wolken aufgezogen, und der Sturmwind fuhr von Süden her über den See. Als Sarah auf der Kantonsstraße zurück Richtung Gersau fuhr, kam der erste Regen – zuerst in Tropfen, bald in Stößen und nach zehn Minuten wie eine Dusche, die über das Dach und die Windschutzscheibe hinwegfegte. Die Scheibenwischer waren solchen Wassermassen nicht gewachsen. Sie rupften und zerrten und kämpften gegen die Flut, aber die Sicht wurde zusehends schlechter. Lisa stemmte sich in den Sitz und fingerte am Handy, während sie nervös aus dem Seitenfenster zum See hinüberschaute, dessen Blau sich in bläuliches Grau verfärbt hatte.

»Keine Sorge, wir haben es im Griff, der Wagen ist schwer«, sagte Sarah. »Dieser Lachner ist filmreif. Eine Figur wie aus einem Roman.«

Sarah versuchte einen lockeren Ton, obwohl ihr nicht danach war. Bevor Lisa antworten konnte, schlug ein Blitz auf der Gegenseite des Vierwaldstättersees ein. Für Sekunden stand die Halbinsel rund um das Rütli in milchigem Weiß wie unter künstlicher Beleuchtung. Kurz darauf krachte der Donner.

»Ohrenbetäubend«, sagte Lisa. Ihr Kampfgeist schien die Oberhand zu gewinnen, sie fuhr fort: »Ja, Lachner ist eine echte Nummer. Und ganz abgesehen davon ein richtiges Schwein.«

Die letzten Worte fielen in den nächsten Donnerschlag. Der Sturm wurde stärker. Das Herbstlicht wurde schwächer, die Dämmerung erfasste Dörfer und Häuser, es wurde schwierig, eins vom anderen zu unterscheiden.

Als Sarah in den Rückspiegel blickte, sah sie immer noch einen schwarzen Lieferwagen, der ihr seit der Abfahrt von Vitznau aufgefallen war. Plötzlich gab der Wagen Gas, beschleunigte, dass der Kasten heftig zu wackeln begann. Kam näher, wechselte blitzschnell auf die Gegenfahrbahn und setzte zum Überholen an. Bevor sie hoffen konnte, den lästigen Verfolger endlich loszuwerden, kam er ihr seitlich so nahe, dass das Chassis des Wagens den Außenspiegel des Mercedes touchierte. Dann drückte der Lieferwagen heftig nach rechts, um den Mercedes von der Spur und in den See zu stoßen.

28

Der Motor heulte auf. Sarah hatte mit größter Kraft aufs Pedal gedrückt, worauf der Mercedes mit einem Sprung beschleunigte, kurz nach links ausscherte, dann wieder Boden fasste und mit hoher Geschwindigkeit über den nassen Asphalt preschte.

Die Sicht ging gegen null. Nach zweihundert Metern bremste Sarah scharf und steuerte den Wagen auf den Pannenstreifen, der wie ein Balkon längsseitig über dem Ufer des Sees eingerichtet worden war. Der Lieferwagen war verschwunden.

»Das war knapp«, sagte sie außer Atem. »Fast wären wir baden gegangen.«

Lisa fuhr sich durchs Haar, stieg aus, rannte um den Wagen und nahm Sarah, die ebenfalls ausgestiegen war, in die Arme.

»Sie waren sensationell, Sie haben uns das Leben gerettet.«

»Glück im Unglück.« Sarah atmete schwer.

»Wer verfolgt uns? Wer könnte das gewesen sein?« Lisas Stimme zitterte.

»Ich weiß es nicht, beim besten Willen nicht. Aber manches ist möglich. Ein Agent der *Fratres*, die gemerkt haben, dass wir ihnen auf der Spur sind. Mein Stalker, der mich seit dem Fall Feldmann verfolgt. Ein Verurteilter von früher, den ich hinter Gitter gebracht habe, und der jetzt wieder frei ist …«

Die weitere Rückreise verlief ohne Zwischenfälle. Das Gewitter flachte ab; als sie über die A4 fuhren, zeigte sich über dem Zugersee der Regenbogen, wie in einem Herbstbild von Bruegel. Wann immer ein schwarzer Wagen im Rückspiegel auftauchte, zuckte Sarah zusammen. Es war wirklich knapp gewesen. Sarah hatte die Rückfahrt nutzen wollen, um über Lachner, seine Halbwahrheiten und Lebenslügen zu sprechen. Sie wollte Lisas Meinung, ihre Beobachtungen hören. Nach dem Manöver war die Stimmung eine andere. Sarah konzentrierte sich auf den Verkehr, Lisa schien in Gedanken verloren.

Mit jedem Mal wurde es schlimmer, dachte Sarah. Mit jeder Intervention wurde die Schraube angezogen. Wer war dieser Verfolger? Wer war dieser Mensch, der keine Grenzen zu kennen schien, um sie zu attackieren?

Sarah brachte Lisa nach Hause, fuhr den Mercedes in die Garage. Sie inspizierte den Wagen, der keinen Schaden genommen hatte. Selbst der Außenspiegel war intakt geblieben.

Nur noch wenige Schritte und sie war in Sicherheit. Selten war sie so froh, in ihren eigenen vier Wänden angekommen zu sein. Sie warf das Gepäck unter den Tisch, gönnte sich eine Dusche, zog ein kleines Schwarzes an und legte die Perlenkette um, die sie sich zum dreißigsten Geburtstag geschenkt hatte. Die Haare brachte sie mit Spray in Form. Dann zog sie einen Herbstmantel über und war bereit für die Vernissage im alten Industriequartier.

»Hallo, wen haben wir denn da? Ermittlerin Sarah Conti höchstpersönlich!«

Eine Freundin aus Studienzeiten steuerte auf Sarah zu und drückte ihr ein Glas Prosecco in die Hand. »Wie schön, dich zu sehen«, sagte sie, während ihre Blicke die Räume der Galerie nach Bekannten und Prominenten durchsuchten.

»Halb so wild«, sagte Sarah. »Mit der Prominenz deiner Kreise kann ich mich noch lange nicht messen.« Das war zu spitz, doch die alte Klatschmaus hatte es verdient.

Fred stand weit hinten und schien in eine abstrakte Installation versunken, die alles bedeuten konnte. Er winkte ihr zu. Sie würde ihn später noch sprechen können. Gretchen saß auf einem Hocker und hörte sich den Monolog eines Philosophieprofessors an, von dem es hieß, er könne alles, sogar die Stromrechnung, in eine unendliche Geschichte verwandeln. Rico lag auf dem Boden, die Vorderbeine voll ausgestreckt, sodass er viel größer aussah, als er tatsächlich war, und musterte die bunte Klientel mit skeptischem Blick.

Zürich war ein Dorf. Was Kultur und vor allem Kunst betraf, so traten sich die Leute ständig auf die Füße. Das Wer-wo-wie hatte zwar schon länger an Reiz verloren, aber Gruppen und ihre Rituale hielten die Gesellschaft zusammen. Fred war ein regelmäßiger Gast bei Vernissagen und versuchte tapfer, jede neue Produktion zu verstehen, während Gretchen, wie sie zu sagen pflegte, lieber Menschenkunde betrieb.

Die Galerie 69 spezialisierte sich seit fünfzig Jahren auf zeitgenössische Kunst, die sich in diesen fünf Jahrzehnten ununterbrochen gewandelt hatte. Allerdings – so dachte Sarah, wenn sie Zeit dafür fand, darüber nachzudenken – war es oft so, dass sich die zeitgenössische Kunst niemals so wahrnehmbar deutlich gewandelt hatte wie etwa die Mode. Sie blieb für die meisten Betrachter irgendwie modern, zeitgenössisch eben.

»Was halten Sie von Kentridge? Ist er nicht visionär? Und unglaublich vielseitig!«

Ein älterer Herr mit Blazer, Foulard und dunkelgelben Hosen hatte einen Frontalangriff gewagt.

Sarah wich einen Schritt zurück. »Kentridge?«

Der Herr im Blazer runzelte die Stirn. »Sie sagen mir nicht, dass Sie Kentridge nicht mögen? Sie sind doch selber Galeristin.«

»Da kann ich nur sagen: Schön wärs. Aber Vielseitigkeit ist immer gut. Heutzutage überlebt nur das.«

Der Kenner nickte und machte ein ernstes Gesicht. »Sie haben ja so recht. Denken wir an Picasso, Warhol, Kentridge. Allesamt Genies der Vielseitigkeit.«

Bevor er fortfahren konnte, hatte sich Sarah mit einer Drehung nach halb rechts gelöst und die Fährte von Fred aufgenommen.

»Wir sprachen gerade über Vielseitigkeit«, sagte sie ihm.

»Ich wollte schon nachfragen. Du bist ja toll in Form, und du siehst aus, als ob du den ganzen Tag blaugemacht hättest.«

Sarah stupste Fred in den Bauch. »So. Jetzt weiß ich endgültig, wie du mich taxierst. Aber ich hatte tatsächlich einen blauen Tag. Mit allem, was dazugehört«, sagte sie, worauf sie Fred zuprostete und einen tiefen Schluck nahm. »Weißt du übrigens, dass Kentridge ein Genie der Vielseitigkeit ist? Wie Warhol. Wie Picasso.« Als Fred stutzte, legte sie nach: »Sag mir bitte nicht, dass du Kentridge nicht kennst. Sonst kannst du nächstes Mal allein schwimmen.«

»Bist du beschwipst?« Fred schien irritiert.

Ja, dachte Sarah. Zuerst deale ich mit einem Schurken und Säufer. Erst kommt ein Gewitter sondergleichen. Dann will mich jemand samt Auto in den See manövrieren. Und jetzt wird mir der Prozess gemacht, weil ich noch nie von Kentridge gehört habe.

»Sagen wir's so, mein lieber Fred. Ich habe heute – jedenfalls in deiner Wahrnehmung – blaugemacht. Und dabei ist dies und das passiert«, sagte Sarah in einem Ton, der das Thema abschließen sollte.

Donna Reed war aus dem Schatten aufgetaucht. Als Galeristin war sie häufig in anderen Galerien unterwegs, auch wenn diese ein völlig anderes Repertoire bespielten. Sie legte Sarah einen Arm um die Schulter.

»Modern, was? Richtig zeitgenössisch. Nichts von Rembrandt. Aber es gibt ein paar gute Stücke!«, sagte sie mit einem Augenzwinkern und machte mit dem Arm eine Rundumbewegung, die alle Exponate miteinschließen sollte.

War Donna an diesem Abend ironisch gestimmt? Manchmal war sie sanft ironisch, liebevoll oder mildtätig ironisch. Manchmal aber auch richtig überdreht.

»Du hast mir doch gesagt, sie hätten auch drei neue Bilder von Katz.«

»Richtig. Hinten in der Seitengalerie.«

Donna nahm Sarah bei der Hand, zusammen kämpften sie sich einen Weg durch die Scharen der Gäste, die allein, zu zweit oder in kleinen Gruppen standen und lebhaft diskutierten.

Die Seitengalerie war fensterlos. Neonspots leuchteten von der Decke und ließen den Raum wie ein Aquarium aussehen. Es passte stimmungsmäßig zu dem größten Gemälde von Katz, das eine weite Düne und darüber das Meer zeigte, dessen Farbe unentschlossen zwischen Blau und Grün oszillierte. Sarah wanderte mit den Augen über den Strand und verlor sich irgendwo an der Linie des Horizonts.

»Schön. Metaphysisch. Und vor allem auch ruhig. So, wie du es gerne hast. Oder hättest«, sagte Donna, indem sie auf eine weitere Arbeit von Katz wies, die eine Balletttänzerin beim Training darstellte.

»Ruhe ist relativ.« Sarah zwinkerte Donna von der Seite her zu und fuhr fort: »Häufig ist sie bloß das Resultat eines Kontrasts. Aber natürlich hast du recht. Ich weiß, warum mir Katz so gut gefällt. Eine Art von Paradies aus Ordnung und Diskretion.«

»So genau wollte ich es gar nicht wissen, meine Liebe.« Donna lächelte und führte Sarah zurück zum Empfang, wo Fred bereits auf sie gewartet hatte.

»Und, liebe Sarah, wofür hast du dich entschieden?«

Freds spöttischer Unterton war freundschaftlich gemeint, Sarah reagierte im gleichen Tonfall: »Man muss nicht alles besitzen wollen, lieber Fred. Im Übrigen weißt du ja, dass mein Favorit nicht unbedingt auch meine Preisklasse ist.«

Sie wollte sich zur Eingangstüre stehlen, doch Fred hielt sie auf: »Moment, bitte geh noch nicht.«

Fred hatte den Tonfall gewechselt und schien konzentriert. »Ich wollte dir noch etwas über Kaspar Feldmann erzählen«, flüsterte er und lotste Sarah in eine Ecke, vor der sich eine mannshohe Grünpflanze in Stellung gebracht hatte. »Ein Bekannter hat mir gestern etwas gesteckt.«

»Erzähl!« Sarah neigte den Kopf. Alle Leute wollten ihr über Feldmann berichten, alle redeten ihr die Ohren voll und waren stolz, dass sie dies oder jenes oder etwas noch nie Gehörtes über Feldmann wussten.

»Ich meine nur, dass es interessant sein könnte. Der Bekannte ist der Sohn eines ehemaligen Freunds von Feldmann. Feldmann habe es schon als Student ziemlich wild getrieben, später auch. Wilde Partys in Vaters Haus, dazu Strand- und Jagdszenen am Zürichsee, das ganze Repertoire. Für damals ziemlich heftig«, sagte Fred.

Sarah war nicht überrascht. »Ja. Habe ich auch schon gehört, passt in sein Profil. Ein Lebemann wie im Drehbuch.«

Plötzlich bemerkte sie Freds Hand auf ihrem Unterarm, spürte seine Wärme, seine Kraft. Fred war nicht mehr der Freund. Er war der Liebhaber, den sie, wie sie überrascht realisierte, in diesem Moment begehrte, wie aus dem Nichts. Dieses Gefühl einer Nähe, die sie immer wieder genossen hatte, ohne dass daraus etwas Ganzes hätte entstehen können. Fred verstand sie auf seine diskrete Art besser als die meisten anderen und hielt zugleich Distanz. Weil sie es so wünschte.

Fred, der von diesen Gedanken keinen Schimmer hatte, ließ nicht locker. »Vielleicht sprichst du mit meinem

Gewährsmann. Ich glaube, dass er nichts dagegen hätte, ein paar Dinge loszuwerden, auch über seinen eigenen Vater.«

Bevor Sarah antworten konnte, war Donna wieder im Anmarsch und löste das verschwörerische Duo auf. Sie hakte sich bei Sarah unter und schleuste sie durch das Gewühl zum Ausgang, und während Sarah noch unentschieden war, ob sie sich Donna überlassen sollte, hatte die Freundin bereits für sie entschieden.

»Du siehst müde aus. Eigentlich hätte ich dir noch eine nette kleine Bar vorschlagen wollen, aber das können wir irgendwann mal machen. Ich fahre dich nach Hause.«

Es gab tatsächlich keinen Grund, warum sie sich nicht von Donna nach Hause fahren lassen sollte, dachte Sarah. Der Tag war nicht nur lang, sondern auch anstrengend gewesen und sogar ausgesprochen gefährlich geworden. Mit Fred, dem sie zum Abschied eine Kusshand zugeworfen hatte, würde sie sich demnächst verabreden.

Bevor sie es realisierte, lag sie bereits in der Wanne. Das Wasser war so heiß, dass ihre Gelenke schmerzten. Nach einer Viertelstunde war der gewünschte Effekt erreicht. Sarah fühlte sich entspannt, wusste, dass dieser Tag vermutlich eine Wende gebracht hatte. Noch war wenig aussortiert, doch das würde kommen, und Lisa und Carl würden dazu beitragen. Was der Gynäkologe erzählt hatte, war schrecklich gewesen, obwohl er von allen, die sich im Dunstkreis von Kaspar Feldmann bewegt hatten, vielleicht noch einer der Harmloseren gewesen war. Wenn man einen Arzt, der Abtreibungen vornahm, wie es gerade gewünscht wurde, als harmlos bezeichnen konnte.

Selten fand man den wahren Zugang zum Wesen eines ermordeten Menschen. Manche Opfer waren ziemlich einfach gestrickt gewesen. Aber selbst simplere Gemüter nahmen ihren Kern, die Tiefe ihrer Existenz mit ins Grab. War es bei Menschen, die zu Mördern geworden waren, anders?

Bei den Mördern, dachte Sarah, war es häufig so, dass sie sich selbst nicht kannten. Wenn sie Könner waren, kalkuliert und raffiniert, mit klarem Bewusstsein. Und doch kannten sie sich nicht, wenn sie zu Mördern wurden, jedenfalls niemals zur Gänze, und nach vollbrachter Tat noch viel weniger. Stoff für einen Roman.

»Geht es dir gut?«

Sarah lag im Halbschlaf im Bett, als sie von Carls Anruf in die Realität zurückgeholt wurde. Er klang aufgeregt, es schien, als ringe er mit Worten.

»Lisa hat mir kurz erzählt, was ihr unternommen habt.«

Sarah unterbrach mit müder Stimme. »Unternommen ist gut. Am Ende sind wir beinahe im Vierwaldstättersee gelandet. Aber Schwamm drüber.«

»Schwamm drüber? Ich bitte dich!«

Carl wurde immer aufgebrachter, was wenig zu Sarahs Plänen passte, diesen wahrhaft verrückten Tag ruhig ausklingen zu lassen.

»Das werden wir klären, bis zum letzten Detail aufklären. Und dann heißt es für deinen Herrn Verfolger, zur Kasse, bitte!«, sagte Carl laut.

»Ist das alles, Carl? Danke für deine Anteilnahme.«

Sie wollte einfach Ruhe. Wie sie sie auf dem Dünenbild von Katz gesehen, nein, erlebt und gefühlt hatte. Sie wollte auflegen, Carl ließ nicht nach.

»Augenblick«, sagte er. »Bin fast am Ende. Aber ich glaube, dass ich etwas entdeckt habe.«

29

Carl atmete schwer. Sarah konnte jeden Zug wie unter akustischer Verstärkung mithören. Unheimlich. Vielleicht war der Kollege viel weniger aufgeregt, als es den Eindruck machte. Ob er ein gesundheitliches Problem hatte?

»Geht es dir gut, Carl?«

Er ging nicht darauf ein, sondern wollte Sarah erzählen, was ihn umtrieb, seit er die Entdeckung gemacht hatte, als ob er sie damit für alles entschädigen wollte, was sie selbst an diesem merkwürdigen Tag erlebt hatte.

»Ich habe mich nochmals in Feldmanns Bilddateien umgesehen. Eine wüste Sache, klar. Dabei habe ich weiteres Material gefunden, den Motiven nach harmlos, aber nur scheinbar harmlos.«

Er habe ältere Farbfotos entdeckt, die das lustige Leben und Treiben des jüngeren Kaspar Feldmann dokumentierten. Feste und Partys, an denen es hoch zu- und herging, schwankende Gestalten mit lachenden Lippen, Alkohol in Strömen, dazu Mädchen, deren Alter Carl lieber nicht wissen wollte.

»Und wo das alles?«

»Das ist es ja, irgendwo am Zürichsee, würde ich schätzen. Auf einigen Fotos erkennt man die Villa Feldmann.

Auf anderen liegt die *jeunesse dorée* in der Sonne, und hinten glitzert das Wasser.«

Sarah schwieg, ehe sie sagte: »Bitte stell mir das alles schön zusammen. Ich will mir das genau ansehen.«

Am nächsten Morgen war sie früh auf dem Kommissariat. Carl hatte ihr die Fotos auf den Schreibtisch gelegt und die besonders interessanten Bilder mit seinen Kommentaren versehen. Bevor sich Sarah in das Material vertiefen konnte, kam Lisa ins Büro. Die Tür stand einen Spalt offen, trotzdem hätte sie anklopfen können. Doch nach den letzten Ereignissen war alles zu verzeihen.

»Es tut mir wirklich leid wegen gestern.« Sarah sah Lisa in die Augen, sie sah müde aus.

»Schon gut. Sie trifft doch keine Schuld. Ganz im Gegenteil, Sie haben uns gerettet.«

Das stimmte zwar, dachte Sarah, doch selbst wenn sie das Manöver mit vollem Wissen und Gewissen durchgezogen hätte, was nicht der Fall gewesen war, wäre ein Rest von Zufall im Spiel geblieben. Letztlich war es ihr Instinkt gewesen, der am Steuer gesessen hatte.

»Ich habe Ihnen das Dossier von Carmen Moor mitgebracht. Nicht viel, aber immerhin ein paar Informationen.«

Sarah würde die Physiotherapeutin wie vereinbart in drei Stunden in ihrer Praxis besuchen. Wer war Carmen Moor? Was Lisa zutage gefördert hatte, war nicht allzu viel: Geboren im bewegten Jahr 1968 in Genf, dort in die Primarschule, mit zwölf Übersiedlung nach Zürich, Gymnasium, nach dem Abitur Ausbildung zur Physiotherapeutin, Aufenthalte in London und Berlin, Studium der

Medizin, ohne Abschluss, danach tätig in einer Praxis für Physiotherapie und seit zehn Jahren selbstständig. Zivilstand ledig, keine Aktivitäten auf Facebook, Twitter oder Instagram, offenbar jemand, der Wert auf Diskretion legte, was in diesem Beruf nicht schaden konnte.

»Ich gehe allein. Mal sehen, ob wir mehr erfahren«, sagte Sarah.

Lisa nickte. »Nach dem gestrigen Verhör des ehrenwerten Herrn Doktor bin ich ohnehin auf Schonprogramm.«

Sarah lachte. Manchmal, dachte sie, war das Lachen bloß ein leerer Reflex, fast so albern wie ein Schluckauf.

Sarah widmete sich wieder den Fotografien. Carl hatte ein gutes Dutzend ausgedruckt. Ausgelassene Szenen: An Champagner fehlte es nicht, vermutlich auch nicht an Drogen. Sarah erkannte die Villa Feldmann, und offenbar hatten die jungen Leute auch noch einen Zugang zum See. Dieser konnte irgendwo liegen zwischen Zollikon und Rapperswil, auch die gegenüberliegende Seeseite kam infrage, obwohl sie definitiv weniger schick gewesen wäre.

Die drei jungen Mädchen, die Sarah schon beim ersten Mal auf einer Aufnahme begegnet waren, kehrten in ähnlicher Position wieder. Die zusätzlichen Aufnahmen hatten mehr oder weniger denselben Ausschnitt. Als Sarah näher hinsah, erkannte sie im Hintergrund einen hölzernen Steg, der auf dem früheren Foto nicht zu sehen gewesen war. Sie nahm die Lupe, das Korn des alten Films wurde noch gröber. Die Aufnahmen bestätigten lediglich, dass der junge Feldmann und seinesgleichen eine lockere Kugel geschoben hatten.

Die Uhr zeigte kurz vor elf, als Sarah das Kommissariat verließ. Sie ging zum Helvetiaplatz, wo sie die Tram in Richtung Enge nahm. Ein paar Stationen konnten eine halbe Ewigkeit bedeuten, wenn man es eilig hatte. Sarah war spät dran. Als sie die Bellariastrasse erreichte, war es kurz nach halb zwölf.

Das Haus wirkte vornehm. Es stammte aus der Gründerzeit und war aufwendig gebaut worden. Für die Ewigkeit. Die Simse und Friese an der Fassade waren für dieses Quartier nicht unüblich, doch sie mussten ein Vermögen gekostet haben. Seitlich zur Haustür befanden sich acht Klingeln. Carmen Moor hatte ihr Klingelschild nur mit den Initialen *C. M.* beschriftet.

»Kommen Sie herein, bitte. Pünktlich wie die Uhr.«

Hörte Sarah Belustigung aus Carmen Moors Stimme? Die Wohnung der Physiotherapeutin war geräumig, verzweigte sich in verschiedene größere Zimmer. Carmen Moor schien Sarahs Blick bemerkt zu haben.

»Meine Praxis ist auch meine Wohnung. Und umgekehrt.«

Sarah nickte und betrachtete ein Bild, das im Korridor an prominenter Stelle hing.

»Ein Blatt von Sam Francis, gefällt es Ihnen?«

Sam Francis hatte, wie es sein Stil war, ein wildes Gemisch aus farbigen Tropfen inszeniert, die nach allen Richtungen auseinanderliefen. Ein tiefroter Spritzer verlängerte sich von der Mitte her bis an den unteren Rand.

»Stark«, sagte Sarah. »Und temperamentvoll.«

Carmen Moor schwieg und wies Sarah in einen geräumigen Vorraum, der mit einer Couch und zwei Sesseln eingerichtet war.

»Sie zählen zu den Letzten, mit denen Kaspar Feldmann noch kurz vor seinem Tod kommunizierte.«

Sarah wählte einen neutralen Tonfall, Carmen Moor, die ihr Haar hochgesteckt trug, lehnte sich bequem im Sessel zurück.

»So ist es«, sagte sie. »Kaspar wollte einen Termin verschieben und gleich um zwei weitere bitten.« Sie zögerte, dann fuhr sie fort: »Ehrlich gesagt klang er erschöpft, irgendwie gehetzt. Nicht wirklich seine Art.«

»Sind Sie mit allen Patienten per Du?«

Die Frage war provokativ, aber Sarah brauchte Hintergrundinformationen, weitere Fährten, und wenn sie die Therapeutin nicht aus der Reserve locken konnte, würde die Konversation gepflegt, aber öde verlaufen. Täuschte sie sich oder sah sie einen winzigen Anflug von Röte im Gesicht ihres Gegenübers?

»Sie scherzen, meine Praxis ist durch und durch seriös. Kaspar ist … war ein alter Bekannter. Sogar ein Freund. Er kam seit mehr als fünf Jahren, ein Rückenleiden. Nicht tragisch, doch periodisch schmerzhaft.«

Sarah machte nochmals auf Angriff: »Hatte er Feinde? Sprach er mit Ihnen über Gegner und Rivalen? Oder lief alles nur ordentlich gesittet und streng beruflich ab?«

Carmen Moor wirkte ungehalten, antwortete nicht.

Sarah legte nach. »Wie fanden Sie eigentlich zusammen?«

Es war nicht das, was Carmen Moor erwartet hatte. Doch was sollte eine Physiotherapeutin erwarten, wenn sie Besuch von der Polizei erhielt und über einen ihrer Patienten befragt wurde, der zufälligerweise ermordet worden war?

»Eins nach dem anderen bitte, Frau Conti.«

Ihr Tonfall hatte sich verändert, die Schärfe war nicht zu überhören.

»Feinde? Nicht, dass ich wüsste. Gegner und Rivalen? Sicher jede Menge. Jede Menge Konkurrenten. Kennen Sie erfolgreiche Anwälte, die keine Gegner haben?«

Die klassische Replik. Feldmann junior und Feldmanns Witwe hatten ähnlich vage repliziert. Während sich Carmen Moor warmzureden schien, was auch gespielt sein mochte, beobachtete Sarah, wie sie zugleich völlig kontrolliert blieb. Eine Frau, die ihren Körper nicht nur bestens kannte, sondern auch zu beherrschen wusste.

»Und was das Kennenlernen betrifft, so hat uns Ambros Keller zusammengebracht oder besser, vermittelt. Feldmann suchte eine Therapeutin, und Keller empfahl meine Praxis, so war es. Ebenso einfach wie banal.«

Sarah wechselte nochmals die Strategie. »Frau Moor, bitte, versuchen Sie zu helfen, wir ermitteln in einem Mordfall. Wir haben zwar Spuren, aber wir tappen, wenn ich ehrlich bin, immer noch reichlich im Dunkeln. Alles, was Ihnen zum Opfer einfällt, kann für uns wichtig sein.«

Die Spannung wich, Carmen Moor lächelte. Fühlte sie sich geschmeichelt? Sie schlug die Beine übereinander und faltete die Hände über dem Rock. Draußen zwitscherten die Vögel, hie und da hörte man, wie ein Auto durch die Straße kurvte. Hier war es friedlich, still. Und teuer.

»Ich kann Ihnen wirklich nicht viel mehr sagen. Natürlich war Kaspar eine Persönlichkeit. Ein Mann, der wusste, was er wollte, und dass er es in der Regel bekam. Darüber hinaus war er ziemlich witzig … soweit ich das aus der Perspektive des Streckbetts beurteilen konnte.«

Es sollte lustig klingen. In Wahrheit klang es, als ob Carmen Moor aus einem Bericht ihrer Patientenkartei vorgelesen hätte.

»Keinerlei Berufsgeheimnisse, nichts Persönliches? Sie duzten sich und blieben ganz auf Distanz?«, fragte Sarah, die bewundern musste, wie gelassen Carmen Moor das Thema balancierte.

»So war es, ob Sie es glauben oder nicht. Natürlich gab es da und dort Storys. Anekdoten. Klatsch. Doch niemals mehr als das, und wenn, dann hätte ich's vergessen.« Sie schien nun gelangweilt: »Vielleicht vergessen Sie, dass ich keine Psychotherapeutin bin. Bei mir geht es recht handfest zur Sache. Nach vierzig Minuten ist der Patient erschöpft, alles schmerzt, und jetzt freut er sich, dass es vorbei ist … Bis zum nächsten Mal.«

Bis zum nächsten Mal. Oder auch nicht. Sarah begriff, dass sie noch keinen Schritt weitergekommen war.

»Zweitletzte Frage. Woher kennen Sie Ambros Keller?«

Das war sie sich schuldig, dachte Sarah. Das musste sie wissen, seit sie Keller mit Carmen Moor vor dem Fraumünster gesehen hatte. Die Frage war grenzwertig, solange Carmen Moor nicht offiziell verhört wurde.

»Ist das ein Verhör?«

Carmen Moor schien Sarahs Gedanken gelesen zu haben. Sie schien halb amüsiert, halb ungeduldig und wartete nicht auf Sarahs Antwort. Stattdessen tat sie so, als wollte sie aufstehen.

»Wir kennen uns schon lange. Woher, weiß ich nicht mehr. Wirklich nicht. Erinnern Sie sich immer, woher Sie jemanden kennen, wenn das Kennenlernen schon so lange zurückliegt?«, fragte sie und gab Sarah den Eindruck, als schwebe sie über solchen und ähnlichen Fragen, die sie ohnehin nicht beantworten würde.

Natürlich weiß ich das, dachte Sarah. Natürlich weiß ich auch nach Ewigkeiten noch, woher ich jemanden kenne.

»Schon lange? Dann können Sie sich vielleicht nicht mehr an den Anfang, aber an vieles Weitere erinnern?«

Carmen Moor schien der Kurs, den Sarah eingeschlagen hatte, nicht zu gefallen, ihr Lächeln wurde schmal.

»Natürlich. An vieles, Schönes. Ambros Keller ist ein intelligenter und spannender Mann … und ein echter Kavalier.«

Das Wort war ihr herausgerutscht. Sofort merkte sie, dass es im Zusammenhang mit Ambros Kellers Status seltsam klingen musste.

Sarah wartete nicht lange: »Ein Kavalier? Ja, das kann ich mir vorstellen. Aber ob das wirklich zu einem Ordensbruder passt?«

Es sollte unverfänglich daherkommen, wie aus der Hand geschüttelt. Der Effekt war umso interessanter. Carmen Moor errötete, stützte die Arme auf die Lehne und wollte aufstehen, diesmal entschiedener.

»Letzte Frage: Wo waren Sie am Abend und in der Nacht, als Kaspar Feldmann ermordet wurde?«

Carmen Moor sank in den Stuhl zurück. Sie hatte sich wieder entspannt.

»Hier, zu Hause. Ich fühlte mich etwas fiebrig. Eine kleine Erkältung. Ich las die Zeitung, sah fern, ging dann früh zu Bett. Am nächsten Morgen war ich wieder fit.«

Gewiss. Diese Frau war wirklich fit, dachte Sarah. Gesund und sehr kontrolliert. Als sie aufbrach, sah sie durch den Korridor hindurch in einem der Zimmer eine Lithografie von Chagall, das Chagall-Blau. Darunter stand eine Anrichte, darauf stand eine Menora. Alles gediegen, geschmackvoll.

Als Sarah am Haus vorbei und zur Tram ging, bemerkte sie, wie ihr Carmen Moor von einem Fenster aus nachblickte. Für Sekunden kreuzten sich ihre Blicke, dann verschwand die Therapeutin. Kein Zweifel. Einmal mehr bestätigte sich, dass der Ermordete überaus interessante Lebenskreise um sich gezogen hatte.

Die Fragen nach ihrem Verhältnis zu Ambros Keller hatten Carmen Moor nicht behagt, mit größter Wahrscheinlichkeit hatte sie ein Verhältnis mit dem Jesuiten. Und warum auch nicht, solange es nichts mit dem Fall zu tun hatte?

Sarah stieg am Paradeplatz aus der Tram und querte hinüber zur Bärengasse, die als kurze Seitenstraße zur Bahnhofstrasse nur ein paar Schritte weiter lag. Zürichs schönste und teuerste Einkaufsstraße gab sich wie immer im Oktober besonders elegant. Die Saison zeigte bereits Luxusgüter mit dem Fernblick auf die Festtage. Gut betuchte Touristen aus aller Herren Länder gingen in den Boutiquen ein und aus. Es war ihnen egal, dass man die Dinge, die sie kauften, inzwischen auch überall anderswo auf der Welt erstehen konnte, wenn man genügend Geld hatte. Das traf auch auf die Uhrenläden zu. Schon vor Jahrzehnten hatte sich diese Schweizer Kernbranche erfolgreich globalisiert. Eine Rolex war eine Rolex war eine Rolex.

Es war deutlich wärmer geworden, die Temperatur lag bei über zwanzig Grad. Ungewöhnlich für einen Oktobertag, dachte sie, aber angenehm. Sie setzte sich an einen der Außentische des Restaurant und bestellte ein Risotto.

30

Sarah bezahlte und lief hinüber zur Sihl und Richtung Kommissariat. Der zweite Besuch an diesem Mittwoch würde andere Überraschungen bringen. Hatte Carmen Moor die Arbeit ihrer muskulösen Hände erwähnt, so konnte Amanda Beutler ebenfalls von körpernahen Tätigkeiten erzählen.

Als sie vor ihrem Schreibtisch saß, wurde sie von Ochsner überrascht. Der Staatsanwalt schien gut gelaunt und versprühte Elan.

»Und? Wie geht es unserem Fall? Wie ich höre, machen die Ermittlungen große Fortschritte.«

Sarah wusste nicht, ob das ironisch gemeint war. Manchmal war Ochsner intelligenter, als es schien. Aber das Gegenteil war häufiger der Fall.

»Es geht voran. Nicht so schnell, wie wir gehofft hatten«, sagte sie, worauf sich Ochsner mit einem schweren Seufzer in den Besuchersessel fallen ließ.

»Warum harzt es?« Er schaute an die Decke, als ob er mit seinen Gedanken weit weg sein wollte. Er fragte genau so, dachte Sarah, wie wenn ein Klempner gefragt hätte, weshalb er die Dusche reparieren müsse, während er zum Fußballspiel wolle. Wieder ging Sarah durch den Kopf, dass Ochsner möglicherweise gar kein Interesse daran hatte, dass der Mordfall Feldmann gelöst würde. Ochsner hatte Sorgen, sich bei der besseren Gesellschaft in die Nesseln zu setzen, wenn immer weiter Staub aufgewirbelt würde und weitere Dinge ans Licht kämen, die seinen Freunden unangenehm gewesen wären. Wo Rauch war, war Feuer, sagte man, meistens zu Recht.

Deshalb verschwieg Sarah dem Staatsanwalt die jüngsten Ermittlungen. Weder informierte sie ihn über den Besuch in Vitznau noch berichtete sie über das Gespräch mit Carmen Moor. Feldmanns Laptop und die Sammlungen der Fotografien waren unter diesen Voraussetzungen erst recht kein Thema. Je mehr sie Ochsner erzählte, umso mehr würde er ihr im Nacken sitzen und versuchen, die Ermittlungen zu beeinflussen oder zu verlangsamen. Dann hätte sie nicht nur die bessere Gesellschaft gegen sich, sondern auch den wichtigsten Vertreter der Anklage vor dem Gericht, der eigentlich immerfort dazu da wäre, das Recht und nichts als das Recht zu schützen.

Allerdings wäre es nicht das erste Mal gewesen. Sarah erinnerte sich plötzlich an eine Geschichte, die sich vor ein paar Jahren in Zürich abgespielt hatte, als mehrere Morde zu verzeichnen gewesen waren, in die auch ein hoher Offizier der Schweizer Armee verwickelt war. Ochsner hatte die Ermittlungen nicht direkt behindert, aber von Hilfe von seiner Seite konnte keine Rede sein.

»Was sind die nächsten Schritte?«, fragte er nun. Seine Stimme verriet bei aller Leutseligkeit mehr als nur eine Portion Ungeduld. Es hatte keinen Sinn, Ochsner ihr nächstes Rendezvous zu verschweigen, sonst hätte es so ausgesehen, als ob inzwischen weder die Richtung noch die Energie der Ermittlung stimmte.

»Wir besuchen eine Escort-Dame, deren Telefonnummer aus Feldmanns letzten Anrufen ersichtlich wurde, eine gewisse Amanda Beutler.« Nach einer Kunstpause fügte sie hinzu: »Es ist zu vermuten, dass Frau Beutler mehr über unseren Ermordeten weiß als manche Mitglieder seiner Familie.«

Ochsner blieb bei guter Laune, lachte. Offenbar war Amanda keine Spur, die dem Staatsanwalt Bauchweh verursachte.

»Na, dann mal frohes Schaffen im Milieu, Frau Kollegin.«

Mit einem großen weißen Taschentuch schnäuzte er sich vernehmlich die Nase. Der Scherz, dachte Sarah, war eine Frechheit. Eine Frechheit sondergleichen. Hätte sie ihm ihre Indignation über so viel Frechheit gezeigt, hätte der Pflock namens Ochsner, wie wiederholt geschehen, einfach das Unschuldslamm gegeben und sich umso mehr über seine Sottise gefreut. Also tat sie, als ob sie die Bemerkung überhört hätte, stand auf, holte den Regenmantel aus der Garderobe, hängte die Tasche über die Schulter und verließ ihr Büro, grußlos, um Carl abzuholen, während Ochsner ihr verdutzt nachschaute.

Zuerst hatte sich Sarah vorgenommen, allein zu gehen, aber es gab keinen Grund, Risiken einzugehen. Es könnte einen aggressiven Zuhälter verstimmen, dass eine Beamtin der Kriminalpolizei in seiner Gasse tätig wurde. Das Studio lag an einer Seitenstraße der Langstrasse, die sich in schnurgerader Richtung bis hinüber in die Ausläufer des Zürcher Hauptbahnhofs und zum Limmatplatz erstreckte.

Die Langstrasse war längst Kult, kunterbunt, ein Streifen Glück und Verruchtheit, Verbrechen und Biedersinn, Multikulti und Billigwaren, was immer man wollte und suchte – die Antithese der Zürcher Bahnhofstrasse.

Seit ein paar Minuten standen Sarah und Carl vor dem Haus, nichts war passiert, sie hatten geklingelt, wo ein Schild mit der Aufschrift *Salon Amanda* den Gästen den ersten Schritt ins Paradies versprach. Das Schild war mit einem Lämpchen unterlegt. Wenn man die Klingel drückte, leuchtete es rot.

»Vielleicht hat sie noch Schwerlastverkehr.«

Carl, kein Weltmeister in Sachen Geduld, hatte sich Luft verschafft. Sarah sagte nichts. Stattdessen drückte sie nochmals auf den Knopf. Endlich konnte man den Summer hören.

Das Haus war weder billig noch heruntergekommen. Es hatte den trostlosen Charme eines Büroblocks aus den Siebzigerjahren. Das Treppenhaus war sauber und roch nach Desinfektionsmittel, der Lift war kalt und hell. Neben den Zahlen für die Etagen befand sich eine Reihe von Namen. *Pro Musica. Salon Relax. Lezzi GmbH für Kostümverleih. Chez nous.* Und schließlich, für das oberste Stockwerk, *Studio Amanda.*

Sarah musste kichern. »Na bitte, lieber Carl. Jetzt gehts hinauf ins Paradies. Wolltest du schon immer, was?«

Während sie flüsterte und der Lift mit Geräusch nach oben zog, realisierte sie, wie dumm das gewesen war. Woher sollte sie sicher sein, dass Carl, ein passionierter Junggeselle, nicht hie und da in einem solchen Lift ins Paradies entschwebte? Nach Dienstschluss und einem Glas Whisky? Doch er hatte kaum hingehört, schaute auf den Boden und schnaufte. Vielleicht wirklich ein Herzproblem, sie würde ihn beizeiten darauf ansprechen.

Im Türrahmen stand eine junge Frau, etwa dreißig, in einem engen kurzen Rock, einer weißen Bluse sowie schwarzen Ballerinas aus Lack. Das pechschwarze Haar war zu einem Pferdeschwanz gebunden, sie trug eine große Brille mit schwarzem Gestell. Wie eine Lehrerin, dachte Sarah.

»Willkommen«, sagte Amanda Beutler, indem sie jede Silbe leicht betonte. Der osteuropäische Akzent war dezent, aber hörbar.

War Amanda Beutler schön? Das war zu viel gesagt. Sie war zweifellos hübsch und attraktiv, was durch die markanten Wangenknochen und die mandelförmigen Augen unterstrichen wurde. Sie hatte eine besondere Ausstrahlung, und es war klar, dass diese Frau über viel Können und Verstand verfügte und über eine Klientel, die dies zu schätzen wusste.

»Hier ist mein Reich. Kein Palast, aber zweckmäßig«, sagte sie, mit einer vagen Handbewegung durch die Luft, nachdem sie Sarah und Carl auf ein lachsrotes Samtsofa komplimentiert hatte. Sie warf Sarah einen kurzen Blick zu, wählte einen sachlichen Ton. So verlief womöglich das erste Gespräch mit einem neuen Kunden, eher dünn auftragen.

»Natürlich könnte ich mir etwas an besserer Lage leisten. Aber erstens habe ich hier einiges investiert. Und zweitens mögen es die hohen Herren, hierher zu kommen.« Sie musterte die beiden Ermittler, fuhr dann fort: »Und warum, Frau Conti? Weil sie diese Atmosphäre spüren wollen, das Verbotene.«

Sarah lächelte. »Gewiss. Sie kennen die Menschen, Frau Beutler.«

»Jedenfalls die Männer, obwohl man sich laufend irren kann. Aber zugegeben, wenn einer nackt vor dir kniet und um Strafe bittet, geht er schon ziemlich aus sich heraus und öffnet dir sein Herz.«

»Das Herz? Oder die Brieftasche?«

Sie konnte sich die Bemerkung nicht verkneifen. Amanda Beutler beherrschte die Kunst des Provozierens, was gewisse Männer schätzten, und ihr Kommentar zeigte, dass sie den Stich ins Vulgäre entweder in sich hatte oder gut spielen konnte. Vermutlich ging das eine nach Belieben ins andere über.

Amanda Beutler ließ ein helles Lachen hören, während sie eine Reihe blendend weißer Zähne zeigte. »Beides, natürlich. Immer beides. Wenn jemand bezahlt und vorher sein Herz geöffnet hat, ist er meist zufrieden, das kann ich Ihnen sagen.«

»Wie gut kannten Sie Kaspar Feldmann?«

Sarah wollte zur Sache kommen. Amanda Beutler hätte noch lange über ihre Kunden und deren Bedürfnisse philosophieren können. Jetzt ging es um einen einzigen Kunden, und der war tot. Ermordet.

»Kaspar war zum Freund geworden. Natürlich konnten wir nicht zusammen ausgehen. Jedenfalls nicht in Zürich. Aber er war ein Gentleman, und das bei allem, was wir zusammen taten.«

»Was da gewesen wäre?«, fragte Sarah und blickte kurz zu Carl, der sich seit Beginn des Gesprächs Notizen machte.

»Ich gehe davon aus, dass Sie das vertraulich behandeln,

auch wenn Sie in einem Mordfall ermitteln?«, sagte Amanda Beutler.

Sarah runzelte die Stirn, sagte unwirsch: »Ich höre.«

»Wir hatten zwei Settings. Zum einen das Escort-Setting. Ich begleitete Kaspar, wenn er reiste, immer mit der gebotenen Diskretion. Aber es war kein Problem, in London, Paris oder Prag zusammen essen zu gehen und im selben Zimmer zu übernachten.«

»Und das zweite Setting?«

»Das zweite war spezieller, und deshalb war es auch teurer. Wenn ich Kaspar ins Ritz nach Paris begleitete, war das ein Teil meiner Spesen. Wenn Kaspar zu mir kam und wir unsere Spiele spielten, war der Aufwand größer. Und natürlich nicht nur der Aufwand. Es war eine andere und manchmal anstrengende Art von Hingabe oder Performance, wie Kaspar jeweils sagte, die ich für ihn inszenieren musste.«

»Worum ging es?«

Carl hatte sich vorgelehnt, Amanda streifte ihn mit einem spöttischen Blick, worauf sie sich wieder Sarah zuwandte: »SM. Sado-Maso. Früher, zu Zeiten des Marquis de Sade, ein exquisites und keineswegs harmloses Geschäft. Heute weit herum anerkannt und praktiziert. Meistens mit wenig Begabung, außer natürlich bei mir«, sagte Amanda, während sie in den Sessel zurücksank und ein zufriedenes Lächeln zeigte.

Sarah begann das Theater zu verwünschen, das Amanda Beutler für ihre Besucher inszenierte, Carl schien ähnlich zu empfinden.

»Ich sehe schon, dass Sie noch etwas Unterricht gebrauchen könnten. Es war so. Einerseits wollte Kaspar, dass ich ihn bestrafte. Das ganze Repertoire, mit der Bedingung, dass sein Körper danach keine Spuren davontrug. Andererseits machte es ihm Spaß, meine Sklavinnen abzustrafen. Es machte ihm riesigen Spaß.« Als sie Sarahs und Carls Erstaunen bemerkte, zog sie die Brauen hoch und fuhr ungerührt fort: »Keine Sorge. Alle Sklavinnen sind volljährig. Zweitens haben sie eine schriftliche Einwilligung abgegeben, die besagt, dass sie mit allem, was zuvor festgelegt wurde, einverstanden sind. Drittens haben wir ein Safeword. Meldet sich während der Sessionen eines der Mädchen mit diesem Code, wird die Prozedur sofort unterbrochen.«

Sarah griff nach ihrer Tasche, holte den Umschlag hervor und zog die vorbereiteten Abzüge heraus, die die einschlägigen Folterszenen zeigten. Eigentlich hatte sie geplant, diese Beweismittel mit triumphierender Geste auf Amandas Salontisch zu werfen. Um hoffentlich Furcht im Gesicht der Escort-Dame abzulesen. Welch ein Irrtum. Schon während Sarah ihr die Bilder reichte, begriff sie, dass das Pulver verschossen war.

Letztlich ein interessantes Phänomen, dachte Sarah später. Es kam eben nicht nur auf die Inhalte an, die diese oder jene Wahrheit in unmissverständlicher Art offenbarten. Es kam ebenso sehr oder manchmal noch viel mehr auf das Setting an, in welchem die Dinge präsentiert wurden.

»Na und? Was wollen Sie mich dazu fragen?«, sagte Amanda Beutler, während sie die Fotos überflog, als hätte sie einen langweiligen Reiseprospekt vor sich. Bevor Sarah antworten konnte, sprach sie weiter. Der Rhythmus wurde schneller: »Ja, das ist Kaspar, das ist sein Arm. Natürlich, das ist die Peitsche, die er jeweils brauchte.«

Dann gab sie die Fotos mit einem Blick zurück, der sagen sollte: Natürlich scheint die Sonne. Und jetzt? Das kann doch jedermann sehen.

»Wissen Sie, warum Feldmann einen Siegelring trug?« Auch Carl schien die Geduld zu verlieren.

Amanda schaute überrascht. »Keine Ahnung. Auf unseren Reisen sah ich ihn nie. Im Studio trug ihn Kaspar fast immer. Es sei denn, er war schon zu Beginn so erregt, dass er vergaß, ihn anzustecken.«

»Kennen Sie das Motiv dieses Rings?«, fragte Sarah.

»Ein Motiv? Ist mir nie aufgefallen.«

Sarah überlegte, ob sie Amanda Beutler von der Prägung erzählen sollte. Sie entschied sich, aufs Ganze zu gehen: »Das Motiv ist ein Herz. Ein kleines eisernes Herz.«

Zum ersten Mal, seit Sarah und Carl auf dem lachsroten Sofa Platz genommen hatten, um sich von der Dozentin Beutler in die Geheimnisse der käuflichen Liebe mitsamt ihren Variationen einweihen zu lassen, glaubte Sarah in Amandas Gesicht einen Schatten von Unruhe zu erkennen.

Sie doppelte nach: »Frau Beutler! Nie gehört? Hatte Feldmann Ihnen gegenüber nie davon gesprochen?«

31

Sarah wollte Amanda in die Ecke drängen und es gelang, denn plötzlich schien sie unsicher. Sie griff zu einer Schatulle, öffnete sie hastig und holte eine Zigarette heraus, die sie mit ein paar schnellen Zügen anrauchte, bevor sie sie genervt in einem Aschenbecher aus Muranoglas ausdrückte. War das der *turning point*?

»Sehen Sie, ich habe viele Kunden. Viele besondere Kunden mit besonderen Vorlieben. Einige reiche Kunden. Kaspar war nicht der Einzige, mit dem ich reiste, und er war nicht der Einzige, den ich bestrafte oder der meine Sklavinnen bestrafen durfte«, sagte Amanda Beutler. Sie war nervös.

»Aber er hat nie vom Motiv seines Rings oder von einem eisernen Herzen gesprochen?«

»Ich kann mich jedenfalls nicht erinnern. Kaspar redete viel, wenn er in Stimmung war. Und wie jeder erfolgreiche Mann erzählte er gern von sich.«

Die Unruhe war stärker geworden, ihre Stimme zitterte.

»Und die Tätowierung in seiner Achselhöhle? Das Herz? Das konnten Sie doch wohl kaum übersehen?«, fragte Sarah.

»Viele meiner Klienten sind tätowiert, das ist heute regelrecht Mode. Das Herz? Einmal lachten wir darüber. Kaspar erzählte mir, dass er es seit Ewigkeiten trage. Und inzwischen sei es etwas nostalgisch geworden.«

»Nostalgisch? Was meinte er damit?«

»Ich weiß es nicht. Er spielte auf Freuden unter jungen Männern an, auf vergangene Zeiten … Wissen Sie, wie gesagt, meine Klienten reden gern, ich kann mir unmöglich alles merken.«

Amanda hatte ihren herablassenden Blick wieder zurückgewonnen.

»Haben Sie Freunde von Kaspar Feldmann kennengelernt? Spezielle Freunde?«

»Speziell? Jeder Mensch ist auf seine Art speziell. Freunde von Kaspar? Sagen wir lieber: Empfehlungen. Wenn Sie mehr wissen möchten, brauchen Sie eine Vorladung. Was Sie übrigens auch nicht weiterbrächte. Auf diesem Gebiet ist mein Gedächtnis … wie ein Sieb, Sie verstehen.«

Das war ein halbes Eingeständnis, andererseits hatte Amanda auch einen Teil ihrer Sicherheit zurückerobert. Sarah merkte, dass die Escort-Dame alles gesagt hatte, für den Moment.

»Und, wie fandest du sie?« Sarah und Carl warteten auf den Bus.

»Speziell«, sagte Carl.

»Sie ist speziell. Stark. Klug, zumindest lebensklug. Vermutlich raffiniert, gewiss ziemlich rücksichtslos. Weiß, was sie will. Mit Sicherheit hinter dem Geld her. Und sie genießt es, wenn sich Männer unter ihre Stiefel legen.«

Carl schien aufgeregt, Sarah war leise amüsiert. Offenbar hatte der Besuch im Milieu nicht nur Carls dienstliche Interessen bedient.

»Glaubst du, dass sie noch mehr weiß?«, fragte er.

»Ja, sicher.«

Der Bus war fast leer. Hinten hatten sich zwei, drei ältere Leute mit ihren Einkaufskörben hingesetzt. Vorne wippte eine junge Frau den Kinderwagen. Ein Schüler stand am Fenster und spielte mit seinem Handy. Zürich im Modus der Unauffälligkeiten, dachte Sarah.

»Das Alibi war schwach. Den ganzen Abend Klienten bedient. Wetten, dass sie deren Namen nie und nimmer preisgeben würde. Aber weshalb sollte sie einen Freier umbringen, der ihr regelmäßig die Stunden mit schönem Geld versüßte«, sagte Carl und kratzte sich am Kinn.

Der Tag war gelaufen. Sarah ordnete ihren Schreibtisch, trank ein Glas Leitungswasser und schrieb auf ein Blatt Papier, was der nächste Tag bringen würde. Vor allem die Vorladung von Willy Feldmann.

Sie hatte genug von den ausweichenden Höflichkeiten rund um Kaspar Feldmann, genug von den Floskeln, von der Psychologie oder Pseudopsychologie rund um einen Mann, der selbst, mit größter Wahrscheinlichkeit, brutal direkt gewesen war. Wenn sie den Panzer in den kommenden Tagen nicht durchbrechen würde, wenn sie nicht endlich fassen konnte, was hier Sache war, dann könnte geschehen, was bisher noch nicht eingetreten war: dass Sarah Conti einen Kriminalfall *ad acta* legen musste, weil die Spuren und Fährten nicht ausgereicht hatten.

Als Sarah den Vorgarten zu ihrem Haus betrat, kamen

ihr die beiden Nachbarn entgegen, die sich vor ein paar Tagen verlobt hatten. Sie waren in munterer Stimmung, der Größere balancierte eine Geschenkschachtel auf dem Arm, der Dickere hielt eine Flasche Champagner, als ob er ein Baby zur Brust nehmen wollte. Kurzes Hallo. Sarah hatte keine Lust auf Konversation. Während sie die Treppen nach oben stieg, hörte sie von draußen her noch das Gelächter der beiden, das jedoch bald verebbte.

Glückliche Menschen. Paare. Harmonisch vereint. Liebe und Solidarität. Ein Schatten zog in ihr auf. Wurde ihr das Alleinsein zur Hypothek? Die Freiheit ihrer Autonomie zum eleganten Gefängnis? Wärst du zufriedener in einer Beziehung? Sarah hatte erlebt, nein, ausgesessen, wie sich während einer schwierigen Ermittlung ein Anfall von Depression abzeichnete. Lass dich nicht gehen, war die Lehre gewesen – oder eher noch die Selbsttherapie, für deren Gelingen es keine Garantie gab. Sie hatte sich einsam gefühlt, einsam und ungeliebt. Was sonst kaum ihre Art war.

Sarah kochte sich eine Suppe, schnitt zwei Scheiben Brot ab, bestrich sie mit Hüttenkäse, stellte Hummus hinzu und trank einen Verveinetee. Wie langweilig, dachte sie, wie gesund. Aber so wollte sie es, und so gefiel es ihr bis dato am besten. Utopien kosteten zuerst nichts, machten sich später aber als schmerzhafte Belastung im Haushalt der Gefühle bemerkbar.

Der Entschluss, ihren Vater anzurufen, war schon am Nachmittag gefallen, irgendwann zwischen den Gesprächen mit Carmen Moor und Amanda Beutler. Der ältere Mann, ein echter Herr, ohne dass er dafür über große Mittel verfügt hätte, hielt sich gut. Aufrechter Gang, pflegte er zu sagen, wenn er zeigen wollte, dass Fürsorge oder Mitleid noch lange nicht angebracht waren. Es klang jeweils wie ein Zuruf, der etwas von Selbsttäuschung in sich trug. Aber es funktionierte.

»Kommst du voran in deinem Fall?«, fragte er.

Sarah, die auch ihm gegenüber zurückhaltend blieb, wenn es um ihre Arbeit ging, erzählte wenig. Es genügte, dass Signor Conti die Spannung heraushörte, die sie zu verbergen versuchte. Dabei hatte sie weder den seltsamen Besuch bei dem Gynäkologen noch die Verfolgungsfahrt am Ufer des Vierwaldstättersees erwähnt. Sie versprach, ihn bei nächster Gelegenheit zu besuchen. Er lachte, die nächste Gelegenheit, rief er mit fröhlicher Stimme, werde wie immer auf sich warten lassen.

»Vergiss dann bitte nicht, mir meine Favoriten mitzubringen«, sagte er zum Schluss. Er meinte damit Pralinen von Sprüngli, die in seinem Dorf beliebt und in Windeseile verzehrt waren.

Das Tagebuch brachte sie heute nicht weiter. Was zu notieren gewesen wäre, spukte wild und ohne Logik in ihrem Kopf herum. Du bist zu müde, das hat keinen Sinn, dachte sie, während sie seufzte und daran dachte, wie es wäre, wenn jemand den Seufzer hören und sie in die Arme nehmen würde.

Obwohl das Tagebuch an diesem Abend leer blieb, holte Sarah die Fotografie der Nordwand hervor. Etwas Sport musste noch sein. Sie trug die Zahl 6 über dem Felsband ein, das von den Erstdurchsteigern als »Götterquergang« bezeichnet worden war. Dass sich Götter dort oben wohlgefühlt hätten, war zu bezweifeln, auch wenn die Aussicht spektakulär war. Immerhin, die Passage verlief relativ gesichert und ohne ersichtliche Steigung. Eine Art von Belohnung nach all der Mühsal. Doch dieser Quergang führte recht bald zum unteren Rand des letzten Eisfelds, das seinen Namen nicht zu Unrecht trug: die Spinne.

Am nächsten Morgen erschien Willy Feldmann pünktlich zur Vorladung auf dem Kommissariat. Er trug graue Flanellhosen, ein hellblaues Hemd, eine dunkelrote Krawatte und einen Blazer, der maßgeschneidert aussah. Den Regenmantel hatte er im Flur aufgehängt, in der nicht ganz unberechtigten Annahme, dass auf einem Polizeirevier nicht gestohlen wurde.

Sarah empfing ihn in ihrem Büro. Carl hatte Gläser und Mineralwasser hingestellt und sich dann in eine Ecke verzogen, wo sich ein kleiner Schreibtisch befand. Es war kein ordentliches Verhör, der Sohn des Ermordeten war kein Angeklagter. Vielleicht noch nicht. Gleichzeitig sollte ihm sogleich klar werden, dass es zur Sache ging. Dass das Finale dieser Ermittlung begonnen hatte.

»Herr Feldmann, ich muss Sie nochmals fragen, wo Sie am Tag des Mordes zwischen vierzehn Uhr und Mitternacht waren.« Sarahs Stimme klang ebenso sachlich wie bestimmt.

»Wie gesagt. Am Nachmittag im Büro, am Abend zu Hause. Was meine Frau bezeugen kann.« Feldmann zeigte keine Zeichen von Ungeduld, während sein Blick fast belustigt im Büro umherwanderte.

»War Ihr Vater an diesem Nachmittag ebenfalls im Büro?«

»Teilweise. Wie es seine Art war, kam und ging er, ohne das Personal darüber zu informieren.«

»Was heißt teilweise?« Carl hatte unerwartet aus seiner Ecke heraus gefragt. Feldmann drehte sich zu ihm um.

»Ich sah ihn kurz vor zwei. Danach war er, soweit ich das beurteilen kann, verschwunden Wir sprachen über einen Fall, eine internationale Sache. Mein Vater schien zufrieden mit den bisherigen Resultaten.«

»Eine andere Frage. Wer erbt das Vermögen Ihres Vaters? Wie sieht das Testament aus?« Sarah tat, als ob sie das Thema nicht besonders interessierte. Das Gegenteil war der Fall.

»Das Testament liegt bei einem Vertrauensanwalt meines Vaters. Einem alten Freund.« Er zögerte, dann fuhr er mit veränderter Stimme fort, wie jemand, der dabei war, sich von etwas zu überzeugen, das er selbst nicht glauben konnte. »Der Hauptteil wird an meine Mutter gehen. Ich selbst werde ebenfalls bedacht, aber nicht grandios … Und ein weiterer, größerer Teil geht wohl an eine Stiftung.«

»Woher wissen Sie das?«, fragte Sarah, während sie beobachtete, wie Carl Notizen machte.

»Weil mein Vater uns vor ein paar Jahren darüber informierte. Das Ganze war ihm übrigens ziemlich gleichgültig. Vermutlich dachte er, dass er ohnehin ewig leben würde.«

Die Stimme hatte sich nochmals verändert, war sarkastisch und distanziert geworden. Wollte Feldmann junior etwas verbergen? Hatte er nicht in vorauseilendem Gehorsam den Laptop seines Vaters abgeliefert?

»Kennen Sie diese Stiftung?« Wieder war Carl aus der Deckung hervorgekommen, er hatte seinen Posten gut gewählt und nutzte den Verlauf des Gesprächs geschickt, um

Fragen zu stellen, die auch dann gefährlich klangen, wenn sich wenig oder nichts hinter ihnen verbarg.

Willy Feldmann zögerte. Er wirkte wie ein Tier, das vor einem Hindernis scheute, um es dann doch zu überwinden.

»Also gut. Ja, ich kenne die Stiftung. Auch wenn sie mir alles andere als sympathisch ist. Es handelt sich um die *Fratres in spiritu sancto*-Stiftung. Ein ewiges Steckenpferd meines Vaters, mit dem ich nie etwas zu tun haben wollte. Fragen Sie mich nicht, was mit dem Erbanteil finanziert werden sollte.«

Willy Feldmann verschränkte die Arme über der Brust und sah Sarah mit dem Trotz eines Schülers an, der zeigen wollte, wie sehr er das Thema verachtete.

»Bei unserem ersten Treffen wollten Sie keine Ahnung von diesen *Fratres* haben.« Carl war ruppig geworden.

»Bei unserem ersten Treffen stand ich unter Schock, ob Sie es glauben oder nicht. Obwohl ich einiges gewohnt bin …«

»Handelt es sich dabei um eine größere Summe?« Sarah zweifelte an Willys Selbstmitleid.

»Um eine beträchtliche Summe. Mit diesem Geld könnte man vermutlich in gewissen Ländern eine halbe Regierung stürzen, das kann ich Ihnen schriftlich geben«, sagte Willy Feldmann, der auch gleich begriff, dass er zu weit gegangen war.

»Und wie kommt es, dass ein Rechtsanwalt, auch ein erfolgreicher, über solche Mittel verfügte?« Carl war blitzschnell in die Lücke gesprungen.

»Da fragen Sie wirklich den Falschen. Ich verstand mich

grundsätzlich ja nicht schlecht mit ihm, aber geschäftlich … und moralisch lebten wir auf ziemlich verschiedenen Planeten.« Feldmann drehte die Hände ineinander, während das übergeschlagene Bein seit einigen Minuten auf und nieder wippte. Die schwarzen Schuhe waren tadellos geputzt und glänzten matt. Er fuhr fort: »Und wenn Sie schon nach dem Geld fragen: Vermutlich hat er auch noch seinen Frauen einen anständigen Batzen überschrieben.«

»Seinen Frauen?«, fragte Sarah.

»Genau, seinen Geliebten. Zum Beispiel Madame Amanda. Und noch anderen. Die erste ist allerdings schon lange tot.«

»Seine erste?«

»Seine erste Frau, schon lange tot. Eine Art Studentenehe, vielleicht seine große Liebe, wer weiß. Wenn er überhaupt lieben konnte.«

Sarah war verblüfft. Und unzufrieden mit sich selbst. Warum bekam sie das erst jetzt zu wissen? Carl war aufgestanden und zum gegenüberliegenden Fenster gegangen. Dort angekommen legte er eine Hand auf den Fensterknauf, während er die andere in die Hosentasche steckte. Er drehte sich zu Feldmann und fragte wie beiläufig: »Wann war das? Wann ist diese Frau gestorben?«

»Wie gesagt, eine Studentenliebe. Sie starb noch jung, 1970 glaube ich. Krebs. Wenn man den Fotos glauben darf, eine schöne Frau. Manchmal kam mein Vater auf sie zu reden, wenn er getrunken hatte. Und was Sie wissen müssen: In unserer Familie war die Sache tabu. Komplett tabu. Als ob die erste Frau meines Vaters nie existiert hätte. Als ob man sich dafür schämte, dass der erfolgreiche Herr

Doktor Kaspar Feldmann in einem früheren Leben schon einmal verheiratet gewesen war.«

Feldmann lehnte sich zurück. Er wirkte plötzlich müde, erschöpft. Das kam häufig vor, dachte Sarah, wenn Familienangehörige über die Vergangenheit eines Mordopfers befragt wurden. Als ob die Angehörigen nochmals zur Ader gelassen würden, wo es schon vorher turbulent und schwierig zu- und hergegangen war.

»Wie hieß die erste Frau Ihres Vaters?«

Die Antwort konnte viel oder nichts bedeuten. Feldmann starrte auf den Parkettboden und schwieg. Nach gefühlten Minuten, die in Wahrheit kaum mehr als dreißig Sekunden gewesen waren, blickte er Sarah direkt ins Gesicht, während er die Augen wie geblendet zusammenkniff.

»Sie hieß Weiss. Rahel Weiss.«

32

Sarah schaute zu Carl. Sie überlegte den nächsten Zug. Was Willy Feldmann erzählt hatte, bestätigte einmal mehr das Wildern seines Vaters auch in puncto Frauen. Zugleich öffnete es eine weitere Dimension.

»Der Name klingt jüdisch.«

Die Bemerkung war Sarah peinlich, doch in diesem Fall konnte es sehr wohl eine Rolle spielen, vielleicht sogar eine fundamentale.

»Sie war Jüdin, richtig.«

Willy Feldmann schien seine Befragung mehr zu genießen als zu missbilligen. »Und wissen Sie was?«, fragte er, nunmehr nur noch rhetorisch, indem er an Sarah vorbei an die Wand starrte. »Damals war es meinem Vater vollkommen gleichgültig, wie er mir mal erzählte. Rahel war jung, schön, intelligent und voller Temperament. Das genügte ihm, sein Interesse war geweckt. Er war damals selbst jung, kaum über zwanzig, studierte noch, trieb es toll, lernte diese Rahel kennen und verliebte sich. So einfach war das, bis mein Herr Vater etwas bemerkte.«

»Nämlich?«

»Dass das in seiner Familie gar nicht gut ankam. Eine Jüdin? Um Gottes willen. Mein Großvater war außer sich, meine Großmutter betete das Vaterunser. Aber in den Kreisen, in denen er seit einiger Zeit verkehrte, kam es noch schlechter an. Es war, wenn Sie so wollen, ein Frevel sondergleichen.«

»Ein Frevel?«, fragte Sarah, während sie begonnen hatte, unauffällig einzelne Stichworte auf ein Blatt Papier zu schreiben.

»Glauben Sie, dass diese *Fratres in spiritu sancto*, diese Neo-Faschisten, begeistert waren, dass eines ihrer besonders vielversprechenden Nachwuchstalente die arischen Gesetze brach? Dass dieses junge Talent in eine Richtung abdriftete, die alles verhöhnte, was die Brüder sich und ihresgleichen geschworen hatten?«

Nach allem, was Sarah über die *Fratres* in Erfahrung gebracht hatte, musste Kaspar Feldmanns Wahl tatsächlich ein Skandal gewesen sein. Und trotzdem war es ihm gelungen, das Vertrauen seiner Brüder im Heiligen Geiste zu bewahren.

»Und wie reagierte Ihr Vater?«

Willy Feldmann lachte, ein grobes Lachen.

»Eigentlich nicht. Er reagierte eigentlich gar nicht. Tat so, als ob diese Liebe, diese Ehe gar nicht existierte. Hielt Rahel immer brav im Hintergrund. Versteckt. Als ob er weiterhin Junggeselle wäre. Was ihm, nebenbei gesagt, auch erlaubte, weiterhin quer durch die holden Gärten der Weiblichkeit zu wildern. Hinzu kam, dass er schon damals eine starke Persönlichkeit war und einen Vater mit viel Geld hinter sich hatte. Das überzeugte am Ende die *Fratres*, sie begannen den Tatbestand, wenn man so sagen darf, zu verdrängen.«

Sarah war überrascht und fasziniert, so viel hatte sie

nicht erwartet. Als ob Willy Feldmann ihre Gedanken gelesen hätte, fuhr er fort: »Natürlich half Rahels früher Tod. Dass sie von der Bildfläche verschwand, bevor die Angelegenheit zum Skandal hätte werden können. Ab 1970 war dann Ruhe, jedenfalls diesbezüglich.«

»Haben Sie eine Fotografie von ihr?« Sarah wusste nicht genau, warum sie fragte, aber sie spürte, dass es von Bedeutung sein könnte.

»Müsste im Familienkram stöbern, meine Mutter besuchen und dann unter einem Vorwand auf den Dachboden schleichen …«

Wieder lachte er. Kein Zweifel. Willy Feldmann hatte eine Bühne gefunden, ein Publikum, das er Stück für Stück darüber aufklärte, wie sein Vater gewesen war und was er getrieben hatte. Es war nun völlig klar, warum er den Laptop abgeliefert hatte. Dies und jetzt das Gespräch auf dem Kommissariat waren Akte der Rache eines Sohns, der von seinem Erzeuger wohl selten eines Blickes gewürdigt worden war.

»Übrigens. Woher kannten Sie das Passwort zum Laptop Ihres Vaters?« Die Frage hatte Sarah schon länger auf der Zunge gelegen, jetzt schien der Zeitpunkt gut. Willy Feldmann verzog das Gesicht, plötzlich hatte er einen Zug ins Hämische.

»Mein Vater war abgebrüht. Aber er war nicht vorsichtig, vermutlich auch zu wenig misstrauisch. Er hatte zwei schwarze kleine Lederhefte, dort waren seine Codes, PINs, Geheimzahlen notiert. Das eine Heft befand sich in der Schublade seines Schreibtisches, das andere trug er häufig in seiner Aktentasche herum. Für den Fall der Fälle.«

Sarah sah Kaspar Feldmann vor sich, wie er einerseits rüstig zur Sache ging, wo immer sich Chancen darboten, im Geschäft, unter Freunden, mit den Frauen, und andererseits ins Chaotische verfiel. Und sie sah seinen Sohn vor sich, der wohl schnell ans Werk gegangen war, nachdem er vom Tod des Alten gehört hatte. Schubladen auf und zu, Mappen auf und zu. Was hatte Willy bei diesen Streifzügen noch entdeckt?

»Haben Sie sonst noch etwas gefunden, was von Bedeutung sein könnte? Hat Ihr Vater bei Ihrem Treffen im Büro noch irgendetwas gesagt, was für uns wichtig sein könnte?«

»Nichts von Bedeutung. Kleinkram, Quittungen, das Übliche. Und zu Ihrer zweiten Frage: Er sagte bloß, dass er vielleicht zum Bootshaus fahren werde. Das Boot sei für die Überholung angemeldet, und er wolle es vorher nochmals inspizieren.«

Sarah schwieg. Carl schwieg. Beide hatten lange und geduldig gewartet. Jetzt kam Land in Sicht.

Nachdem Willy Feldmann gegangen war, ordnete Sarah ihre Papiere, Carl blätterte durch seine Notizen. Sarah war in Gedanken versunken. Carl sprach leise mit sich selbst. Es war kurz vor zwölf.

»Komm, wir gehen etwas essen.«

In der Bierhalle hinter der Kaserne ging es wie jeden Mittag laut und betriebsam zu. Die Kellnerinnen trugen riesige Teller durch den großen Raum und stellten sie mit einem dumpfen Knall vor den Gästen ab, die sich in Erwartung kommender Dinge bereits mit Gabel und Messer bewehrt hatten. Die Bierhalle war eine Zürcher Institution, eine Ikone der Gastlichkeit. Ein Anti-Trip gegen alles, was nach vernünftig und gesund schmecken sollte.

Sarah bestellte die mittlere Salatplatte. Während Carl an seiner Kalbshachse schnitt, fand sie zwischen Blattsalat und Bohnensalat Zeit, ihre Gedanken zu ordnen. Es waren viele Gedanken, und sie lagen kreuz und quer, wie ein Mikado-Spiel.

»Die Sache mit der jüdischen Abstammung ist wirklich verrückt«, sagte Carl. Er hielt ein Stück Fleisch zwischen den Zähnen, sodass die Worte wie verrutscht klangen.

»Schrecklich«, sagte Sarah. »Aber damals vermutlich häufiger, als wir uns vorstellen können. Die arme junge Frau.«

»Kein Wunder, dass sie krank wurde.«

»Spiel jetzt nicht den Chefpsychologen. Aber natürlich hast du einen Punkt, glücklich kann sie kaum gewesen sein. Wussten wir, dass Feldmann ein Boot hatte?«

»Wussten wir nicht. Vermutlich interessant, immerhin neu«, sagte Carl, der sich alle Mühe gab, den Teller in blank geputztem Zustand zurückgeben zu können.

Zurück im Kommissariat kam ihnen Ochsner entgegen, er winkte jovial und gab klar zu erkennen, dass ein Gespräch unerwünscht war. Besser so, dachte Sarah. Je weniger Ochsner, umso mehr Tempo.

Sarah rief Lisa und bat sie, in den kantonalen Archiven nach Rahel Weiss zu forschen. Es war möglich, dass sie über ihren Tod hinaus einen langen Schatten geworfen hatte. Carl sollte den Stellplatz von Kaspar Feldmanns Boot herausfinden. Denn ebenfalls war es möglich, dass das Boot mehr als ein Boot war. War Feldmann seniors Element nicht das Wasser gewesen? Hatte Kaspar Feldmann in seinen wilden Jahren nicht immer wieder wilde Partys an den lieblichen Gestaden des Zürichsees gefeiert? Und was würde Feldmanns Witwe zu ihrer Vorgängerin sagen?

Mit diesen Fragen startete Sarah Conti in einen Nachmittag, der nicht dafür bestimmt war, ihre Stimmung zu heben. Es geschah wenig bis nichts, während es irgendwo rumorte. Was Sarah wütend machte, war dies: Sie konnte das Rumoren nicht steuern, konnte nichts dazu beitragen. Irgendwann und hoffentlich rasch kämen weitere Informationen, und schließlich ginge der lang ersehnte Ruck durch die Ermittlungen. Wie ein Einsatz in der Musik, der das ganze Orchester mobilisierte und in eine klar umrissene Richtung lenkte.

Sarah machte früher Schluss, als es ihre Absicht gewesen war. Der Ruck, dachte sie, kam vielleicht schneller und heftiger, wenn sie sich zurücklehnte – im buchstäblichen wie im übertragenen Sinn. Sie packte die Papiere, auf denen sie während der Vernehmung von Willy Feldmann Stichworte notiert hatte, in die Tasche und zog von dannen. Als der wachhabende Polizist verwundert grüßte, erwiderte sie den Gruß mit einem maliziösen Lächeln. Das Lächeln war nicht echt, ein Bühnenlächeln, das Sarah vielleicht von Feldmann junior kopiert hatte.

Kaum hatte sie in ihrer Wohnung alles abgelegt und Gesicht und Hände gewaschen, setzte sie sich ans Klavier. Was jetzt? Chopins Etüden wurden immer schwieriger, je weniger sie sie übte. Eines Tages würden die Noten tief unten im Notengestell verschwinden. Für ruhige und einfache Stücke, die Muße und Kontrolle verlangten, fehlte ihr die Geduld. Sie legte das erste Heft mit den 32 Sonaten von Beethoven auf den Notenständer, öffnete die Sonate in d-Moll op.31, genannt *Der Sturm*. Sie konnte es kaum abwarten, die langsame Einleitung hinter sich zu bringen und sich mit Grimm in das Allegro stürzen zu können, während es ihr tatsächlich so vorkam, als ob ein wilder Regen an die Scheiben peitschte.

Der nächste Tag wurde hektisch. Kaum hatte sich Sarah in ihrem Büro installiert, klopfte Lisa an die Tür. Sie trug Jeans, weiße Tennisschuhe, eine weiße Bluse und darüber einen sportlichen Wollpullover, auf dem eine Katze prangte, als ob sie ins Zimmer springen wollte. In der Hand hielt sie einen Stapel von Dokumenten, hinter dem Ohr klemmte ein Kugelschreiber, und auf ihrer Nase saß diese Hornbrille, die sie altklug aussehen ließ.

Lisa hatte Folgendes über Rahel Weiss herausgefunden: Rahel Weiss wurde 1950 in Warschau geboren, kam als kleines Kind und offenbar unter abenteuerlichen Bedingungen in die Schweiz. Der Vater war Ingenieur, die Mutter Hausfrau. Rahel besuchte in St. Gallen die Primarschule und das Gymnasium, das sie 1968 mit dem Abitur abschloss. Dann begann sie an der Universität Zürich ein Studium der Wirtschaftswissenschaften. Die Zwischenprüfungen waren erfolgreich, eine vielversprechende Karriere schien sich abzuzeichnen. Dann, im Jahr 1970, das bittere Ende. Rahel erlag einer tückischen Krankheit. Sie war gerade zwanzig geworden.

»Irgendwelche Verbindungen zu Kaspar Feldmann?« Sarah schaute Lisa an, als ob sie ein Orakel bestaunen wollte.

»Ja. Sowohl Kaspar wie Rahel waren Mitglieder des Akademischen Sportverbands Zürich. Einer Organisation, die allen Angehörigen der Zürcher Hochschulen die Möglichkeit bietet, sich sportlich zu betätigen.«

»Toll, das ging ja schnell«, sagte Sarah.

»Internet«, sagte Lisa und kratzte sie sich mit dem Kugelschreiber im Haar, das sie wieder zu einem Pferdeschwanz gebunden hatte.

»Und sonst? Weitere Verbindungen?«

Lisa kramte in den Papieren und zog ein Blatt hervor, das sie offenbar ausgedruckt hatte.

»Schauen Sie. Offenbar waren Kaspar und Rahel sowohl im Fecht- als auch im Ruderprogramm des Verbands angemeldet. Sieht mir ziemlich nach verwöhnter Jugend aus.«

Sie hielt Sarah den Ausdruck entgegen, welche ihn wiederum auf den Schreibtisch legte und langsam die Lupe darüber bewegte, als suchte sie einen Käfer, der sich unter Laub und Ästen versteckt hielt.

»Tatsächlich. Elegant, sportlich, wie auf den Reklamen von Nivea«, murmelte Sarah.

Die späten Sechziger hatten viele Gesichter, sogar in der biederen Stadt Zürich, dachte Sarah. Während die einen Pflastersteine warfen, rote Transparente durch die Straßen trugen, Sprechchöre bildeten und die freie Liebe predigten, standen sich die anderen lässig in ihren weißen Fechtanzügen gegenüber, oder sie tauchten die Ruder in den See.

Auf den Fotos des Fechtprogramms war wenig zu erkennen. Man sah einen jungen Mann, der sportlich gewachsen war, und eine junge Frau, die das schwarze Haar nach hinten gekämmt hatte. Hätte die Legende die beiden nicht mit Namen identifiziert, wäre Sarah niemals darauf gekommen, dass hier auch Kaspar Feldmann mit von der Partie gewesen war.

»Wirklich schick.«

»Und hier haben wir unsere Wasserfrösche, ebenfalls recht ansehnlich. Vor allem können Sie hier feststellen, dass Rahel sehr gut aussah«, sagte Lisa.

Sarah ließ sich Zeit. Unter der Lupe zeigte sich, dass die Schwarz-Weiß-Aufnahmen diesmal von besserer Qualität waren. Der kurze Text, vermutlich aus der Clubzeitung, erwähnte, dass man die Ruderer beim Training beobachtet habe. Vier kleinere Bilder informierten den Betrachter über verschiedene Phasen des Trainings. Das größte befand sich in der Mitte. Es zeigte zwei junge Menschen, die gemeinsam ein langes Ruder auf der Höhe ihrer Oberschenkel hielten. Kaspar Feldmann war unverkennbar in seiner Mischung aus Arroganz und Lebensfreude, Rahel Weiss eine schöne junge Frau.

Irgendwo, dachte sich Sarah, hatte sie diese Frau schon einmal gesehen.

33

Lisa war gegangen. Sie besaß eine ansteckende Arbeitsfreude, dachte Sarah. Während Carl meist und nur bei besonderen Gelegenheiten aus seiner Haut kam, ließ Lisa jede Stimmung durch.

Wenig später rief Willy Feldmann an. Er hatte es geschafft, sich im Haus der Eltern umzusehen, ohne dass die Mutter Verdacht geschöpft hatte. Auf dem Dachboden hatte er ein paar Schachteln mit altem Familienkram gefunden, darunter auch ein Kuvert mit Fotografien, unter denen zwei Rahel Weiss zeigten. Willy Feldmann hatte die Bilder mit seinem Smartphone fotografiert und sofort weitergeleitet. Nach fünf Minuten kam eine neue Mail, Sarah öffnete sie und sah Rahel Weiss in wünschenswerter Deutlichkeit vor sich auf dem Bildschirm. Unverkennbar.

In dem Moment platzte Carl herein. Man konnte es nicht anders sagen, dachte Sarah, die über diese Invasion reichlich erstaunt war. Carl drückte sich wie ein zu allem entschlossener Elefant durch die Tür, grüßte Sarah im Vorbeigehen und stellte sich wieder an seinen Fensterplatz wie tags zuvor.

Sarah saß unbewegt da und wartete darauf, dass Carl

den Schwung, den er in ihr Büro getragen hatte, nunmehr umsetzen würde.

»Feldmann besaß ein Boot. Ein Motorboot. Edel, gut und teuer. Groß genug, um Spritzfahrten über unseren schönen See zu machen. Groß genug, um vier Passagiere übernachten zu lassen. Von den Partys und anderen Späßen nicht zu reden.«

»Na und? Was soll uns das helfen?«

Sarah versuchte den Enthusiasmus ihres Kollegen zu bremsen. Denn tatsächlich: Viele wohlhabende Leute besaßen ein Boot, ein Segelboot, ein Motorboot, zumindest ein Ruderboot. Was war daran besonders?

»Natürlich ist die Tatsache an sich nichts Besonderes. Aber ich habe mir nochmals die Vernehmungsprotokolle der Polizeistreifen kurz nach der Tat angeschaut. Eine Streife vernahm gegen vier Uhr morgens zwei Obdachlose, die das Zürichhorn zu ihrer bevorzugten Bleibe gemacht haben. Beide waren betrunken. Der eine so sehr, dass er nur noch lallte, der andere redete hingegen davon, dass er tanzende Lichter auf dem See gesehen habe.«

»Tanzende Lichter?«

»Ja. So steht es im Protokoll. Und da habe ich mir gedacht, diese Lichter könnten von einem Boot stammen, von den Positionslampen. Verstehst du?«

Sarah verstand. Aber sie sah noch nicht ganz, worauf Carl hinauswollte.

»Hast du dir mal genau überlegt, wie Feldmanns Leiche an die Gestade des Sees beim Zürichhorn gekommen sein könnte?«, fragte Carl.

Natürlich hatte sie es sich mehrmals überlegt. Darüber nachgedacht, ob er tot oder lebendig dorthin gekommen war, wo man ihn schließlich gefunden hatte. Laut der Gerichtsmedizin war Feldmann nicht am Fundort ermordet worden. Und jetzt hatte Carl möglicherweise ein *fait accompli* geschaffen, jedenfalls für die Rekonstruktion des Verbrechens. Carl hatte den Polizeirapport mit der Tatsache kombiniert, dass Feldmann ein Boot besessen hatte und damit vermutlich an den Tatort gelangt war. Als Kapitän oder als Leiche – wohl eher als Leiche.

»Da Feldmann aber, wie gesagt, nicht seine eigene Leiche fahren konnte, musste er dorthin gebracht worden sein«, sagte Carl.

Die Variante des Kapitän Feldmann schied aus. Denn wo hätte Feldmann das Motorboot vertäut? Das Boot wäre schon am nächsten Morgen gefunden worden.

»Okay. Der nächste Schritt betrifft also das Boot. Das Boot und das zugehörige Bootshaus«, sagte Sarah.

»Einverstanden«, sagte Carl, der sich in seiner Erkundung zu sonnen schien. Er setzte sich auf den Besucherstuhl und zog sein Notizheft mit dem rosa Einband hervor. Dann begann er zu dozieren: »Das Bootshaus liegt zwischen Küsnacht und Erlenbach. Es ist von der Seestrasse aus leicht zu erreichen, hat einen Rasenvorplatz und einen Steg, der auf den See hinausführt.«

Carl zückte sein Handy und zeigte Sarah die Einstellung, die er gespeichert hatte. Man sah die Seestrasse, die Einfahrtsstraße, das dunkelbraune Dach des Bootshauses, den Rasenplatz, den Steg und das Ufer des Zürichsees. Das Bootshaus war gröer, als Sarah gedacht hatte.

»Auf gehts«, sagte sie kurzerhand.

Diese Entschlossenheit hatte Carl nicht erwartet. Er

stemmte sich aus dem Stuhl, stand etwas ratlos im Zimmer, während Sarah ihre Tasche und den Regenmantel packte, einen unmarkierten Polizeiwagen bestellte und schon in der Tür stand.

»Komm, beeil dich. Du hast das Ei gelegt. Jetzt müssen wir es ausbrüten.«

Der Mittagsverkehr war stark, die Fahrzeuge stauten sich auf der Quaibrücke. Der Fahrer wählte die schnellste Route vom Kommissariat in Richtung See. Als er das Zürichhorn passierte, warf Sarah einen Blick zur Anlage. Hier war es geschehen, hier war Kaspar Feldmanns Leiche gefunden worden. Ein Körper ohne Herz.

Es war regnerisch, der Wind drückte die Wellen, die wie feine Falten über dem Seespiegel lagen, nach Süden weg, Schaumkronen kräuselten sich, diffuses Licht sorgte dafür, dass alles unfreundlich wirkte. Die Menschen, die Autos, die Bäume, der See.

Nach zwanzig Minuten hatten sie die Abzweigung erreicht. Ein Kiesweg, der breit genug war, dass ein Geländewagen durchkommen konnte, ging in Richtung See ab. Er war beidseits von Laubbäumen gesäumt, die die Sicht auf die umliegenden Grundstücke verwehrten. Wer hier wohnte, hatte sich vielleicht mit dem Lärm des Verkehrs auf der Seestrasse abzufinden, doch die Lage war grandios

Sarah und Carl gingen über den Vorplatz. Eine schwere Holztür verschloss das Haus. Was die beiden vorhatten, war nicht legal, sie hatten auch heute keinen Durchsuchungsbefehl. Was würden sie erzählen, wenn sie erwischt würden? Sarah fotografierte mit dem Handy. Carl hatte ein schmales Sims entdeckt, das um das Haus herum in das Dock und von dort weiter ins Innere führte.

»Pass auf, dass du nicht schwimmen gehst«, warnte Carl.

Seine Warnung war überflüssig. Wenn einer baden ginge, dann er, die Vorstellung belustigte Sarah, während sie sich ausmalte, was ein im Zürichsee schwimmender Kriminalbeamter der Besitzerin des Bootshauses erklären würde, die ihn dabei überraschte. Doch so weit kam es nicht.

Das Boot fehlte, auf der Wasseroberfläche der Anlegestelle, die Platz für zwei Schiffe bot, schwammen Blätter, ein paar Zigarettenstummel und Holzstücke verschiedener Größe. Alles wirkte einsam und ein wenig unheimlich. Sarah hörte die Schreie der Möwen und eine Fahne, die in unregelmäßigen Frequenzen heftig an ihren Mast aus Metall klopfte. Als sie die Türklinke herunterdrückte, stellte sie überrascht fest, dass sie sich leicht und geräuschlos öffnen ließ. Als sie die Tür fotografierte, roch sie Öl. Offenbar waren die Scharniere vor nicht allzu langer Zeit frisch geölt worden. War der Oktober die richtige Jahreszeit für solche Wartungsarbeiten?

»Boot weg. Wasser da.« Carls Tick blieb diesmal brav.

»Bitte finde heraus, in welcher Werft das Boot überholt wird. Die Auswahl ist überschaubar, das sollte schnell zu machen sein«, sagte Sarah zu Carl.

»Willst du nicht Feldmanns Witwe fragen?«

»Nein. Sie war uns bisher keine große Hilfe. Das wird auch weiterhin so bleiben. Und wahrscheinlich würde sie überall herumerzählen, woran wir recherchieren.«

Im Inneren des Bootshauses war es dunkel, es roch nach Holz, See und alter Sonnencreme, nach Holzkohle und Gummi, nach Benzin und Lack. Und wenn sich Sarah nicht täuschte, roch es, wenn auch nur sehr schwach, nach Parfüm. Genauer gesagt, nach dem Rasierwasser, das Sarah letztmals in der Kanzlei von Willy Feldmann gerochen hatte. Denn Gerüche, so wusste sie seit Kindertagen und seit ihrer Arbeit bei der Zürcher Kriminalpolizei erst recht, konnte man zwar nicht memorieren, wie etwa Klänge oder Farben, aber man erkannte sie sofort wieder.

Als sich Sarah weiter umsah, entdeckte sie einen Zigarettenstummel unter dem Küchentisch des Bootshauses. Sie zog Gummihandschuhe an und legte den Stummel in ein dafür vorbereitetes Kuvert.

»Sonst noch was?«, fragte Carl.

Sarah wusste nicht, was sie antworten sollte, spürte aber, dass sich hier mehr abgespielt hatte, als gerade zu erkennen war. Irgendwo mussten die legendären Feldmann-Partys stattgefunden haben.

Da bemerkte sie die zweite Tür, sie war etwas kleiner als die Eingangstür und ebenfalls aus dunklem Holz. Sarah drückte die Klinke, die sich nur mit Mühe bewegen ließ. Eine Treppe aus Stein führte nach unten, unter das Niveau des Vorplatzes, wie Sarah begriff, während Carl ihr mit unsicheren Schritten folgte. Es roch modrig.

Am Fuß der Treppen waren zwei größere, mit Holzwänden ausgeschlagene und von den Seiten her diskret beleuchtete Räume zu sehen. Zimmer mit einer elektrischen Heizung und bequemen Sofas entlang den Wänden, die problemlos auch dafür geeignet wären, wilde Partys und Ähnliches zu feiern. Die Lampen leuchteten rot, die Wände waren geschmückt mit Reproduktionen eines späten Grafik-Zyklus von Picasso, der, geradezu alterswild, seine sexuellen Obsessionen ausgetobt hatte. Die Bar in der Ecke des vorderen Raums zeigte Batterien von leeren Flaschen, die augenscheinlich kein Mineralwasser enthalten hatten

Carl blickte sich um, räusperte sich und schwieg. Dann sagte er: »Tatsächlich. Eine Art Liebesnest, jedenfalls bei Bedarf. Und wenn ich richtigliege, ist der Bedarf eher zur Seltenheit geworden.«

»Wie wir wissen, hatte unser Freund Kaspar andere Wege gefunden. Was wir hier sehen, lässt eher an die Sechziger und Siebziger denken, als vieles gefährlich neu war, aufregend und frech. Ich komme mir vor wie in einer spießig gewordenen Katakombe«, sagte Sarah, während sie die Nase rümpfte und versuchte, so wenig wie möglich von der abgestandenen Luft zu atmen.

Als Sarah und Carl das Bootshaus verließen, wirkte es alt und müde, es hatte bessere Zeiten gesehen. Wenn Feldmann auf den See rausgefahren war, so vermutlich nur noch selten, mit dem Bewusstsein des Besitzers, der seine teure Habe hie und da bewegen musste, damit sie nicht Rost ansetzte.

Was war hier geschehen? War überhaupt etwas geschehen? Hatte Carl recht, wenn er spekulierte, dass Feldmann mit seinem eigenen Boot an den Schauplatz des Verbrechens gefahren worden sein könnte?

»Lass die Spurensicherung kommen, sie sollen alles absuchen«, sagte Sarah. Der Durchsuchungsbefehl war Formsache geworden.

Als sie schon auf dem Kiesweg waren, drehte sich Sarah nochmals um. Plötzlich sah sie den Seesteg, den sie vorher, in der Aufregung, kaum beachtet hatte. Er ragte etwa zwanzig Meter hinaus über den Zürichsee und endete mit einer kleinen Treppe zum Wasser, nun sichtbar aus einem anderen Winkel. Sarah hatte diesen Steg schon einmal gesehen.

34

»Hast du den Steg erkannt?« Sarah war aufgeregt, fasste Carl am Ärmel und drehte ihn in Richtung Steg. Carl schaute hin und nochmals hin und bestätigte den Befund.

»Derselbe Steg wie auf den alten Fotos«, sagte er. »Eigentlich keine große Überraschung, wir wussten längst, dass der Zürichsee zu Feldmanns Territorien gehörte.«

Das war es nicht, dachte Sarah, es war die Kombination. Wie Carl kombiniert hatte, dass das Boot und Kaspar Feldmann auch am Tag seiner Ermordung irgendwie zusammengekommen waren, kombinierte nun Sarah, dass der Steg, die wilden Partys, die Mädchen auf den alten Farbfotos etwas miteinander zu tun haben mussten. Sie konnte es sich nicht erklären, es war mehr ein Gefühl.

Sarah biss sich auf die Lippe und sagte nichts. Und dabei blieb es auch während der Fahrt zurück ins Kommissariat. Carl schaute mit lustlosen Blicken durch die beschlagenen Scheiben auf die Straße, Sarah auf die Fotos, die sie gemacht hatte. Als sie die Aufnahmen der Türscharniere vergrößerte, nickte sie. Hier war jemand tätig geworden, vielleicht bloß ein Aufseher, der nach dem Rechten schauen wollte. Vielleicht aber auch jemand, der sicher sein wollte, dass sich die Tür leise in den Zapfen drehte.

Lisa hatte die beiden erwartet. Sie hatte ein paar belegte Brote gekauft und sie auf Sarahs Schreibtisch angerichtet. Während sie aßen, erzählte Sarah vom Bootshaus, von den Kellerräumen und vom Badesteg. Die drei wurden vom klingelnden Telefon unterbrochen – ein Sekretär des Kommissariats, den Carl beauftragt hatte, die Werft aufzuspüren, meldete sich. Er habe sie gefunden, sie befinde sich am oberen Ende des Sees Richtung Rapperswil und sei bis sechs Uhr geöffnet, der Werftmeister sei noch ein wenig länger erreichbar.

»Also auf zur Werft«, sagte Sarah.

Carl zog eine Grimasse. Der große Ermittler litt unter der geringen Größe seines Sandwichs, nicht zum ersten Mal würde er andere wichtige Arbeiten vorschützen, um sich mit einer sogenannten Zwischenmahlzeit in die Büsche zu schlagen. »Kommst du mit, Lisa?«, fragte Sarah.

Die Werft lag nur wenige Kilometer vor dem Städtchen Rapperswil, eine moderne Anlage, auf größere und große Boote spezialisiert. Alles war sauber und glänzte trotz des bedeckten Wetters. Die Mitarbeiter wirkten geschäftig und trugen hellgraue Arbeitsmontur, auf die das Logo der Firma gestickt war. Der Werkmeister hatte die Polizei erwartet, er grüßte jovial und wies die Besucherinnen in den hinteren Teil der Anlage, wo ein helles, geräumiges Büro die Sicht auf den Seedamm zwischen Rapperswil und Hurden freigab.

»Wir suchen das Boot von Kaspar Feldmann«, sagte Sarah. »Offenbar liegt es bei Ihnen zur Revision.«

»Stimmt. Ein schönes Boot. In die Jahre gekommen, aber umso edler. Damals baute man noch grundsolide.

Das wäre heute kaum noch bezahlbar«, sagte der Werkmeister.

»Was war kaputt?«, fragte Sarah.

»Eigentlich nichts. Eine größere Revision, die Dieselpumpe, die Ventile, etwas Öl für die Steuerung, keine große Sache. Und dann ab in den Winterschlaf.«

»Winterschlaf? Hier bei Ihnen?«, fragte Lisa, die den Notizblock gezückt hatte.

»So ist es. Natürlich könnte das Boot auch in Feldmanns Bootshaus überwintern, wie früher. Aber da es wie gesagt ein paar Jährchen angesetzt hat, bietet unsere Anlage besseren Schutz«, sagte der Werkmeister mit dem Ton eines stolzen Dienstleisters, der sich einer edlen Klientel erfreute.

»Wir müssten das Boot inspizieren«, sagte Sarah, ohne die Freundlichkeiten der Kommunikation zu erwidern.

»Schlimme Geschichte. Dabei war Herr Feldmann immer einer unserer angenehmsten Kunden.« Der Werkmeister zeigte sich bedeckt, fragte nach kurzem Zögern: »Glauben Sie, dass das Boot in die Sache involviert war?«

»Wir glauben gar nichts, wir wollen einfach das Boot sehen«, sagte Sarah ungeduldig.

Der Werkmeister ließ sich nicht aus der Laune bringen, sprang dienstfertig auf und führte die beiden über drei Treppen und zwei Gänge in eine Halle, in der Boote verschiedener Größe vertäut lagen.

»Hier liegt seine *Fortuna*«, sagte er. »Ein schönes Stück.«

Das Boot war etwa zwölf Meter lang. Es lag elegant auf dem Wasser, der Name *Fortuna* war weithin sichtbar. Sarah und Lisa gingen an Bord. Alles schien aufgeräumt und an seinem Platz. Sarah verstand wenig von Schiffen, konnte jedoch erkennen, dass der Besitzer sein Boot sorgfältig behandelt hatte. Die Kabinen waren nicht groß, aber zweckmäßig eingerichtet. Als sie die größere der beiden inspizierte, fiel ihr auf, dass ein Hauch von Zigarettenrauch in den Vorhängen hing.

»Hat hier jemand geraucht?«, fragte sie den Werkmeister, der den Kopf durch die Türe der Kabine gesteckt hatte und mit Neugier verfolgte, wie die Polizistinnen tätig wurden.

»Sicher niemand von uns, streng verboten.«

Sarah nahm ihr Smartphone und fotografierte die Kabine. Als sie die Decke des Betts prüfte, sah sie, halb von einem Kissen verdeckt, ein Haar. Sie nahm die Pinzette und steckte es in ein Kuvert.

»Ich möchte noch die Brücke sehen.«

Der Werkmeister begleitete sie, auch hier war alles tadellos in Schuss. Nur auf dem Fahrhebel waren ein paar winzige Kratzer zu sehen.

»Haben Sie das gesehen? Woher kommt das?«

Der Werkmeister kam näher und beugte den Kopf über die Armaturen. »Keine Ahnung. Ich würde sagen, dass das vermutlich neueren Datums sein muss. Nichts Gravierendes, werden wir polieren.«

Die Werft hatte Feldmanns Boot, wie das Auftragsbuch zeigte, am Morgen nach Feldmanns Ermordung im Bootshaus abgeholt, wie es ursprünglich mit dem Besitzer vereinbart worden war. Feldmann hatte den Werkmeister ein paar Tage vorher kontaktiert und ihm gesagt, er wolle das Boot selbst noch kurz anschauen und danach anrufen, falls neben der Revision noch zusätzliche Arbeiten zu machen wären. Dieser Anruf fand nicht mehr statt, sodass die

Werft den normalen Service durchführte, der demnächst abgeschlossen sein würde.

»War das Boot noch fahrbereit, als Sie es abholten? Haben Sie irgendwelche Auffälligkeiten bemerkt?«

Die Frage musste überflüssig klingen, nachdem die Firma das Boot offensichtlich problemlos in die Werft hatte fahren können.

»Nichts Auffälliges. Fahrbereit? Na klar. Vielleicht etwas weniger seegängig als sonst, weil wir ein kleines Problem mit der Dieselpumpe hatten.« Der Werftmeister schien sich seine Gedanken zu machen und betrachtete Sarah misstrauisch.

Der Abschied war kurz. Sarah verließ die S-Bahn am Bahnhof Stadelhofen, nachdem sie Lisa das Kuvert mit dem Haar übergeben hatte. Diese fuhr weiter nach Zürich Ost zum Institut für Rechtsmedizin, wo sie wenig später wahrscheinlich mitten im Abendtrubel der Heimkehrer ankommen würde.

Was hatten sie gelernt? Dass Feldmanns Bootshaus ein Hotspot für gewisse Gelegenheiten gewesen war. Dass das Boot ebenfalls eine Rolle gespielt hatte. Dass Feldmann immer noch Sorge trug, das Boot in Schuss zu halten. Und dass dieses Boot, das jetzt so still in der Werft lag, vermutlich noch vor Kurzem einen makabren Fährdienst geleistet hatte.

Letzteres war eine Hypothese, wie so vieles in diesem Fall. Sarah hatte noch in ihrem Büro vorbeigehen wollen, ließ es aber sein. Stattdessen lief sie die Dufourstrasse entlang nach Hause. Sie war erschöpft, hatte genug von der elitären Gesellschaft dieser Herrschaften, denen es offenbar immer wieder gelang, ein Netz der Täuschungen über ihr Treiben zu werfen.

Bei Pasquale kaufte sie zwei Portionen Tortellini, frische Tomatensauce, ein Stück Parmesan und einen knackig aussehenden Kopfsalat. Sie hatte das Geschäft verlassen, bevor der Feinkosthändler redselig werden konnte.

Auf gut Glück klingelte sie bei ihrer Nachbarin. Was sie jetzt brauchte, war eine gescheite und ruhige Person, die zuhören konnte. Zum Beispiel Gretchen. Rico hatte gebellt, Gretchen die Türe geöffnet, hatte genickt und Freude gezeigt, sie würde nach acht bei Sarah aufkreuzen, der Hund würde mit von der Partie sein. Manchmal war es wirklich einfach.

Sarah legte eine Schallplatte auf. Draußen war es düster, der Wind wehte leicht, aber vernehmlich, wie ein feines Sirren oder Zischen, das durch die Fenster drang. Die Platte war eine amerikanische Pressung, das Cover betont lässig. Dave Brubeck saß am Klavier und lächelte einer Schönheit zu, die sich über den vorderen Teil des Flügels lehnte, während sie in der rechten Hand eine brennende Zigarette hielt.

Damals war die Welt auch nicht besser dran gewesen, dachte Sarah, als sie unter der Dusche stand. Aber … Ach, lass das. Es war doch immer dasselbe. Hier Privilegien, dort Elend und Niedertracht. Wahrscheinlich war es von einem moralischen Standpunkt aus sogar richtig gewesen, dass Feldmann verabschiedet worden war. Auch wenn es einer Polizistin nicht gut anstand, selber über Moral, Gut und Böse zu entscheiden. Andererseits gab es keine objektiven Polizisten, sonst wären sie Roboter gewesen, seelenlose Mechaniker.

Sarah zuckte zusammen. Sie lief zum Schrank, zog sich ein Paar bequeme Jeans und einen Sweater über. War es wirklich das? War es vielleicht am Ende wichtiger gewesen, Feldmann so, *genau so*, zu töten, als ihn *überhaupt* zu töten? War es mehr auf die Inszenierung, auf die Bühne angekommen als darauf, einen unliebsam gewordenen Zeitgenossen wegzuschaffen? Dass es darum gegangen war, etwas Neues und Verrücktes zu schaffen, wofür Kaspar Feldmann lediglich der Spender gewesen war? Das Material, der Stoff?

Als Gretchen nicht wie üblich klingelte, sondern an die Wohnungstür klopfte, erschrak Sarah.

35

Seit den Anfängen dieses Falls war Sarah verfolgt worden. Ein Stalker hatte ihr nachgestellt. Das konnte ein Irrer sein. Es wäre nicht das erste Mal gewesen. Oder ein Mensch mit Plan, ebenfalls nichts Neues. Es konnte jemand sein, der mit dem Fall zu tun hatte. Das wäre von allen Fällen das Worst-Case-Szenario, dachte Sarah, die, als sie öffnete, trotz allem darauf vertraute, dass es Gretchen war, die soeben hart angeklopft hatte.

»Was für eine tolle Idee. Nur wir zwei. Pasta, Chianti, *perfetto*«, sagte Gretchen, während Rico durch den Türspalt schlüpfte und sich wie üblich blitzschnell aufs Sofa schlug.

»Finde ich auch. Aber ich bin müde, brauche Coaching und viel Verständnis«, sagte Sarah, die sich dabei ein Lachen nicht verkneifen konnte.

»Zu Diensten, zu Diensten. Jede Ablenkung ist mir recht. Ich habe selten so viele langweilige Klienten gehabt wie heute.«

»Sag mal, kannst du dir vorstellen, dass es Täter gibt, die eine Tat um der Tat willen begehen, inszenieren? Denen andere Gründe zweitrangig sind? Die nicht wüten oder rächen, sondern in gewisser Weise umgekehrt handeln?«

Sarah ging schneller *in medias res*, als sie gewollt hatte. Doch jetzt war es zu spät, jetzt war es auf dem Tisch. Dave Brubeck war beim letzten Track angekommen. *Love Walked In*.

»Du bist gut, noch nicht mal ein Glas Rotwein, und schon solche Fragen.« Gretchen hielt die Hände hinter dem Kopf und sank tiefer in den Sessel.

»Ich meine nur: Es gibt doch einfache, unauffällige Wege, jemanden umzubringen. Und es gibt komplizierte, geradezu abstruse Methoden.«

»Du meinst Rituale? Ritualmorde?«

»Ja. Wie bei den Azteken. Oder den Ägyptern. Oder bei *Hannibal the Cannibal*«, sagte Sarah, wobei sie vergeblich versuchte, einen leichten, unverfänglichen Ton anzuschlagen.

»Natürlich. Aber erstens ist das für zivilisierte Gesellschaften wie die unsere ziemlich selten. Und zweitens geht es trotz alledem nicht ohne Aggression, selbst wenn es so aussieht, als hätte jemand bloß Theater spielen wollen.«

»Welcher Typus steht dann dahinter, welche … Veranlagung?«

»Na hör mal, Veranlagung ist ein ziemlich starkes Wort. Aber klar, die Gene sind nicht wegzureden. Und was den Typus betrifft, so würde ich sagen, frustrierter Narziss. Unerkanntes Genie. Enttäuschter Egozentriker. Immerdar zu kurz gekommen, deshalb auf den Kriegspfad gekommen. Meistens Mann. Plus, eben, die Inszenierung. Was auch heißt, dass das einzelne Opfer bloß Anlass ist, praktisch niemals Ursache oder spezifisches Ziel.«

Sarah schaute Gretchen fragend an. Gretchen kam in

Fahrt: »Aber es gibt auch das andere, gewissermaßen das Gegenteil.«

Sarah begann sich zu amüsieren. Wann hatte Gretchen zum letzten Mal einen Mörder auf der Couch gehabt?

»Ach ja? Was denn?«

»Kennst du *Julius Caesar* von Shakespeare?«, fragte Gretchen.

»Von früher. Undeutlich. Warum?«

»Weil einer der Mörder Caesars, wenn ich mich recht erinnere, etwas in folgender Richtung sagt: Es seien seine Hände gewesen, die die Tat übernommen hätten, gewissermaßen selbstständig.«

Es war ein Fememord, dachte Sarah. Jedenfalls *auch* ein Fememord. So viel wurde immer deutlicher. Während die beiden immer weiter diskutierten, hatte Sarah das Essen bereitet. Obwohl sie keine große Köchin war, war es ein gutes Gefühl, rasch etwas herrichten zu können, das gleichwohl schmeckte und schnell wieder abgeräumt war.

»Alles schön und gut. Das Ergebnis unserer Klugheit, liebes Gretchen, geht wohl dahin, dass wir der Sache zwar näher kommen, während die Widersprüche eher zunehmen.«

Gretchen lachte. Rico, der sich auf dem Teppich zur Seite hin ausgestreckt hatte, öffnete ein Auge, das in müder Skepsis kurz blinzelte, und schloss es wieder, als wollte er nicht mehr gestört werden.

Gretchen war beschwingt nach Hause gegangen, eine wahre Frohnatur, dachte Sarah. Gut für Rico und vermutlich auch für Gretchens Patientinnen und Patienten. Wo der Optimismus blühte, konnte man sich aufrichten. Oder erst recht in Schwermut verfallen. War Feldmanns Mörder von Schwermut getrieben? Das war unwahrscheinlich. Wer so kalkuliert, inszeniert und brutal vorgegangen war, war ein Mensch der Tat. Kein Hamlet, eher ein Macbeth. Eigentlich unglaublich, wie Shakespeare nicht nur in die Herzen geblickt hatte, sondern auch ein genialer Typologe gewesen war, dachte Sarah, während sie in der Küche abräumte und sich ein letztes Glas Brunello einschenkte.

Dieser lange Freitagabend schien auf merkwürdige Weise in sich zusammenzusacken. Wie ein Ballon, dem man langsam und beständig die Luft abließ. Sarah sollte es recht sein. Sie kannte diese Phasen und Stunden. Der Fall drängte nach seiner Klärung, die Auflösung war zum Greifen nah. Zugleich wollte alles im Einerlei verschwimmen, gleich einem Traum, der sämtliche Hierarchien zersetzte.

Morgen würde sie mit dem Polizeiboot vom Landesteg des Bootshauses bis zum Zürichhorn fahren und versuchen, sich in die Situation hineinzuversetzen. Sie würde prüfen, wie sich das Ganze abgespielt haben könnte und rasch sehen, was sich daraus ergab. Und am Montag würde sie, Sarah Conti persönlich, den Obdachlosen befragen, der in der Nacht des Mordes etwas gesehen hatte.

Als Sarah zum Ausklingen die wunderbare Diana Krall in ihrer Spotify-Playlist erwecken wollte, summte das Smartphone.

»Na, mein Lieber, wie gehts dir so spät?«, fragte sie schläfrig.

Fred schien überrascht, schien zurückzuweichen. Sarah hörte noch nichts, sah den Freund, wie er sich innerlich schon entschuldigte, sie angerufen, sie gestört zu haben.

»Störe ich dich?«

»Nein, Fred, du störst nicht. Eigentlich störst du nie. Störung ist ein starkes Wort.«

Kaum hatte Sarah gesprochen, leise und mit Absicht wie abwesend, bereute sie, dass sie spitz geworden war. Aber das war nicht unbedingt das Problem, eher die Begleitmusik ihrer Beziehung. Dass Fred nie stören wollte. Dass er, bei aller Hartnäckigkeit, immer korrekt blieb, dass er nie etwas zeigte, das stärker war oder werden konnte als seine geradezu makellose Diplomatie. Ja, Fred, der artige, gut aussehende, sportliche, höfliche Fred – war kein großer Liebhaber. Was nicht hieß, dass Sarah es nicht wieder versuchen wollte. Das Klosterleben mit oder ohne Stimulatoren war zwar nicht zu verachten, aber nach Monaten der Abstinenz sehnte man sich nach anderem.

»Was macht der Fall?«

Auch das noch, dachte Sarah. Doch je länger sie mithörte, was sich an artigem Schweigen in Freds Verhalten angesammelt hatte, umso stärker wurde das Verlangen, ihn zu umarmen. Und zu allem Überfluss sah sie auch noch den toten Feldmann vor sich, der unter die Lebenden zurückgekehrt war und ihr mit lachenden Augen heftig zunickte.

»Der Fall kommt voran, so schnell, dass er mir auf und davon läuft.«

»Bist du okay?« Freds Stimme klang jetzt besorgt.

»Na klar. Du kennst mich doch. Aber wenn ich mich noch länger mit diesem Feldmann-Mord herumschlagen muss, brauche ich wirklich wieder mal einen Mann, einen Mann namens Fred.«

»Verstehe. Stets zu Diensten. Freut mich, dass ich dir immer noch zu etwas gut bin.«

»Hör auf, du bist doch meine Nummer eins. Wenn das für mich möglich ist …« Sarah musste lachen. Der Brunello lacht, dachte sie. »Lass uns morgen Abend ein wenig feiern. Bei dir, bei mir, wo immer du willst. Wir kochen zusammen, trinken zusammen, plauschen. Wie klingt das?«

»Klingt wunderbar. Du bist …« Fred wusste nicht weiter.

»Der Hammer?« Sarah seufzte. »Ja, ich weiß. Sagte schon mein Vater. Sarah, sagte er, du bist eine Wucht. Die stärkste Frau, die stärkste Tochter, die ich kenne.«

Nun lachte auch Fred, was wirklich gut war. Wenn Fred lachte, sich entspannte, dann würde dieses Wochenende wenigstens für ein paar Stunden alles verscheuchen, was an Fratzen und Dämonen durch die Lüfte flog, seit Kaspar Feldmann mit einem Loch in der Brust an den Gestaden des Zürichsees seine Betrachter schockiert hatte.

Drei Stunden später erwachte Sarah Conti aus unruhigem Schlaf und fand sich von Neuem in die emsige Ermittlerin verwandelt. Sie hatte geträumt, dass sich das gesamte Personal der Causa Feldmann, Feldmann senior inklusive, in Reih und Glied auf der Bühne des Zürcher Schauspielhauses versammelt hatte. Feldmann senior, der Tote, das Opfer, war vorgetreten und hatte in die Ränge des Publikums hinuntergebrüllt und wild gestikuliert und geschrien, man möge ihm nun, verflucht und verdammt, endlich sagen, wer ihn so qualvoll getötet habe. Subito. Jetzt. Hier.

Manche Opfer hatten ihre Mörder kennenlernen können. Anderen war diese Einsicht verwehrt geblieben. Besser so? Wieder war es Shakespeare gewesen, der das

Modell der Begegnung grandios knapp präsentierte, als er den tödlich verwundeten Caesar sagen ließ: *Et tu, Brute?*

Hatte Feldmann seinen Angreifer gekannt? Hatte er ihn mit der Verwunderung Caesars erkannt, der sich solches vorher nicht hätte vorstellen können? Hatte er, umgekehrt, etwas zur Kenntnis nehmen müssen, was er schon lange befürchtet hatte?

Doch etwas anderes, was ihr in diesem nervösen Schlaf durch den Kopf gewandert war, war viel wichtiger, dachte Sarah, während sie, nun hellwach, in ihre Pantoffeln schlüpfte und rasch einen Pullover über den Schlafanzug streifte. Wie hatte sie das bloß vergessen können? Lisa hatte Sarah vor einiger Zeit eine App empfohlen. Damals war es ein Jux gewesen, ein Jux unter den beiden Frauen, die davon gehört hatten, dass es Programme gebe, die es möglich machten, sich selbst jünger oder älter erscheinen zu lassen, natürlich bloß als Bild. Als Inbild dessen, wer man gesichtsweise war. Dafür brauchte man bloß ein Porträtfoto. Das Ganze war dubios. Woher sollte der Computer denn wissen, wie man in zwanzig, dreißig, fünfzig Jahren *wirklich* aussähe? Die beiden Polizistinnen hatten ihre Porträts hochgeladen und konnten verfolgen, wie der Zahn der Zeit, die unausweichliche Alterung, in das Bild hineingriff. Wen man wollte, bis zur Greisin. In welcher man sich halb staunend, halb amüsiert, halb verstört immer noch erkannte, ziemlich realistisch. Vorausgesetzt, man würde in etwa demselben Lebenswandel frönen. Während das *reverse*, das Zurück in die Jugend, schon deshalb viel weniger interessant war, weil man ohnehin nie mehr in den früheren Zustand zurückkehren konnte, alles vorbei. Ganz abgesehen davon, dass man ihn, jedenfalls für sich selber, in der Regel bestens kannte. Überraschend war dieses Verfahren nur dann, wenn man wissen wollte, wie ein Mensch in jüngeren Jahren ausgesehen hatte, der einem lediglich in Bildern seines fortgeschrittenen Alters bekannt war.

Sarah lud eine Fotografie in der App hoch, über die sie sich aus Anlass des Falls schon zweimal länger und mit einem Verdacht gebeugt hatte, ohne dass ihr eine Erleuchtung gekommen war.

Diesmal funktionierte es. Es traf sie wie mit einem elektrischen Schlag.

36

Der Samstag begann diesig, Nebelfelder verhüllten den Uetliberg, der dadurch geheimnisvoller wirkte, als er normalerweise war. Als Sarah vom Bootssteg ins Polizeiboot kletterte, fiel ein schwacher Sonnenstrahl auf die umliegenden Wellen, die sich in halbkreisförmigen Zirkelschlägen vom Ufer wegbewegten. Der Sonnenstrahl war ein Irrläufer gewesen, der Nebel wurde dichter.

Carl stand vorne und sah aus wie eine Galionsfigur, die jeder Art von Wetter trotzen würde. Auch dies war ein Trugbild. Sarah wusste längst, dass er alles andere als ein Wassermensch war.

»Na, dann wollen wir mal.« Die Galionsfigur hatte gesprochen, der Steuermann der Seepolizei betätigte den Anlasser, das Boot legte ab.

»Was meinst du? Wurde Feldmann als Leiche hin- und mitgefahren?«

»Ich weiß es nicht. Aber ich vermute, dass er schon tot war«, sagte Sarah, die sich eine Sonnenbrille gegen die Gischt aufgesetzt hatte. »Schließlich hat man am Tatort nichts entdeckt, was auf eine Tat *in situ* schließen ließe.«

»Dann hätte spätestens die Werft unwissentlich die letzten verbliebenen Spuren entfernt.«

»So ist es. Glaub mir, die Sache war perfekt und professionell.«

»Aber wozu das ganze Theater? Warum den alten Rumpler nicht einfach abmurksen und in den See werfen? Er wäre nicht die erste Wasserleiche gewesen.« Carl sprach lauter, kräftig gegen Gischt und Wind, und hielt sich mit den Händen an der Reling fest.

»Wenn wir das beantworten können, haben wir den Fall gelöst.«

Sarah wirkte entspannt, was Carl nicht entgangen war. Wenn sie mehr wusste, als sie sagen wollte, wirkte sie immer locker, als ob es nun kaum noch darauf ankäme, was weiter passieren würde.

Die Reise blieb kurz. Nach weniger als zwanzig Minuten kam das Zürichhorn in Sichtweite. Ein Kursschiff, das vom Bürkliplatz Richtung Rapperswil unterwegs war, kreuzte sie und ließ die Sirene hören. Ein paar Segelboote bogen sich in die Böen, alles ganz normal, Alltag pur.

Aber damals, in jener Sturmnacht, war es anders gewesen. Feldmanns Boot hatte sich durch die Wogen gepflügt, ein Todesschiff. Die Dunkelheit hatte den letzten Akt einer Geschichte verschluckt, die weiß Gott wo begonnen hatte. An Bord herrschte diesmal keine Feierstimmung, sondern Hass, Wut, Gewalt und Konzentration. So viel war Sarah inzwischen klar geworden.

»Wir haben jede Menge Landungsstege zum Aussuchen.« Carl machte eine weite Rundumbewegung mit dem Arm. Das Boot schwankte. Er hatte recht, es war wirklich kein Problem, am Zürichhorn anzulegen, selbst wenn es stürmte. Und dann? Runter mit der Leiche, weg vom Boot? Der Mörder musste sehr kräftig sein.

»Es waren mit Sicherheit zwei Täter.« Sarah schien noch immer entspannt, doch ihr Jagdinstinkt war nicht zu überhören.

»Vielleicht zwei Auftragskiller, zwei Freunde aus der besseren Gesellschaft. Oder von den *Fratres in spiritu sancto.* Nach dem Motto ›Mit Aufwand zum Ziel‹«, sagte Carl, woraufhin er sich in ein riesiges buntes Taschentuch schnäuzte.

Sarah hörte nur mit halbem Ohr hin. Das Ritual war essenziell, war die halbe Wahrheit. Über Feldmann, über seine Mörder. Sarah wusste, dass manche Täter keine Mühe scheuten, um ihr Motiv zu betonen. Statt den Widersacher zu erschießen, hängten sie ihn hoch oben am Kirchturm auf, weil dies eine tiefere Wahrheit über die Opfer bedeutete und die Welt wissen sollte: Ich habe mich gerächt. Was auch immer zu rächen gewesen war.

Deckung war reichlich vorhanden. Bäume, Sträucher, Rabatten, und selbst ein kleines Denkmal boten dem, der entschlossen war, hier nächtens auf verwachsenen Pfaden zu schleichen, reichlich Schutz. Hinzu kam, dass im Herbst und bei Sturm ohnehin wenige Passanten unterwegs waren. Selbst die Hundehalter wie Gretchen wählten dann die Abkürzung um den Häuserblock.

Auf dem Kommissariat hatte sich der Obdachlose eingefunden. Er war von einer Streife von seinem Stammplatz an der Seepromenade hergefahren worden und hatte es sich auf zwei Stühlen im langen Korridor bequem gemacht.

»Kaffee gefällig?« Lisa, die eine weitere Samstagsschicht einlegte, bugsierte ihn in ein Besprechungsbüro, an dessen Wänden Lithografien eines Schweizer Konkreten hingen.

Nachdem sich der Obdachlose mit der Tasse Kaffee eingerichtet hatte, war Sarah an der Reihe. Eine Sensation war kaum zu erwarten, dachte sie, während sie sich einen Stuhl griff und so weit wie möglich Abstand hielt.

»Herr Lehner, wir hätten ein paar Fragen«, sagte Sarah, während sie so tat, als ordnete sie wichtige Papiere.

»Klar, nur zu, ich bin ganz Ohr.« Lehner hatte auch schon bessere Tage erlebt. Aber er hatte sich gefasst oder tat jedenfalls so. Sarah wusste aus Erfahrung, dass Alkoholiker unter Stress bis zu einer Stunde wach und klar bei der Sache sein konnten. Lehner würde durchhalten, das spürte sie.

»Was haben Sie und Ihr Kollege in jener Nacht wirklich gesehen?«

»Was meinen Sie mit ›wirklich‹? Glauben Sie, dass es eine bessere Wahrheit gibt als die, die ich dem Polizisten erzählt habe?«

»Natürlich nicht. Ich meine bloß –«

Lehner unterbrach: »Sie meinen bloß, ich hätte noch nicht alles erzählt?« Sarah hob die Brauen. Lehner fuhr fort: »Sagen wir es so. Zuerst sahen wir ein paar tanzende Lichter, dann hörten wir, wie ein Motor näher kam und sehr abrupt zum Stehen kam. Dann ein Gebilde aus Schatten. Schließlich rannte jemand durch die Gegend, der Motor ging wieder an, und hinter den Büschen tanzten erneut die Lichter. Ruhe. Frieden. Ende der Durchsage.«

Lisa hatte sich gegen die Wand gelehnt, während sie mit schnellen Bewegungen in ihren Notizblock protokollierte.

»Hatten Sie getrunken?« Sarah lächelte vage in Lisas Richtung.

»Aber hallo, Frau Polizistin, was glauben Sie denn? Glauben Sie, wir saufen in einer solchen Mordsnacht einfach Wasser? Oder beten den Rosenkranz? Natürlich haben wir gesoffen. Wie die Löcher. Aber wissen Sie, ach was, das wissen Sie doch … wer geeicht ist, ist deshalb noch lange nicht blind. Oder taub. Oder debil.«

Sarah hatte genug gehört. Lehner würde niemanden identifizieren können. Nicht weil er betrunken gewesen war, sondern weil Dunkelheit und Regensturm wie eine Panzerwand gewirkt hatten. Immerhin hatte er den Vorfall registriert, was nunmehr zweifelsfrei bewies, dass Feldmann mit dem Schiff zu seiner Richt- oder Fundstätte gebracht worden war. Wenn sich Sarah nicht schwer täuschte.

Als sie ihre Sachen packte, klingelte das Telefon. Eine Angestellte der Spurensicherung meldete knapp, dass das Haar, das Sarah entdeckt hatte, nicht von Feldmann war. Man habe das mittels DNA zweifelsfrei bewiesen. Sarah war erleichtert. Umso besser, dachte sie. Auch das führte in die vermutete Richtung. Und umso besser wäre es jetzt, nach Hause zu gehen, ein wenig Klavier zu üben, das Tagebuch aufzuschlagen und später bei Fred zu erscheinen, hoffentlich bei guter Laune und offen für ihn. Bevor Sarah ging, rief sie Carl und Lisa in ihr Büro.

»Meine Damen und Herren, der Spaß ist vorbei. Sorgt dafür, dass wir am Montag, so früh wie möglich, mit dem

Verhör beginnen können. Die Zeit der Höflichkeiten ist vorbei«, sagte sie, während sie die Arme verschränkte und die gesamte Körpersprache auf Entschlossenheit stellte. Sie hatte gelernt, dass, wenn es endlich zur Sache ging, alles darauf ankam, wie man auftrat. Sie hatte gelernt, dass Psychologie und Verständnis mal ein Ende hatten. So waren auch kluge Mörder, die zuvor mit einer verständigen Ermittlerin zu tun gehabt und weiter mit diesem Charakter gerechnet hatten, plötzlich derart überrascht worden, dass sie gestanden.

»Und wen, bitte, werden wir vorladen?« Carl, der schon auf dem Boot geahnt hatte, dass Sarah bald die letzte Runde einläuten würde, sprach mit Pokergesicht so amtlich wie möglich.

»Gertrud Feldmann, Ambros Keller und Carmen Moor. Alle zur gleichen Zeit, früh und schön getrennt.«

»Müssen wir Ochsner informieren?« Lisa versuchte ihre Aufregung zu verbergen.

»Nein, wozu? Er kann später Anklage erheben. Aber die Vorladung ist ausschließlich unser Geschäft«, sagte Sarah und legte die linke Hand flach auf den Tisch. Wie im Film, dachte sie. Carl und Lisa nickten, schauten sich kurz an und zogen von dannen. Sie hatten schnell gemerkt, dass die Chefin nicht für Diskussionen und Aufklärung zu haben war. Wie immer, wenn Verhöre angesagt waren, wenn das Ende in Sichtweite kam.

Zu Hause, nach einem Grüntee, setzte sich Sarah ans Klavier, setzte die Kopfhörer auf, spielte Tonleitern, Terzen, chromatische Terzen, Oktaven links, Oktaven rechts. Danach holte sie die Fotografie der Nordwand hervor und zeichnete eine 7 direkt auf ein steiles, weißes Schneefeld. Die sogenannte Spinne, die der Berg hier geschaffen hatte und die auf jeder Postkarte abgebildet war, streckte ihre schmalen Beine nach oben und unten aus. Lange, weiße Eis- oder Schneeschründe, die extrem exponiert lagen. Die oberen Randspalten führten den Bergsteiger zu den sogenannten Ausstiegsrissen und zum Gipfeleisfeld. In der Mitte der Spinne, wo Verweil nicht selten tödlich endete, drohten blitzschnelle, fast lautlos niederkommende Lawinen.

Nun öffnete Sarah das Tagebuch: *1. Der Hergang der Tat klärt sich auf. Interessant, dass Feldmann nochmals mit seinem Bootshaus konfrontiert wurde. 2. Die Fahrt über den See ähnelt einem Rite de Passage. Intellektuelle oder mindestens absichtsvoll planende Mörder oder Auftraggeber. 3. Politische Beweggründe und Art der Verschwörung noch unklar. 4. Feldmann vermachte seinen Fratres eine größere Summe. Könnten sie Interesse an seinem frühzeitigen Verschwinden gehabt haben? Weiß Ochsner mehr, als er zugibt? 5. Funktion des Amuletts mit der Inschrift In hoc signo vinces weiterhin unklar. 6. Die Face-App ist spitze. Mit diesem Trumpf muss ich siegen. 7. Zunehmender Verdacht: Wäre es im Interesse gewisser Personen, der Fall würde niemals aufgeklärt. 8. Der Gipfel ist nah. 9. Absturzgefahren?*

Sie schloss das Tagebuch, legte es in seine Schublade, räumte den Schreibtisch so auf, als sei er noch niemals benutzt worden, ließ Melody Gardot über Spotify laufen, nahm ein Bad, legte sich hin und döste über eine halbe Stunde, war danach wach und frisch und fingerte durch ihre Garderobe, wählte Passendes und sehnte sich nach einer Zigarette, aber dieser Spaß war schon länger vorbei.

Während sie versuchte, an Fred zu denken, ging ihr, ohne dass sie es gewollt hätte, die App durch den Kopf. Wieder erschien das Gesicht. Das Porträt. War es wirklich möglich?

37

»Was soll ich nun denken?«

»Gar nichts sollst du denken, nimm es, wie es ist, wie es war.«

Fred lag auf dem Bett und starrte an die Decke, die Beine angewinkelt, die Hände hinter dem Kopf. Ein Mann. Wie die meisten Männer, nur etwas sanfter, nachgiebiger, verlorener. Ein guter Liebhaber war er nie gewesen, ein schlechter auch nicht. Ebenso an diesem Abend nicht. Und sie selbst? Ihr Problem, dachte sie, während sie neben Fred auf seinem Bett lag, war, dass sie sich niemals gänzlich hingeben konnte. Eben noch war sie kurz weggeflogen, dann kam das Bewusstsein zurück, wie ein unerwünschter Gast. Schon als Teenager war das so, damals noch viel schlimmer. Die nervösen, kurzatmigen Jungs, das unerfahrene Mädchen. Komm mir nicht zu nah. Kommt mir nie zu nah. Daran hatte sich auch später nichts geändert. Oder höchstens so, dass sie mit Reife und wachsender Ironie zu akzeptieren lernte, dass das Liebesspiel am besten zu gelingen schien, wenn man die Partien von vornherein für verloren hielt. Überraschungen waren dann immerhin noch möglich.

Fred hatte Fisch zubereitet mit knackigem Gemüse,

wie sie es liebte, später hatte er ein Soufflé serviert, das sich sehen lassen konnte, dazu Weißwein und eine Flasche Fonsalette, alles sehr gut und lieb, wie auch der Sex danach.

»Und jetzt? Sind wir wieder ein Paar?« Fred war nervös, aber auch irgendwie beglückt, spielte mit ihrer Hand, unsicher, behutsam.

»Lassen wir es einfach mal gut sein …« Sarah hatte den Kopf zur Seite gedreht und kurz gelacht.

Als sie sich das Ganze am nächsten Morgen nochmals durch den Kopf gehen ließ, kamen ihr Zweifel. Hatte sie Fred benutzt? Ein erfolgreicher Mann um die fünfzig ließ sich nicht einfach programmieren. Andererseits entfaltete das Schema von Reiz und Reaktion auch bei aufgeklärten sportlichen Zeitgenossen seine Wirkkraft, wenn es nur richtig dosiert und mit den entsprechenden Botenstoffen angereichert worden war.

Plötzlich hatte Sarah schlechte Laune. So hätte Feldmann gedacht und sich dabei eine Zigarre genehmigt. Wie kannst du nur, dachte sie. Nun würde sie tun, was sie in solchen Situationen so gut konnte: warten. Abwarten und schauen, was sich aus Fred und ihr entwickeln würde. Sich ein wenig treiben lassen, nicht zu viel versprechen, immer auch eigene Bedürfnisse und Gefühle kuratieren, was Fred nur recht sein würde, denn er wusste ja selbst nicht, wohin er sich treiben lassen sollte. Auch insofern, dachte Sarah, waren Fred und sie ein modernes Paar. Mit dem Zusatz, dass sie vermutlich länger darüber nachdachten als andere Paare mit sozusagen halbierter Liebesbindung.

Sie schaute aus dem Fenster. Der Wind griff in die

Kronen der Bäume und rupfte die Blätter, der See schlug Wellen. Plötzlich sah sich Sarah wieder in der Sturmnacht am Tatort. Solche Erinnerungsbilder besaßen eine unbeherrschbare Hartnäckigkeit, man war ihnen ausgesetzt, wusste nie genau, wann und weshalb sie emportauchten. Es gab Fälle und Ermittlungen, die Sarah kaum berührten. Der Fall Feldmann zählte nicht dazu. Sarah war sich jetzt schon klar, dass er später, nach seiner Klärung, einer weiteren Erforschung im stillen Kämmerchen bedurfte, wo die Dämonen, wenn das jemals zur Gänze möglich war, auf ein verträgliches Maß zurechtgestutzt würden. Dämonen, das meinte nicht nur die Menschen, sondern auch die Ideen und Wahnideen, die hinter ihnen tätig geworden waren.

Der Sonntag verlief ereignislos. Fred hatte angerufen. Sarah schien es, als hätte er *auch* aus einer Art Pflicht angerufen, um der Rolle des beglückten Liebhabers zu genügen. Seltsam, wie die Menschen in Schablonen wandeln konnten, denen sie auch deshalb Vertrauen schenkten, weil die Anstrengung zur Originalität hin, zum Unerwarteten, wohl einfach zu groß war.

Am Montag war Sarah früh wach. Sie ersetzte den obligaten Tee durch einen doppelten Espresso, den sie auf maßlose Weise mit braunem Zucker ergänzte. Eine Banane, ein Apfel und zwei Scheiben Toast bildeten das Frühstück.

Auf dem Kommissariat war viel los. Das Wochenende hatte zu reden gegeben. Raser samt Unfall auf der Hardbrücke, Demonstrationen in der Innenstadt, Schlägerei im Milieu. Das übliche Mosaik, das aus Zürich noch lange keine Gefahrenzone machte.

Ochsner hatte von den Vorladungen erfahren und war auf hundertachtzig. Keine Seltenheit, dachte Sarah, als sie sein Drängen abwehrte, so gut es ging. Der Skandal lag längst auf dem Tisch, alles andere war und blieb Augenwischerei.

Um acht Uhr warteten Ambros Keller, Gertrud Feldmann und Carmen Moor in den dafür bestimmten Vernehmungsräumen. Kaffee war serviert worden, Wasser reichlich vorhanden. Das Finale hatte begonnen.

Carl würde sich nach Sarahs Vorgabe mit Gertrud Feldmann befassen. Er würde versuchen, die Familie auszuloten, deren Geschichten, all das, was bisher nur mit Diplomatie versucht worden war. Lisa musste sich Keller vorknöpfen. Sie war mehr als motiviert. Sarah sollte alles Weitere übernehmen, mit Tempo, mit Härte.

»Guten Morgen, Frau Moor. Entschuldigen Sie die Umstände. Aber …« – Sarah machte eine Pause, während sie Carmen Moor unentwegt fixierte – »… es ist, wie es ist.«

»Bitte sehr. Wenn Sie glauben, dass Sie mehr wissen, als ich Ihnen gesagt habe, freue ich mich auf die Erleuchtung.«

Carmen Moor war gut vorbereitet, dachte Sarah, gewappnet und gestählt. Die Kriminalpolizistin hatte nichts anderes erwartet.

»Wie war das mit Kaspar Feldmann, wann begann Ihre Affäre?«

Carmen Moor lächelte, rückte ihren Stuhl nach hinten und kreuzte die Beine.

»Welch blühende Fantasie. Er war mein Patient, mein Kunde.«

»Sie lügen, Frau Moor. Sie kennen Feldmann schon länger, schon viel länger.«

»Unsinn. Er wurde mir durch Keller vermittelt, wie Sie wissen«, sagte Carmen Moor und blinzelte dabei zweimal mit dem rechten Auge.

Ein Tick, dachte Sarah. Es war ihr schon bei ihrem Besuch in der Enge aufgefallen. Carmen Moor war die Beherrschung selbst, aber da, wo es brenzlig wurde, wirkte dieses Auge wie ein unkontrollierbares Ventil. War sie sich dieser Schwäche bewusst? Vermutlich nicht, sonst wäre es ihr höchstwahrscheinlich gelungen, sie wegzutrainieren. Alles an dieser Frau war Training, um zu bestehen, zu punkten, zu dominieren, zu überleben.

»Wir haben auf Feldmanns Laptop ein Foto gefunden. Ein Foto, auf dem Sie beide sich an der Hand halten«, sagte Sarah.

Das war ein Bluff, nichts davon stimmte. Aber Sarah hielt weitere Karten in der Hand. Carmen Moor blinzelte, räusperte sich, griff nach einem Glas und schenkte sich Wasser ein. Für eine halbe Sekunde schien ihr Arm wegzurutschen.

»Dieses Foto würde ich gerne sehen. Wie käme ich dazu, einem Mann wie Feldmann die Hand zu halten?«

»Wie meinen Sie das? Hätte Feldmann Ihre Hand nicht verdient? Er war doch ein attraktiver Mann, eigentlich sogar eine echte Partie.«

Provokation musste sein. Die Therapeutin schien zurückzuweichen, sie wusste, dass sie sich von Feldmann, dem angeblichen Freund und anständigen Mann, etwas zu übertrieben distanziert hatte.

Sarah ließ nicht locker: »Frau Moor, wie haben Sie soeben gesagt? Ein Mann wie Feldmann. Klingt nicht besonders freundschaftlich, oder?«

»Er konnte auch anders sein. Und das mit der guten Partie ist eine Unverschämtheit.« Carmen Moor zeigte Gefühle. Endlich.

»Inwiefern anders? Ein unangenehmer Liebhaber? Ein brutaler, gewissenloser Mann, der sich nahm, was ihm in die Hände fiel? War es so, Frau Moor?«

Carmen Moor schwieg. Sie schien abzuschätzen, was sie der Kriminalpolizistin noch alles zutrauen konnte. Das Ergebnis fiel ernüchternd aus. Die freundliche Besucherin in der Praxis für Massagen und andere Kunstgriffe hatte sich in eine kühle Jägerin verwandelt.

»War es so?«

»Sagen wir, ich wusste von der anderen Seite, von anderen Geschichten, die verständlich machen konnten, wieso Feldmanns Ruf nicht immer der beste war«, sagte Carmen Moor.

»Sehr diplomatisch. Und trotzdem massierten Sie Kaspars Rücken und pflegten die Freundschaft, als wäre Ihnen gleichgültig gewesen, was Kaspar trieb, dass er querbeet wilderte, seine Peitsche schwang und auch sonst nichts anbrennen ließ.«

»Hören Sie auf, das geht zu weit. Ich bin nicht Feldmanns Frau. Was Sie hier erzählen, geht mich nichts an. Ich will einen Anwalt!«, verlangte Carmen Moor, während sie mit dem Schuh an das Tischbein schlug.

»Einen Anwalt? Aber gern. Können Sie haben. Werden wir nachher gleich bestellen. Ich habe kaum mehr Fragen«, sagte Sarah mit gespielter Munterkeit.

Tatsächlich tat ihr Carmen Moor leid. Es war nicht erhebend, sehen und erleben zu müssen, wie diese starke Frau gegen etwas ankämpfte, das viel größer war als die friedliche Lebensform, in der sie sich so ordentlich eingerichtet hatte. Feldmann verfolgte die Seinen auch nach seinem Tod.

»Wissen Sie, was ich glaube, Frau Moor? Ich glaube, dass das viel mehr als eine Freundschaft war, viel mehr als eine Affäre. Ich glaube, dass Sie tief drinhängen. Sie und der glatte Herr Ambros Keller. Und …« Wieder hielt sie inne, um mit klarer Stimme fortzufahren: »… und Gertrud Feldmann, die Hinterbliebene, ebenfalls ein Muster von Anstand und Würde.«

Carmens Blick hatte sich nach innen gekehrt, sie schien in Gedanken mit sich selbst zu sprechen. Oder zu hadern? Schwer zu sagen. Der Vorgang war vertraut, der einzelne Fall zeigte jede Menge Schattierungen. Irgendwann zerfiel die sogenannte Identität, begann sich zu spalten in verschiedene Eigenschaften. Es blieb die Frage, welche der Schichten obsiegte.

»Wie haben Sie Feldmann getötet? Wie haben Sie ihm das Herz entfernt? Und wie haben Sie ihn dorthin gebracht, wo ihn die ganze Welt finden sollte? Das, Frau Moor, würde mich wirklich interessieren.«

Carl, der sein Verhör mit Gertrud Feldmann unterbrochen hatte, schaute durch das verspiegelte Fensterchen in den Raum. Was ihn an der Kollegin immer von Neuem faszinierte, war ihre Fähigkeit zur Verwandlung. Sie war ein Chamäleon, trotzdem blieb sie sie selbst. In einer erleuchteten Minute war Carl die Erkenntnis gekommen, dass all dies auch ihrer musikalischen Ausbildung geschuldet war. Einsätze gestalten, Themen präsentieren, singen oder artikulieren, lauter oder leiser, das ganze Orchester.

Carmen Moor schien wie vom Donner gerührt. Das Verhör war für sie zum Worst-Case-Szenario geworden. Sarah Conti hatte weder gefragt, ob sie Feldmann ermordet habe, noch, warum. Mit ihrer Frage nach dem *Wie* hatte sie die Abkürzung genommen, als wäre alles andere unwichtig.

»Wie … wie wollen Sie das wissen? Wie wollen Sie das beweisen? Und überhaupt. Was geht Sie das an?«

Was geht Sie das an? Diesen Übersprung hatte Sarah nicht kommen sehen. Wäre es nicht hochdramatisch gewesen, wäre es zum Lachen gewesen.

Gute Frage. Immerhin ein Standpunkt. Natürlich, die Polizei kam immer von außen. Letztlich würde der Polizei für ewig verborgen bleiben, was wirklich geschehen war. Sie stemmte ihren Stiefel in Geschichten, die sie tatsächlich wenig oder nichts angehen konnten.

»Frau Moor. Zu meinen letzten Fragen gehört die folgende. Wissen Sie, wer diese Frau ist?«

Sarah legte das Foto auf den Tisch und schob es direkt vor Carmen Moor.

38

»Kennen Sie diese Frau?«

Schweigen. Irgendwo im Haus knallte eine Tür. Sarah zog das Foto zurück und hielt es Carmen Moor vor die Augen wie einen Handspiegel. Carmen Moor starrte auf das Bild. Ihre Hände begannen zu zittern.

»Ich sage es Ihnen, Frau Moor, diese Frau ist, wie Sie wissen, Ihre Mutter.«

»Meine Mutter?«

»So ist es. Ihre Mutter, in jungen Jahren. Und nun zeige ich Ihnen ein zweites Foto. Es zeigt, wie Ihre Mutter heute ungefähr aussähe«, sagte Sarah, die das Beweisstück behutsam aus dem Umschlag zog und auf den Tisch legte.

Die Ähnlichkeit war frappant. Es war, als ob die von der App gealterte Rahel Weiss in Carmen Moor ihre Zwillingsschwester gefunden hätte. Die Physiotherapeutin legte die Rüstung ab, stemmte die Ellbogen auf den Tisch und vergrub das Gesicht in den Händen. Ein Schluchzen war zu hören, das tief aus dem Kehlkopf kam und den Oberkörper schüttelte.

»Ich verstehe noch nicht alles, aber ich weiß, dass Rahel Weiss Ihre Mutter war. Und ich vermute, dass Kaspar Feldmann Ihr Vater war, Ihr leiblicher Vater, der davon gewusst haben mochte oder auch nicht«, sagte Sarah nun etwas sanfter.

Carmen Moor hatte sich halbwegs gefasst, sie hatte sich mit einem Tuch über das Gesicht gewischt, sich mehrmals geräuspert und schließlich ein schmales, verlegenes Lächeln aufgesetzt.

»Verzeihen Sie, gleich vorbei, aber Kompliment. Auch wenn das alles nicht völlig unlösbar war«, sagte sie.

»Was heißt: *das alles*? Heißt das, dass Sie Ihren eigenen Vater ermordet haben? Oder –«

Carmen Moor unterbrach: »Oder nur einen Freund? Einen Kunden? Einen zahlenden Gast? Weil ich gar nicht wusste, dass Kaspar mein Vater war? Denn natürlich ist Vatermord etwas anderes als –«

Sarah fuhr dazwischen: »Als ›einfacher‹ Mord? Meinen Sie das? Meinen Sie, dass das zweierlei ist? Kann sein, sicher bin ich nicht. Ich weiß nicht, was komplexer, was weniger böse wäre.«

Der Disput schien wieder aufzuflammen. Carmen Moor war hart im Nehmen und gab mit Wucht zurück. Sarah wartete, verschränkte die Hände ineinander, immer weiterspielen, dachte sie.

»Seit wann haben Sie gewusst, dass Kaspar Feldmann Ihr Vater war?«

»Seit etwa einem Jahr«, sagte Carmen Moor widerwillig.

»Und wie das? Wie kamen Sie darauf?«

»Wir fanden ein Tagebuch meiner Mutter. Und ein paar Briefe, die Feldmann ihr geschrieben hatte.«

»Was heißt *wir*?«

Carmen schlug mit dem Absatz auf den Boden.

»Gut, es hat keinen Sinn, es ist auf dem Tisch. Womit wir gerechnet haben … Wir meint Gertrud und ich.«

»Gertrud Feldmann? Sie scherzen.« Sarah tat überrascht. Tatsächlich hatte sie schon länger geahnt, dass hier ein Duo in unheiliger Allianz zusammengekommen war.

»Ja, Gertrud Feldmann«, sagte Carmen. »Eine tapfere Frau, die meine Freundin wurde. Auch wenn wir gut daran taten, diese Freundschaft zu verheimlichen.«

»Warum? Weshalb sollten Sie nicht dazu stehen können?«

»Weil wir uns fürchteten … vor Kaspar, vor seiner Rache, vor seinen Männern und seinen Verbindungen. Vor den *Fratres in spiritu sancto*.«

»Sie wussten von diesen Leuten?« Jetzt *war* Sarah überrascht.

»Natürlich. Gertrud hat mich in vieles eingeweiht.«

»Wie kam das? Woher kannten Sie sich?«

»Wir lernten uns an einem Fest der Reichen und Schönen kennen. Ich war mit Ambros da, Gertrud mit Kaspar. Aber bald drehte er seine eigenen Runden. Irgendwie kamen wir ins Gespräch. Ich bemerkte, dass Gertrud zwar unglaublich Haltung zeigte, aber tief unglücklich war. Wir waren uns sympathisch. Daraus entwickelte sich eine echte Freundschaft.«

Wieder dieses hilflose Lächeln, dachte Sarah, Carmen tat ihr leid.

»Wo fanden Sie die Dokumente?«

»Auf dem Dachboden der Villa Feldmann. In einer alten Kiste. Gertrud wollte alles erforschen, was mit Kaspar zu tun hatte, nachdem er sie fortlaufend betrog. Sie war ziemlich erfolgreich.«

Carmen zögerte. Sie schien fortfahren zu wollen, besann sich dann aber offenbar eines Besseren. Was verschwieg sie?

»Und weiter? Wie kam es zu dem Versteckspiel?«

»Kaspar hatte Dinge aus dem Nachlass meiner Mutter an sich gebracht. Weiß der Teufel, wie. Der Jäger Feldmann hatte seinen Sammlertrieb befriedigt. Noch eine Trophäe. Nicht besonders gut versteckt, aber wie immer bei ihm ordentlich auf Sentiment gebettet.«

»Und was entnahmen Sie dem Tagebuch? Den Briefen?«

»Dass Feldmann Rahel Weiss geschwängert hatte. Meine Mutter erwartete ein Kind. Mich. Was katastrophal war. Das Kind einer Jüdin. In dieser verstockten, reaktionär verdrehten Zürcher Familie. Worauf der Kindsvater, wie man zu sagen pflegt, der Kindsmutter einen Gynäkologen in Vitznau empfahl. Einen tollen Arzt, der nicht lange fragen würde, weil dieses Geschäft zu seinen Kerngeschäften gehörte. Für andere junge Männer von Kaspars Schlag war er ebenfalls verschwiegen tätig gewesen.«

»Diesmal wurde er nicht aktiv«, sagte Sarah.

»Weiß Gott, warum nicht. Sonst säßen wir nicht so traulich zusammen, Frau Conti. Ganz offensichtlich besaß meine junge Mutter die Kraft, sich dem Satan und seinem Furor zu widersetzen.«

Sarah bemerkte, dass ihr Gegenüber kreideweiß geworden war, die starke Frau schien zu schwanken. Sie öffnete das Fenster und brachte Carmen Moor in einen anderen Raum. Die Fenster waren vergittert und durch die Scheiben sah man auf eine hässliche Fassade. An der Längswand stand ein Sofa, das schon bessere Zeiten gesehen hatte.

Lisa brachte eine Kanne Tee und belegte Brote. Die Glocke eines Kirchturms schlug zehn, eine kurze Pause schien angebracht.

War es das? Sarah holte Carl und Lisa in ihr Büro und rapportierte. Carl schien betroffen und murmelte zwei Worte, die wie *ultima necat* klangen. Nun wieder Latein, dachte Sarah. Carl würde sie noch verrückt machen. Lisa lies Dampf ab, indem sie dem toten Feldmann einen leisen, endlos anmutenden Fluch hinterhersandte und mit der linken Faust in die rechte Handfläche schlug.

Carl würde Gertrud Feldmann aufgrund von Carmens Bekenntnissen richtiggehend einheizen. Ambros Keller, der sich bisher höflich, aber wortkarg gegeben hatte, sollte noch vorerst auf seinem Schweigen sitzen bleiben dürfen. Lisa kaute an den Nägeln und wippte mit ihren weißen Tennisschuhen.

»Ruhig Blut. Bald haben wir's geschafft«, sagte Sarah und ließ sich nicht anmerken, dass sie entgegen aller Erwartungen ebenfalls nervös geworden war.

Als Sarah das Verhör fortsetzte, hatte Carmen Moor Frisur und Make-up aufgefrischt. Sarah hatte Täter und seltener Täterinnen erlebt, die in den weiteren Runden der Vernehmung still und leise an Selbstbewusstsein zulegten. Sei es, dass sie auf diesen großen Auftritt gewartet oder dass sie sich an die Autorität der Polizei gewöhnt hatten. Aber am Ende, ganz am Ende, kam es meistens anders, dachte Sarah.

»Wann erfuhren Sie, dass Sie die Tochter von Rahel Weiss sind?«

»Mit zwanzig. Meine Mutter hatte alles Wichtige dokumentiert und bei einem Anwalt hinterlegt. Nach ihrem

Tod wurde ich von Pflegeeltern in Genf großgezogen, damals war ich zwei. Dass sie nicht meine leiblichen Eltern waren, erfuhr ich, als ich zwölf Jahre alt war. Natürlich war das ein Schock … Aber es gibt Schlimmeres.«

»Also wussten Sie von Feldmann noch lange nichts.«

Carmen zögerte.

»Wie gesagt, die Kiste brachte es ans Licht. Es war aber so, dass meine Mutter keinen Grund sah, mir meinen Vater zu nennen. Im Gegenteil. Auch sie musste sich vor den Repressalien der Familie und ihrer Hintermänner gefürchtet haben. Und um mich. Sie hatte mich höchst diskret zur Welt gebracht. Damals waren sie und Feldmann bereits getrennt, er wusste nichts von mir, er wusste nur, dass seine Rahel schwanger war und wie geheißen demnächst abtreiben würde. Damit wäre die Sache bereinigt, der Skandal abgewendet, die Schande umgangen, und kein Mitglied der *Fratres in spiritu sancto* oder sonst ein Verrückter aus seinem Einzugskreis würde auftauchen und Kaspar den Garaus machen … Und der prächtige Gynäkologe wird ihm sicher nicht gebeichtet haben, dass er seinen Auftrag ausnahmsweise nicht ausgeführt hatte.«

Es brach wie eine Klage aus Carmen Moor heraus. Die Wut, die Verstörung, die Kränkung. Wie ein Ruf der Verzweiflung steigerte sich diese Beichte in einer Mischung aus Schmerz und Zynismus, aus tiefem Hass und großer Geste. Bühnenreif. Es war mit Sicherheit so, dass Carmen und Gertrud hundertfach darüber geredet hatten, bis der Text seine Form, seine Worte, seinen Klang gefunden hatte. Carmen konnte ihn, davon war Sarah überzeugt, schon längst im Schlaf.

Aber war das wirklich ein ausreichender Grund, Feldmann umzubringen? Doch was hieß das schon? Manch einer tötete aus nichtigstem Anlass.

Sarah würde Carmen Zeit geben, das Gesagte zu überdenken. Das Geständnis würde bald kommen, vermutlich wieder in diesem seltsamen Akkord von Überlegenheit und Verlorenheit. Carmen war eine Spielerin, davon war Sarah überzeugt, sie hatte vielleicht gehofft, dass die Tat den Männerzirkeln um Feldmann angehängt werden könne, aber letztlich war es ihr egal, alles andere wog mehr.

»Wir machen morgen weiter. Wenn Sie nichts dagegen haben.«

Der diensthabende Korporal kam herein, Carmen Moor stand auf, ihre Tasche zugeschnallt, den Rock geglättet, den schwarzen Regenmantel über den Arm geworfen. Ihre Schritte klangen lange nach, eine Frau von Welt, dachte Sarah, ungebeugt. Feldmann hätte seine Freude gehabt. Die Zelle, in die sie gebracht würde, war von mittlerer Größe, anständig geheizt und hatte ein Fenster zum Kasernenareal.

»Und? Wie sieht es bei dir aus, Carl?«

Carl hatte sich mehr in den Besuchersessel gelegt als gesetzt.

»Richtig wütend wurde die Witwe. Alles sei völlig an den Haaren herbeigezogen, ein wildes Konstrukt, um von den wahren Mördern abzulenken.«

»Von den wahren Mördern? Hab ich auch schon gehört.« Sarah holte sich einen Espresso, blätterte in ihren Notizen und summte leise vor sich hin. »Wir werden ja sehen«, sagte sie, ließ die Schultern kreisen, beugte den Kopf zurück, drückte den Rücken durch und atmete tief.

»Komm mit, wir bleiben dran, auf uns ist Verlass«, sagte sie und packte Carl am Arm. Der Kollege erhob sich und folgte, als ob er darauf gewartet hatte.

Sarah öffnete die Tür: »Frau Feldmann, das Spiel ist aus. Ich weiß, das klingt fad, aber mir fällt nichts Besseres ein.«

Gertrud Feldmann hatte sich in ihrem Verhörzimmer häuslich eingerichtet. Sie hatte ein dickes Buch mitgebracht, das wie ein Roman aussah, und betrachtete ihre Nägel. Als sie aufblickte, erinnerte sie Sarah sofort an die Chefin der Villa Feldmann, die souverän so tat, als bestehe die Welt aus zwei Klassen. Der breiten Klasse der Befehlsempfänger. Und der Oberklasse der herrschenden Eliten.

»Da bin ich aber gespannt«, sagte sie leichthin.

»Carmen Moor hat gestanden.« Das war gelogen.

»So, hat sie das? Passt ganz und gar nicht zu ihr.«

Gertrud Feldmann lächelte und sprach es wie einen Kringel in die Luft. »Und was, bitte, hat sie denn gestanden? Womit haben Sie die Ärmste belästigt?«

»Das kommt später. Vorerst dies: Es ist doch interessant, dass sich Feldmanns Frau und seine Tochter, die nicht Ihre leibliche Tochter ist, so konspirativ zusammenspannen. Irgendwie ungewöhnlich. War Feldmann wirklich so schlimm? Hat er das wirklich verdient? Er, der Ihnen dieses Leben in Luxus und Trägheit so generös finanzierte?«

»Luxus und Trägheit? Was für eine Frechheit! Und das von einer kleinen Beamtin. Von einer kleinen Polizistin, die wir mit unseren Steuern bezahlen.«

Es funktionierte. So kontrolliert sich Gertrud Feldmann geben konnte, so sehr sie sich über Jahrzehnte hinweg auf Haltung getrimmt hatte, so leicht war es umgekehrt, das Gehäuse in Schwingung zu versetzen, wenn man den richtigen Hebel ansetzte.

»Ich muss schon sagen, Frau Feldmann. Ein Vatermord. Mit Ihrer Billigung, mit Ihrer Hilfe. Und dann noch dies: den Geldgeber entsorgen, der das alles ermöglicht hat. Dass das in Ihren Kreisen vorkommt, schockiert mich. Ist das tatsächlich die feine Art?«

Während sich Gertrud Feldmann anhören musste, inwiefern sie ihren Charakter infrage stellen sollte, hatte sich ihr Gesicht verändert. Es war wie mit einem Schlag, wie durch einen kräftigen Stoß, müde und faltig geworden, der Mund ein schmaler Strich, die dunklen Augen wutererfüllt, der Körper unter Spannung, als wollte er aufspringen und Sarah zu Boden drücken.

»Sie haben keine Ahnung. Sie haben nicht die geringste Ahnung, wozu der Geldgeber, wie Sie ihn nennen, fähig war. Kaspar war ein Monster.«

39

»Das wissen Sie natürlich am besten.«

Es sollte versöhnlich klingen, doch gleich danach würde Sarah nachfassen. Zuckerbrot und Peitsche. Merkwürdig, dass alles um Feldmann herum zwischen Zuckerbrot und Peitsche schwankte.

»Er war ein schändlicher Mensch. Ein Schänder seiner eigenen Tochter.«

Es war herausgerutscht. Nein, herausgeschleudert voller Wut und Verachtung. Stück um Stück offenbarten die beiden Frauen ihr Geheimnis, und Zug um Zug zogen sie die andere mit hinein. Aus Solidarität? Aus dem Wunsch, gemeinsam unterzugehen? Oder mit einem Rest von gegenseitiger Feindschaft, die zugleich Freundschaft geworden war? Zu einer Freundschaft, die vor allem dieses Ziel hatte: den Kampf gegen Kaspar Feldmann, bis das Monster, wie die Witwe ihren Mann genannt hatte, schließlich unter der Erde lag?

»Seine Tochter? Carmen Moor?« Sarah war verblüfft.

»Seine Tochter. Carmen. Ein Teenager, damals. Unschuldig, oder zumindest fast.« Gertrud Feldmann zündete sich, ohne gefragt zu haben, eine Zigarette an, deren Rauch sie Sarah ins Gesicht blies.

»Wann war das? Hat Carmen Anzeige erstattet?«

Gertrud Feldmann zog an der Zigarette. Dann lachte sie schrill. »Anzeige erstattet. Wie schön das klingt! Eine Achtzehnjährige, die bei einer Party am See mit Alkohol und Drogen vollgepumpt wurde, erstattete danach brav Anzeige? Sie wusste doch kaum, wie ihr geschah. In welcher Welt von Sonntagsschule leben Sie, Frau Conti?«

Recht so, dachte Sarah. Je zorniger die Witwe wurde, desto weniger musste Sarah sie provozieren. Es lief wie von selbst.

»Hatte Carmen damals ein Verhältnis mit Ihrem Mann?«

Wieder schrilles Lachen. Gertrud Feldmann drückte den Stummel auf den Teller der Tasse und maß Sarah mit einem hämischen Blick.

»Ein Verhältnis. Wie edel das klingt. Unsinn. Kein Verhältnis. Zufall, Party, Spaß. Gelegenheit macht Liebe. Dazu die üblichen Zutaten. Alkohol. Drogen. Ein Mann vergriff sich an ihr, der Mann hieß zufällig Feldmann. Sein Pech, auf die Länge gesehen, dumm gelaufen.« Gertrud Feldmann hustete. Es war ein dumpfes, tiefes Husten. »Das Beste, wenn Sie so wollen, war, dass Carmen lange Zeit gar nicht wusste, dass es Kaspar war, der sie damals vergewaltigte. Denn was taten die schlauen Männer an diesen Partys? Sie trugen Masken. Spitz, geschwungen, für die Augen, für Auge und Nase oder für das ganze Gesicht. Maskenball. Wie in Venedig.«

»Und wie erfuhr sie es?« Sarahs Verblüffung wurde immer größer.

»Erst nach vielen Jahren. Als sie Feldmanns Therapeutin geworden war. Als der alte Sack mit Geschichten prahlte, während ihm Carmen den Rücken massierte. Wie elegant er in seiner Lederjacke ausgesehen habe, wie geschmeidig. Die Mädchen seien ihm alle verfallen. Und die rot-schwarze Maske, sein Markenzeichen, das er auf jeder Party trug. Zufällig war die Maske das Einzige, woran sich Carmen erinnern konnte, sie erschien ihr manchmal im Traum. Schlagartig setzte sich alles in ihrem Kopf zusammen. Es fiel ihr … wie sagt man so schön? … wie Schuppen von den Augen.«

»Worauf sie zu Ihnen kam?«

»So ist es. Wir schworen Rache. Ich stellte Nachforschungen an, suchte nach belastendem Material. Nachdem ich das Tagebuch ihrer Mutter gefunden hatte, kam das Ungeheuerliche ans Licht. Dass mein Mann und Carmens Vater seine eigene Tochter vergewaltigt hatte.«

Die zweite Zigarette war halb geraucht. Sarah bemerkte zum ersten Mal, dass Gertrud Feldmanns Finger gelblich verfärbt waren.

»Und so kam alles zusammen. Carmen wusste jetzt, dass es Kaspar mit seiner rot-schwarzen Maske gewesen war, der sie im Bootshaus missbraucht hatte. Carmen erfuhr von mir, dass dieser Kaspar zufällig ihr Vater war. Schrecklich … und doch, sie blieb gefasst, stolz, ungebeugt. Eigentlich wie ich … Wir sind fast Schwestern.«

Ein *duo infernale*, dachte Sarah, ein tödliches Kombinat. Mit Willen und Stil.

»Worauf Sie gemeinsam beschlossen, das Monster zur Strecke zu bringen.«

»Wissen Sie, Frau Conti, das war tatsächlich fällig, längst fällig … Als mir mein Arzt mitteilte, dass ich Leukämie habe, bekam das Ganze … wie soll ich sagen? … eine gewisse Dringlichkeit.«

Sarah schwieg. Es fiel ihr schwer, die Geschichte in ihrem Ausmaß zu begreifen. Zwei Frauen, die von Kaspar Feldmann hintergangen und verraten worden waren, hatten eines Tages beschlossen, einen dicken roten Strich zu ziehen. Dass Carmen die Nähe ihres Kunden genossen hatte, war nicht auszuschließen. Doch als sie realisierte, dass dieser Freund ihr Vater und Schänder war, wurde ein Damm durchbrochen.

»Wusste Feldmann, dass Carmen seine Tochter war? Dass es seine Tochter war, die er im Bootshaus vergewaltigt hatte?«

»Nein, er wusste nicht, dass seine Rahel nicht abgetrieben hatte. Und er wusste nicht, mit wem er sich am See vergnügt hatte. So war das dort häufig. Kunterbunt und durcheinander … Aber er bekam es zu wissen. Die Überraschung war groß, aber kurz. Alles ging sehr schnell. Wir spielten, wenn Sie so wollen, Jüngstes Gericht. Passte ja immerhin zu seinem Katholizismus …«

»Was ich nicht verstehe –«

Gertrud Feldmann unterbrach: »Was Sie nicht verstehen und niemals verstehen werden, ist dies. Es kommt der Punkt, da geht man unter. Vor Erniedrigung, vor Scham, vor geistiger und seelischer Entmündigung. Oder man findet einen Weg, sich zu befreien und zu rächen.«

Sarah blieb ungerührt. »Was ich nicht verstehe, ist die ganze Art dieser Rache. Wäre nicht ein viel einfacherer, diskreterer Mord möglich gewesen?«

»Was wir genau nicht wollten, Frau Conti.« Gertrud Feldmann dozierte: »Aus zwei Gründen. Nummer eins: Es bestand die Möglichkeit, dass Kaspars Tod als Fememord hingenommen würde. Als Tat aus dem Umkreis seiner düsteren Genossen, die ihm übrigens immer mal wieder auf die Pelle gerückt waren.«

»Grund Nummer zwei?«

»Nummer zwei: Das Monster hatte einen grellen, einen geradezu monströsen Abgang verdient. Wir wollten Symmetrie, wenn Sie so wollen. Im besten Fall hätten wir … wie heißt es so richtig? … zwei Fliegen mit einer Klappe geschlagen.«

»Das ist schiefgegangen.«

Sarah begann sich gegen allen inneren Anstand zu amüsieren. Nicht zum ersten Mal, dachte sie. Es gab Verhöre, die sich schon von der Schwere der Tat her gesehen nur als Drama abrollen konnten. Aber selbst bei solchen Prozessen kam es vor, dass komödiantische Einlagen aufkamen, für die niemand ausdrücklich verantwortlich war. Gertrud Feldmann hatte bei aller Gravitas auch etwas Schräges an sich.

»Es ist nur teilweise schiefgegangen, meine Tage sind gezählt. Hinzu kommt, dass ich jemandem erzählen darf, welch kluge Urheberschaft hier am Werk war. Jemandem, der so klug ist … wie Sie«, sagte Gertrud Feldmann.

Wer war die treibende Kraft gewesen, wer hatte Regie geführt? Am wahrscheinlichsten war, dass sich die beiden Frauen gegenseitig hochgebracht hatten, Zug um Zug und mit erstaunlicher Energie. Gertrud, die Gattin, die eines Tages auf dem Dachboden ihrer Villa zur Stiefmutter geworden war. Und Carmen, die Tochter, die ihren Vater, aber auch ihren Vergewaltiger gefunden hatte. Woraufhin es gärte, kochte und schließlich überlief.

Sarah war müde, Gertrud Feldmann musste todmüde sein. Warum schien montags alles zäh und schwer?

Die beiden Frauen hatten Feldmann beim Wort genommen, dachte Sarah. Sie hatten ihn in seinem Wesenskern durchschaut und ihm ebenso heftig zurückgezahlt. Gertrud Feldmann würde vermutlich nicht mehr allzu lange büßen müssen, nicht in diesem Leben. Anders verhielt es sich mit Carmen Moor. Sie, dachte Sarah, würde eines Tages bereuen oder wenigstens bedauern, was sie getan hatte. Weniger um Feldmanns willen als um ihrer selbst willen. Konnte man so plädieren, dass glaubwürdig wurde, dass jemand trotz Kalkül, Kompetenz und Kaltblütigkeit letzten Endes im Affekt gehandelt hatte? Denn das schien Sarah mehr als klar, nachdem sie Gertrud Feldmann hatte abführen lassen, in ihrem Büro Ordnung geschaffen und ihren Regenparka angezogen hatte.

Es kam ihr vor, als ob Carmen Moor im Gegensatz zu ihrer Stiefmutter zwei Seiten besaß. Hier die kühle, bestimmte, durchdachte Carmen. Dort die sensible Frau, diskret neurotisch, empfänglich für Stimmungen und Abenteuer. Irgendwann drehte sie in diesem Spannungsfeld durch. Verständlicherweise. Diese ungeheure Frustration war nicht verdampft, hatte nicht als stilles Geschwür nach innen hin gewuchert, sondern sich nach außen gekehrt. War Plan und Absicht, Gedanke und Tat geworden.

Hör auf. Hör endlich auf, die Psychologin zu spielen.

»Wir konnten Vergleichsspuren von Carmen Moors DNA finden. Nach ein paar Stunden hier bei uns war das ja denkbar einfach.« Lisa, noch eine müde Stimme.

»Und?«

»Sie hatten richtig vermutet. Das Haar aus der Kabine vom Feldmanns Boot hat dieselbe DNA.«

Die Täterinnen hatte gestanden, der Rest, inklusive Abgleichung der Indizien und Spuren, war die Bestätigung. Dass Carmen auf dem Boot gewesen war, war klar. Die Frage, die blieb, war diejenige nach dem Ablauf. Nach dem Spielplan, samt Verteilung der Rollen und Aufträge, damit das Projekt reibungslos in die Tat umgesetzt werden konnte. Oder wie Carl gesagt hätte: von der Potenz in den Akt. Frei nach Thomas von Aquin.

»Und jetzt heizen wir noch unserem Herrn Jesuiten ein.« Sarah hatte es mit leichtem Spott gesagt, aber dieser sollte nur ihren kalten Zorn überdecken. Sie fasste Lisa am Arm und schob sie in Richtung des Verhörraums, in dem sich Ambros Keller befand.

»Die Damen haben gestanden. Sie haben uns gebeichtet, dass sie Kaspar Feldmann ermordet haben.«

Sarah stand mitten im Raum. Lisa hatte sich an der Längswand aufgestellt und hielt die Hände vor dem Körper gefaltet.

»Na ja. War doch irgendwie zu erwarten gewesen. Finden Sie nicht?« Keller schien sich einmal mehr zu mokieren.

»Achtung, man kann sich auch als zu klug fühlen, Herr Keller. Zu eingebildet. Zu selbstherrlich«, sagte Sarah, während sie Keller zulächelte, als spräche sie zu einem arrogant gewordenen Kind.

»Übrigens, essen Sie gerne Steinbutt? Fahren Sie gerne mit schwarzen Lieferwagen durch die Landschaft? Keine streng theologischen Missionen.«

Keller schaute weg. Sein Blick streifte Lisa und fand keinerlei Halt. Er schien an dem vergitterten Fenster einzurasten, das einen Ausschnitt dunklen Himmels zeigte.

Der Rest würde folgen, dachte Sarah. Eins nach dem anderen. Das Puzzle, in diesem Fall ein Puzzle des Schreckens, würde bald gelöst sein.

Zu Hause war der Appetit weg. Sie hatte zu lange gewartet, zu lang gefastet. Den ganzen Tag fast nichts gegessen, in der kurzen Mittagspause ein Stück Brot und eine Birne. Da geschah etwas Kapitales in Zürich, und die Kriminalpolizistin dachte an ihre Birne.

Stacey Kent sang sich durch leise Lieder, mal auf Englisch, mal auf Französisch. Zwischendurch hörte man Applaus und ein Dankeschön der Sängerin. *Thank you so much.*

40

Sarah hatte geträumt, dass sie in einem Hotel im Schweizer Vorgebirge zu Gast gewesen war. Tolles Hotel, verlängertes Wochenende. Fred war auch gekommen. Im Hotel war Betrieb gewesen, viele Touristen und Gäste. Sie waren der Stadt entflohen, um frische Luft, das Panorama, die Küche zu genießen. Wie Sarah auch.

Der Traum war so beschaffen, dass Sarah Platzangst bekommen hatte. Sie lag in ihrem Zimmer, wusste, dass sich die Fenster nicht öffnen ließen, suchte den Weg zur Toilette, prallte gegen den Nachttisch, suchte nach ihrer Uhr, die zu Boden fiel, als sie sie nehmen wollte, und begann plötzlich einem Gespräch zuzuhören, einem Disput im Nebenzimmer, der immer lauter wurde, bis die dunklere Stimme der helleren Stimme, die einer Frau gehören musste, entgegenschrie: »Ich bringe dich um, du Monster.«

Der Dienstag war gekommen, wie Dienstage immer kamen, höflich, etwas verlegen darüber, dass dieser Tag nichts Besseres zu bieten hatte, als eben bloß der zweite Tag der Woche zu sein.

Sarah war frühzeitig zur Arbeit gegangen. Ochsner hatte die drei Haftbefehle ausgestellt und dabei schwer geseufzt, aber freundlicherweise nichts gesagt. Die bessere Gesellschaft hatte damit begonnen, die Feldmanns aus dem Gedächtnis zu tilgen, nach bewährtem Muster. Wegsehen kostete nichts und funktionierte fast immer.

Gertrud Feldmann, Carmen Moor und Ambros Keller waren nochmals verhört worden. Daraus ergab sich auch der Hergang des Verbrechens. Nicht in allen Details, die die Rächerinnen vermutlich selbst verdrängt hatten, während sie schier Übermenschliches geleistet haben mussten, um Feldmanns Leiche am Zürichhorn zu platzieren.

Entscheidend war gewesen, dass das Schiff wie jedes Jahr zur Revision und zum Winterschlaf gebracht werden würde. Jetzt musste gehandelt werden. Dazu war von Vorteil, dass jene Spuren, die Carmen Moor und Gertrud Feldmann tags darauf noch nicht zur Gänze beseitigt hätten, von der Putzmannschaft der Werft endgültig getilgt würden. Am Tag des Mordes war Feldmann von Carmen zu seinem Schiff bestellt worden. Feldmann, der ohnehin einen letzten Augenschein hatte nehmen wollen, war ihr erwartungsvoll in die Arme gelaufen. Was danach geschah, wurde nur in Umrissen deutlich: Feldmann wurde kurz mit seinen Schandtaten konfrontiert, worauf ihm die Rächerinnen zuerst mit einem Baseballschläger zusetzten, bis er zusammenbrach und die beiden ihn erstachen. Feldmann wurde auf eine Plane gelegt, die im Boot bereitlag, danach ging Carmen zu ihrem chirurgischen Eingriff über. Als Studentin hatte sie in der Praxis eines Chirurgen so manchen Trick abgeschaut. Und auch Feldmanns Frau war in Medizin bewandert, wie sie anfangs ja selbst gesagt hatte. Im Rückblick nicht ohne Ironie.

Das Beil und das Messer? Gelangten in den Müll. Nichts einfacher als das, tausend Möglichkeiten. Das Herz? Wurde über Bord geschleudert, Fleisch zu Wasser, dann hieß es Tempo, ab und weg über den Styx und durch die stürmische Nacht.

»Was war mit der Beleuchtung, die plötzlich ausgefallen war?« Lisa, die nicht alles überschaute, schien fassungslos wie am ersten Tag des spektakulären Verbrechens und ruckelte auf dem Besucherstuhl herum, während Sarah weit nach hinten lehnte und sich mit der Hand über das Kinn wischte, wie jemand, der mit seinen Gedanken allein sein wollte. Carl hatte sich in die Ecke gestellt.

»Das war tatsächlich speziell«, sagte Sarah. »Carmen hatte von einem Patienten, der bei den Elektrizitätswerken arbeitete, von dem Kasten mit den Umlegschaltern gehört. Eine weitere Quelle der Inspiration.«

»Und wer hatte den Schalter umgelegt?«, fragte Lisa.

»Ambros Keller. Der Gehilfe, der an den Tatort aufgeboten worden war, ohne allzu genau zu wissen, was ihn erwarten würde. Dabei fiel Keller das Amulett aus der Tasche, das ihm Gertrud Feldmann in Verwahrung gegeben hatte, es hätte anderswo versenkt werden sollen.«

»Anderswo? Wo denn?« Carl war aus seiner Lethargie erwacht.

»Nicht so schwierig. In Feldmanns Brust. Da, wo das Herz gesessen hatte«, sagte Sarah. Sie sagte es wie eine Archäologin, die den langen Weg eines Fundstücks rekonstruierte.

»Und wozu dies?«, fragte Carl.

»Feldmann hatte es bei passender Gelegenheit seiner Frau geschenkt. Mit der Geste des größten Sarkasmus. Er war ein Medaillon der *Fratres*, das man sich bei bestimmten Gelegenheiten gegenseitig vorzeigte. *In hoc signo vinces*. ›In diesem Zeichen wirst du siegen.‹ Nur, Feldmann wollte für Gertrud das pure Gegenteil zum Ausdruck bringen, dass sie an seiner Seite längst verloren hatte.«

»Schrecklich.« Lisa kaute an den Fingernägeln.

»Und Keller? Einfach ein Mitläufer?« Carls Stimme klang skeptisch.

»Sicher nicht. Nach allem, was wir bisher wissen, war er seiner Carmen irgendwie hörig. Er war dieser Frau und ihrem ganzen Auftreten verfallen. So sehr, dass er sich zu Weiterem hinreißen ließ …« Sarah genoss den Moment.

»Zu Weiterem?« Lisa hatte die Brille auf die Stirn geschoben.

»So ist es. Ambros war unser Stalker. Dieser Verdacht kam mir plötzlich, über Nacht. Er verfolgte uns ebenfalls im Dienste seiner Geliebten und natürlich auch im Dienst von Feldmanns Frau. Es wäre nicht das erste Mal gewesen, dass eine Polizistin gestalkt worden wäre, um sie abzulenken und einzuschüchtern. Wir hätten weiterhin vermuten sollen, dass irgendwelche finsteren Mächte hinter dem Mord standen. Ziemlich raffiniert und zugleich etwas kindisch.«

Lisa war außer Fassung: »Kindisch? Aber bitte. Vom toten Fisch zum Tod im See? Das sprengt doch jedes Maß.«

»Natürlich. Es ist häufig dasselbe Muster. Man beginnt langsam, harmlos, verspielt. Dann kommt Tempo auf. Und am Schluss geht man aufs Ganze, ohne dass man's vielleicht so gewollt hätte.«

Als Sarah sich zuhörte, dachte sie, dass viele Morde aus

einer Art von Stufenfolge entstanden. Von zarten Gespinsten böser Gedanken bis zum Fortissimo voller Groll und Blut.

Beim zweiten Verhör hatte Gertrud Feldmann gestanden, dass zunächst eine erste Version des Mords an Feldmann geprüft worden sei. Nach dieser Version hätte sie die Hintermänner der *Fratres in spiritu sancto* wissen lassen, dass sie einen Abtrünnigen in ihren Reihen hatten. Einen Menschen, der ihren Ansichten nach eigentlich ein »Untermensch« war, weil er eine Jüdin zur Frau genommen und mit ihr eine Tochter gezeugt hatte. Für die zweite Version hatten die beiden Frauen, ganz nach dem Prinzip des kürzesten Wegs, selbst Hand angelegt.

Wie Sarah vorausgesagt hatte, hatte schließlich auch Ambros Keller gestanden. Als er nochmals durch die einzelnen Stationen seines Stalkings geführt worden war, hatte er hie und da ein mokantes Lächeln aufgesetzt. Keller wäre nicht der einzige Theologe, der Spaß bei dem Gedanken hatte, Gott zu spielen. Oder wenigstens ein wenig Schicksal.

Tage verstrichen, ohne dass viel geschah. Sarah hatte Lisa und Carl versprochen, sich demnächst mit einem Essen in ihren eigenen vier Wänden zu bedanken. Für viel Verstand, Herz, für große, treue Kollegialität.

Sie war an diesem Abend früher zu Hause. Zum ersten Mal seit Wochen roch sie den Spätherbst. Roch ihn so, wie er sein sollte, halb modrig, halb elegisch, ein Ineinander aus Farben, die ausdünnten, und Wolken, die fester und schwerer wurden. Für die nächsten Tage war Schnee angesagt.

Sie holte die Eiger-Karte aus der Schublade. Es lag an der gekrümmten Perspektive der Fotografie, dass das Gipfeleisfeld nur undeutlich zu sehen war. Irgendwie typisch. Man hatte es geschafft, jetzt wurde es schier harmlos, man musste nur noch wieder herunterkommen …

Sarah setzte die 8 auf den Gipfel: *1. Ende der Geschichte. Lang und hart. 2. Zwei Frauen, die Verständnis verdienen. 3. Das darf ich zwar nicht denken. Aber warum nicht? 4. Zürich wieder einmal eine Schlangengrube? Na ja. Nicht übertreiben. 5. Die meisten Morde entwickeln sich aus zu viel Nähe. Siehe der in jeder Beziehung übergriffig gewordene Feldmann. 6. Was unterscheidet die Mörderin vom Mörder? Die Frau vom Mann? Interessant. Darüber nachdenken.*

Welcher Mörder kannte sich wirklich selbst? Kannte und erkannte sich gänzlich, bis ins Innerste?

Sarah legte Musik auf, sie hörte nicht wirklich hin, lag auf der Couch. Gedanken wanderten ohne Schwere. Freude kam auf, sie würde bald essen gehen. Mit Fred, der von wenig wusste. Was eigentlich nur gut war.

AYELET GUNDAR-GOSHEN
Wo der Wolf lauert

»Ein Roman, der wie ein Film wirkt. Packend und überraschend bis zum Schluss, böse und bissig in seiner Gesellschaftsanalyse und ergreifend in all seinen Erschütterungen.«
rbb Inforadio

Lilach Schuster hat alles: ein Haus mit Pool im Herzen des Silicon Valley, einen erfolgreichen Ehemann und das Gefühl, angekommen zu sein in einem Land, in dem man sich nicht in ständiger Gefahr wähnen muss wie in ihrer Heimat Israel. Doch dann stirbt auf einer Party ein Mitschüler ihres Sohnes Adam. Je mehr Lilach über die Umstände des Todes erfährt, desto größer wird ihr Unbehagen: Ist es möglich, dass Adam irgendwie damit in Verbindung steht?

Roman
gebunden, 352 Seiten
Aus dem Hebräischen von Ruth Achlama
ISBN 978-3-0369-5849-1

Auch als eBook erhältlich

www.keinundaber.ch

LAILA LALAMI
Die Anderen

»Laila Lalamis Roman ist nicht nur Familiensaga, Krimi und Liebesstory, sondern auch ein kritisches Gesellschaftsporträt, das mit einer raffiniert konstruierten Geschichte fesselt.«
Kulturtipp

Als ihr Vater eines Nachts vor seinem Diner in der kalifornischen Wüste angefahren und getötet wird, glaubt Nora nicht an einen Unfall. Gemeinsam mit Jeremy, einem alten Schulfreund, stellt sie Nachforschungen an und stößt dabei auf Dinge, die ihren Vater in komplett neuem Licht zeigen. Was hatte er zu verbergen? Und was hat das mit seinem Tod zu tun?

Roman
gebunden, 432 Seiten
Aus dem Amerikanischen von Michaela Grabinger
ISBN 978-3-0369-5833-0

Auch als eBook erhältlich

www.keinundaber.ch

REBECCA WAIT
Das Vermächtnis unsrer Väter

»Wait schreibt eindrucksvoll über Schuld und Sühne in einer Welt aus Wasser, Wind und Fels. Ein nachdenklicher Roman.«
Neue Presse

Auch nach zwanzig Jahren erscheint der kleinen Inselgemeinde in den schottischen Hebriden das grausame Verbrechen unbegreiflich. Als der einzige Zeuge der Tat plötzlich wieder auf der Insel auftaucht, sorgt das für viel Aufregung. Verdrängte Erinnerungen und Schuldgefühle kehren zurück und mit ihnen die Befürchtung, dieser junge Mann könnte noch eine Rechnung offen haben.

Roman
gebunden, 336 Seiten
Aus dem Englischen von Jenny Merling
ISBN 978-3-0369-5808-8

Auch als eBook erhältlich

www.keinundaber.ch